宝马
经典案例解析
与故障诊断

车身电器分册

李培军　主编

化学工业出版社

·北京·

内容简介

本书通过维修案例对宝马供电系统、照明系统、舒适系统、仪表显示及娱乐系统、驾驶辅助和空调系统、安全气囊及总线系统等车身电气技术进行系统分析，将宝马车身电气各系统的控制逻辑和诊断方法进行整理、总结、归纳。本书在各系统中均配有来自一线资深维修技师提供的故障维修案例共40余个，具有典型的代表意义，有助于提高宝马一线维修技师的维修技能和工作效率。

由于车辆的车身电气技术具有较大的相通之处，本书对其他汽车品牌维修技师同样具有参考价值。本书内容和呈现方式很有特色，也可以用于各大专科学校车身电气系统诊断教学的辅助用书。

图书在版编目（CIP）数据

宝马经典案例解析与故障诊断. 车身电器分册 / 李培军主编. —北京：化学工业出版社，2022.9
ISBN 978-7-122-41905-7

Ⅰ.①宝⋯ Ⅱ.①李⋯ Ⅲ.①汽车 - 车体 - 电气设备 - 故障诊断②汽车 - 车体 - 电气设备 - 车辆修理 Ⅳ.① U472.4

中国版本图书馆 CIP 数据核字（2022）第 133890 号

责任编辑：周　红　　　　　　　　　　　文字编辑：温潇潇
责任校对：王　静　　　　　　　　　　　装帧设计：王晓宇

出版发行：化学工业出版社（北京市东城区青年湖南街13号　邮政编码100011）
印　　装：高教社（天津）印务有限公司
787mm×1092mm　1/16　印张16¾　字数406千字　2023年1月北京第1版第1次印刷

购书咨询：010-64518888　　　　　　　　售后服务：010-64518899
网　　址：http://www.cip.com.cn
凡购买本书，如有缺损质量问题，本社销售中心负责调换。

定　　价：108.00元　　　　　　　　　　　　　　版权所有　违者必究

前 言

近几年来，随着汽车消费市场的逐渐细分，宝马家族里的新车型可谓是层出不穷。在新车型上应用的新技术更是越来越多，特别是在电气系统中，有许多新的总线系统、驾驶辅助系统、灯光系统、便捷操作系统应用在新车型上，这对广大售后维修人员提出了更大挑战。如果一线维修技师在电气系统方面知识更新的速度赶不上车型技术更新步伐，在维修过程中会遇到比较大的问题。编写此书的目的是想将宝马车辆电气方面的技术进行系统的分析和总结，对宝马车身电气各系统的控制逻辑和诊断方法进行整理、总结、归纳，借此来提高宝马一线维修技师的维修技能和工作效率。

本书在各系统中配有典型的故障案例，这些案例都来自一线从事维修工作的技师。在此特别感谢沈阳华宝张国金技术团队的大力支持，同时对提供案例的各位技师：沈阳信宝行才肖南先生、昆山宝诚李建国先生、商丘商德宝赖志强先生、太原顺宝行翟杰峰先生、济南大友宝杨继钱先生、上海宝尊郑强先生、上海宝景冯鹏飞先生、杭州金昌宝顺陈钦先生、苏州骏宝行甄宗凯先生、福建福宝黄武伟先生、周口周德宝王艳奇先生表示感谢。

由于汽车技术具有较大的相通之处，书中总结的电气各系统控制逻辑和诊断方法不仅适用于宝马品牌维修技师，同样也适用于其他汽车品牌维修技师。本书可作为提升电气系统维修技能的参考用书。同时本书的内容和呈现方式也适合作为各大专科学校车身电气系统诊断教学的辅助用书。

由于编者水平有限，书中难免有不当之处，恳请广大读者批评指正。

编者

目录

第1章
供电系统

第2章

照明系统

第3章

舒适系统

第4章
仪表显示及娱乐系统

第 5 章
驾驶辅助系统和空调系统

第6章
安全气囊系统和总线系统

案例索引

第1章

供电系统

1.1 电源系统

1.1.1 经典维修故障案例

1.1.1.1 F02 车辆停放几天后无法启动

（1）车辆信息

车型	发动机型号	里程/km
F02，740Li	N55	58000

（2）故障现象描述

客户反映：车辆停放几天后无法启动，拖车入店。

故障现象确认：接车后进行检查，按压启动按钮，车辆确实无法启动，按压喇叭按钮，喇叭不响，怀疑车辆是由蓄电池没电导致车辆无法启动。

（3）故障分析思路及排除方法

首先用万用表检测蓄电池，蓄电池电压为 7.2V，蓄电池亏电严重，进一步检查发现该车使用的不是 BMW 原厂蓄电池，接下来先建议更换蓄电池，同时用 ISTA 进行注册蓄电池。

更换蓄电池后进行检查，发现车辆在关闭启动按钮后，仪表指示灯不能马上休眠，需要等 1h 后熄灭，同时还发现休眠后手刹灯亮着，判断该车存在漏电情况。检测休眠电流 1.9A，用 ISTA 检测无相关故障码。由于休眠后手刹灯亮，于是拔掉 EMF（电子驻车制动模块）插头，休眠后电流下降到 0.95A，以为正常了，就更换了 EMF，编程后测试车辆还是不休眠。

为了判断车辆的休眠状态，接下来根据图 1-1 所示电路图测量 CAS 上唤醒线 A16*2B 的

1、2、4 号端子及 A16*1B 的 19 号端子，都有 10.93V 电压。测量 CAS 上的 K-CAN2 总线的电压：K-CAN2-L 为 2.4V、K-CAN2-H 为 2.6V。根据测量结果分析可能为 CAS 模块不能正常休眠！

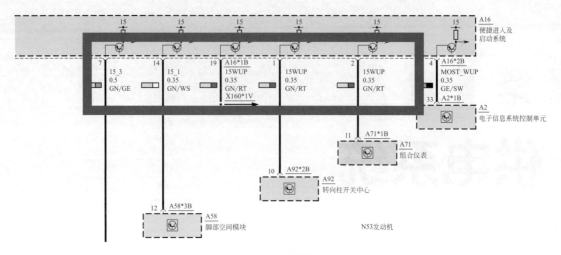

CAS电路图(一)

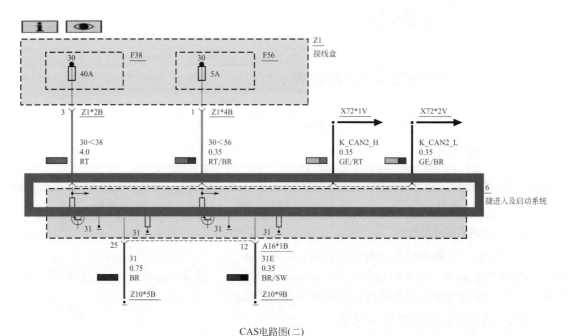

CAS电路图(二)

图 1-1　CAS 电路图

接下来拔下 CAS 上的 K-CAN2 总线上 26、35 号端子，车辆还是不休眠。直接拔下 CAS 上的 A16*1B 和 A16*2B 两个插头，休眠电流下降到 0.05A，车辆能够正常休眠了。根据以上测量，判断应该是 CAS 唤醒信号问题导致 CAS 不休眠，而不是车载网络信号问题导致的。

于是拔下了 CAS 上的 4 根唤醒信号线让车辆休眠，休眠电流是 0.103A。测量 CAS 保险丝上的 2 个电流，分别是 0.45A 和 0.55A。这说明是 CAS 在用电。

CAS 的 A16*1B 插头上的 19 号端子及 A16*2B 插头上的 1 号和 2 号端子唤醒线有 10.98V 电压，正常车应该马上没有电压。而 MOST（多媒体传输系统）唤醒线有 11.98V，正常。也就是说 3 根唤醒信号线有问题。

挑出 3 根唤醒信号线，测量 CAS 端唤醒线有 10.98V 电压，线束一端没有电压。说明不是外部模块或者线路串联导致有电，确定 CAS 有问题。

为了确定问题，进一步仔细检测，将 CAS 上的唤醒信号线拔出后，让车辆进入休眠，然后再次唤醒车辆，检查休眠电流是 0.103A，电流比不拔唤醒信号线时小了一些，不拔唤醒信号线电流是 1.5A。

将正常车 CAS 上的 A16*1B 插头上的 19 号端子和 A16*2B 插头上的 1、2、4 号端子拔出，让车辆休眠。只要关闭点火开关，测量 CAS 端 19、1 和 2 号端子马上没有电压，4 号端子有 11.89V 正常。经检查发现 CAS 内部 3 根唤醒信号线是连接在一起的，都是由一个三极管控制，测量三极管正反向电阻 7Ω，如图 1-2 所示，正常车要百兆欧姆。三极管导通导致一直有电压输出，导致唤醒模块不休眠。

故障点终于找到了，于是更换 CAS 模块，对车辆进行编程后试车，车辆一切正常，故障排除。

图 1-2　CAS 内部故障

（4）故障总结

该故障是典型的由供电控制模块故障导致的车辆不能正常休眠致使蓄电池严重亏电，从而导致车辆无法启动。在排除类似的故障时，除了考虑蓄电池、发电机等电源部件，还要考虑车辆的正常电量消耗问题，车辆的电能管理模块故障同样会导致车辆电源部件工作异常。

1.1.1.2　G38 高速行驶熄火后无法启动

（1）车辆信息

车型	发动机型号	里程/km
F35，528Li	N20	87000

（2）故障现象描述

客户反映：高速上行驶时，蓄电池报警，汽车自动熄火后无法启动。

故障现象确认：接车后进行检查，按启动按钮时仪表无显示，发动机确实无法启动，与客户描述一样。

（3）故障分析思路及排除方法

首先连接充电机给车辆充电，然后连接专用检测仪 ISID 对车辆进行诊断，发现存在低电压故障，分析故障可能的主要原因有发电机故障、蓄电池传感器（IBS）故障、蓄电池老化损坏等。

根据上述原因，先从最简单的入手，首先排查蓄电池是否已经老化损坏。使用蓄电池检测仪检测蓄电池，发现蓄电池状况良好，排除蓄电池损坏导致的故障。查阅图 1-3 所示的供电电路图得知智能蓄电池传感器（IBS）是检测车身用电量的一个传感器，它和发电机同属于 M-LIN 子总线系统部件。于是拔掉 IBS 插头，让 M-LIN 系统处于一个应急状态，再启动车辆，检测发电机的发电量，依旧是不发电，从而可以得出结论，发电机损坏。于是更换发电机后试车，故障消失，车辆故障彻底排除。

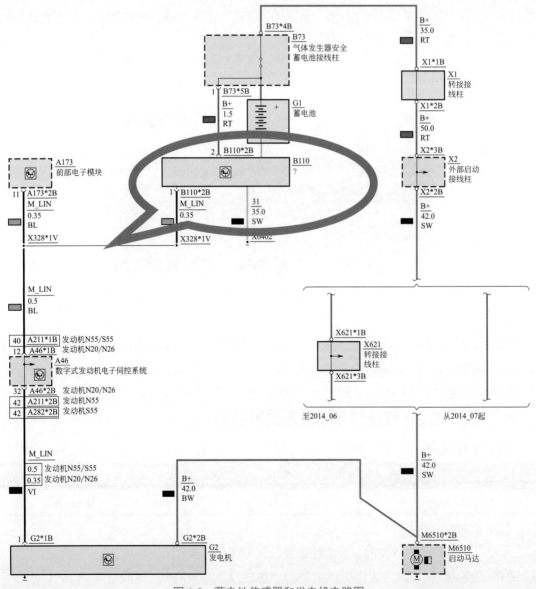

图 1-3　蓄电池传感器和发电机电路图

　　第二天，客户到店说，仪表上出现报警，蓄电池电压过高。电脑诊断有发电机故障，检测发电机的发电量，发现电压确实过高，还是怀疑发电机本身的故障，可是发电机刚刚换过，怎么又会坏了呢？与其他车对调发电机后，试车故障依旧如此。

　　到此想再次检测下蓄电池，发现客户行李厢有一组旧的点火线圈，客户说是在外面更换的点火线圈，会不会是副厂点火线圈导致发电机工作异常呢，于是查询点火线圈和发电机相关资料，如图 1-4 所示。由于点火线圈部件构成原理，电流经过初级绕组会产生磁场，而发电机的调节器由很多个二极管组成，如果点火线圈的磁场干扰到发电机调节器里面的二极管，就会使调节器功能失常。根据上面的分析，副厂点火线圈也可能导致该故障，所以建议客户更换一套原厂点火线圈，换好后，删除故障码试车，故障消失，车辆运行正常。引起该故障的原因是副厂或假冒的点火线圈技术工艺不良导致干扰磁场过大。

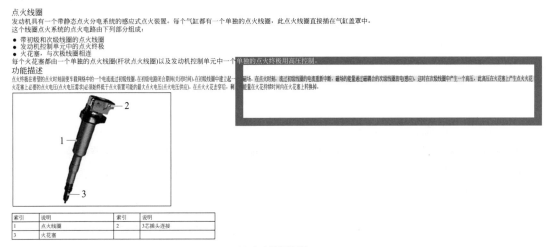

点火线圈

发动机具有一个带静态点火分电系统的感应式点火装置。每个气缸都有一个单独的点火线圈，此点火线圈直接插在气缸盖罩中。

这个线圈点火系统的点火电路由下列部分组成：

- 带初级和次级线圈的点火线圈
- 发动机控制单元中的点火终极
- 火花塞，与次级线圈相连

每个火花塞都由一个单独的点火线圈(杆状点火线圈)以及发动机控制单元中一个单独的点火终极用高压控制。

功能描述

点火线圈在希望的点火时刻前使车载网络中的一电流流过初级线圈。在初级电路闭合期间(关闭时间)，在初级线圈中建立起一个磁场，在点火时刻，流过初级线圈的电流重新中断，磁场的能量通过磁耦合的次级线圈放电(感应)。这时中次级线圈中产生一个高压，此高压在火花塞处产生点火火花塞上必要的点火电压(点火电压需求必须始终高于点火装置可能的最大点火电压(点火电压供应)。在点火火花击穿后，剩余能量在火花持续时间内在火花塞上转换掉。

索引	说明	索引	说明
1	点火线圈	2	3芯插头连接
3	火花塞		

(a) 点火线圈资料

发电机将保持所希望的车载网络电压水平。发电机还负责在行驶模式下为所有用电器供电。调节器利用非控制式的整流器通过施加励磁电流来调节电激励式发电机的输出电压。

FB120B010

举例

索引	说明	索引	说明
1	发电机	2	具有整流二极管的调节器
3	2芯插头连接(1芯被使用)		

(b) 发电机资料

图 1-4　点火线圈和发电机相关资料

（4）故障总结

该故障是典型的发电机工作异常故障，引起该故障的原因是更换了副厂点火线圈，不合格的点火线圈工作时的磁场干扰到了发电机调节器，导致发电机损坏或工作异常。此故障通过更换发电机无法根本解决问题，因此很多时候维修故障不仅要考虑到系统里面的某个大的元件对系统的影响，还要注意到这个元件本身的工作原理，要深究每个元件的工作原理才能在查修方面得心应手。

1.1.1.3　G38 发动机报警，车辆无法启动

（1）车辆信息

车型	发动机型号	里程 /km
G38，530Li	B48	58000

（2）故障现象描述

客户反映：发动机报警，无法着车，拖车入厂。

故障现象确认：接车后对车辆进行检查，发现车辆确实无法启动，按压启动按钮时起动机没有反应。

（3）故障分析思路及排除方法

首先用专用检测仪 ISID 对车辆进行检测，诊断测试发现 DME（发动机控制模块）、EPS（电动机械式助力转向模块）、EGS（变速器控制模块）、GWS（电子选挡杆控制模块）四个模块同时无法通信，如图 1-5 所示。

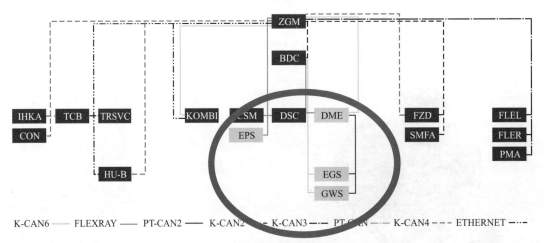

图 1-5　车辆检测结果

从控制单元树形图来看，无通信的模块分布在 Flexray、PT-CAN、PT-CAN2、K-CAN5 总线上，这些总线线路，插头连接或控制单元本身同时出现故障的可能性较小，因此优先考虑找出这四个模块相关联的点，经过查阅图 1-6 所示电路图，发现这些控制单元存在共同的供电端［Z3*3B，经过 SBK（发电机安全蓄电池接线柱）后供电］。

根据电路图，通过进一步测量发现 Z3 输入端 Z3*1B 为系统电压 13.4V，输出端供给 EPS、DME、EGS、GWS 的 Z3*3B 电压为 0V，根据电路图进一步检查发现 SBK 因未知原

因被引爆，如图 1-7 所示。更换带 SBK 的 Z3 配电盒后故障解决。

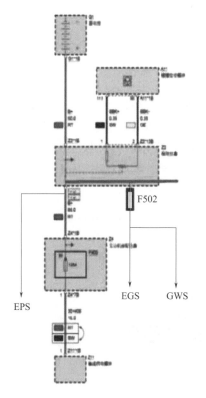

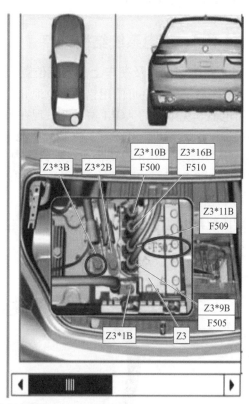

图 1-6 供电电路图

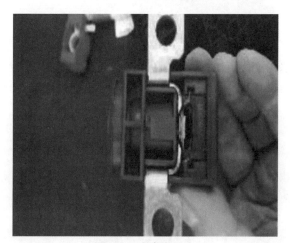

图 1-7 故障的 SBK

（4）故障总结

本案例中通过查找无通信控制单元的供电，最终以 Z3 配电盒为突破口，快速定位故障，而无需其它繁杂的总线线路检查。多个问题同时发生时往往都会存在一个共同点，我们需要从共同点出发去找这个问题，先动脑认真分析问题再动手，往往对解决问题起到事半功倍的效果。

1.1.2 故障解析

1.1.2.1 供电系统结构特点

（1）蓄电池种类及在车上的安装位置

12V 车载网络供电可使用铅酸蓄电池和锂离子电池，铅酸蓄电池又可以分为普通需要维护的蓄电池和免维护的 AGM 蓄电池，现在车辆上主要采用的是 AGM 蓄电池。根据不同的车辆装备，车辆上可能会安装 3 种 12V 电池，分别为 105Ah 或 90Ah 的安装在行李厢里的主供电 AGM 电池，60Ah 的安装在发动机室内的给车载网络支持和电动动态行驶稳定装置辅助供电的 AGM 电池，14Ah 的安装在行李厢内的给 24V 转向系统辅助供电的 AGM 电池。

（2）智能型蓄电池传感器

智能型蓄电池传感器（IBS）是一个机电一体化的智能型蓄电池传感器，带有专用的微处理器。传感器安装在蓄电池负接线柱旁边，其结构如图 1-8 所示。

图 1-8　智能型蓄电池传感器
1—蓄电池负极接线柱；2—智能型蓄电池传感器；3—2 芯插头连接；4—蓄电池负极连接线

智能型蓄电池传感器用于记录蓄电池电压、流过的电流和温度。为了进行数据传输，传感器通过 LIN 总线与发动机控制单元进行通信，并通过蓄电池正极供电，其工作原理如图 1-9 所示。

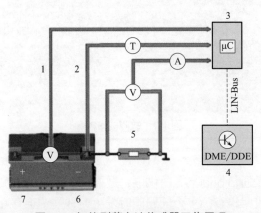

图 1-9　智能型蓄电池传感器工作原理
1—测量蓄电池正负极之间的电压；2—测量蓄电池温度（T）；3—智能型蓄电池传感器（IBS）中的微处理器；4—发动机控制单元；5—电流测量（间接，通过测量电阻上成正比的电压降）；6—蓄电池负极；7—蓄电池正极

带智能型蓄电池传感器的动力管理系统根据测量值确定行驶模式下和车辆处于静止状态时的蓄电池充电状态。在车辆处于静止状态时，周期性地查询测量值，以便识别能量损耗。测量值将输入至传感器内的存储器中，并在发动机重新启动后传输到发动机控制单元。为了得到蓄电池充电状态的历史信息，将最近 5 天的蓄电池充电状态存储在发动机控制单元内。

在车辆休眠后，由传感器测得的蓄电池电压只缓慢接近实际空载电压。因此，测量值的精度随着休眠阶段的延长而提高，测量出的充电状态在至少 3h 的休眠后是可靠的。如果休眠阶段不够长或存在休眠电流故障，则不能正确确定蓄电池充电状态。

带智能型蓄电池传感器的动力管理系统将会为蓄电池计算出上下启动能力极限。启动能力下限相当于蓄电池可以让车辆启动的最小充电状态。为了防止放电至启动能力下限，将保留一定的电量储备。

只能使用经许可的充电器在 14.8V 恒定充电电压下给蓄电池充电。如有可能，充电过程中蓄电池温度应在 15 ～ 25℃之间。在这些条件下当充电电流下降到 2.5A 以下时，说明蓄电池已充足电。如果在较低的温度下执行充电过程，则充电过程在充电电流低于 1.5A 时才能结束。如果在安装状态下给蓄电池充电，则充电过程必须通过外部启动接线柱进行。这样才能确保车辆电子装置能正确识别到带智能型蓄电池传感器的车辆的充电过程。

在安装一块新蓄电池后必须执行服务功能"记录蓄电池更换"。为了通知电源管理系统已在车辆中安装了一块新蓄电池，必须记录更换电池。未记录更换电池时，动力管理系统不能正常工作，由此可能导致显示检查控制信息和功能限制。

（3）发电机安全蓄电池接线柱（SBK）

发电机安全蓄电池接线柱安装在蓄电池正极接线柱上，用于切断蓄电池正极到发动机室内起动机和发电机供电线路的供电，其结构和工作原理如图 1-10 所示。

在车辆底板上的蓄电池导线直接铺设在燃油管路旁边，如果蓄电池正极导线出现短路，车辆可能会存在着火的风险。安全气囊控制单元负责监控至发动机室的蓄电池导线是否短路，如果安全气囊控制单元识别到足够冲击力的碰撞阈值并识别到出现短路，蓄电池导线将通过安全蓄电池接线柱脱开。

发电机安全蓄电池接线柱通过一个 2 芯插头连接与安全气囊控制单元连接。在安全蓄电池接线柱中集成有一个引爆装置，引爆装置触发燃爆式推动力切断蓄电池正极到发动机室内起动机和发电机供电线路的供电。

尽管安全蓄电池接线柱以燃爆方式断开，但仍可保证继续为所有与安全相关的用电器供电，例如闪烁报警灯、车内灯和电话。

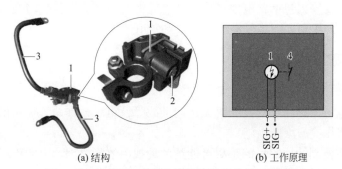

(a) 结构　　　　(b) 工作原理

图 1-10　发电机安全蓄电池接线柱结构和工作原理

1—发电机安全蓄电池接线柱；2—2 芯插头连接；3—蓄电池正极导线；4—机械切割位置

（4）发电机

发电机将保持所希望的车载网络电压水平，还负责在行驶模式下为所有用电器供电，其结构如图 1-11 所示。发电机有一个单独的接线柱用于蓄电池正极导线。调节器背面固定在发电机上。调节器利用非控制式的整流器通过施加励磁电流来调节希望输出电压。调节参数将通过 LIN 总线传输到调节器。

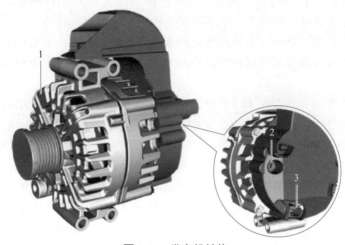

图 1-11　发电机结构
1—发电机；2—蓄电池正极导线；3—2 芯插头连接

发电机通过一个 LIN 总线与发动机控制单元进行数据交换。发电机向发动机控制单元传送诸如型号和制造商之类的信息。因此发电机的特定信息由发动机控制单元进行处理，并根据安装的发电机型号对发电机进行调节。

对于带 LIN 总线的发电机来说，其在发动机控制单元内实现了下列功能：根据定义的参数接通和关闭发电机；确定与温度有关的最大允许的发电机输入功率；根据发送的发电机电压调节器参数计算发电机驱动扭矩及发电机电流；在大功率用电器接通时控制发电机的响应；发电机和发动机控制单元之间的发电机诊断和数据导线诊断；在发动机控制单元的故障代码存储器中保存发电机出现的故障。

1.1.2.2　故障分析

供电系统常见的故障是蓄电池电量用尽导致发动机无法启动和电源系统报警。导致蓄电池电量用尽的主要原因包括蓄电池老化损坏、发电机损坏、车辆故障及车辆的不正确使用等。电源系统报警的主要原因是供电线路故障和蓄电池传感器故障。

1.1.2.3　故障诊断方法

（1）电源诊断检测计划

针对蓄电池电量用尽导致的发动机无法启动故障，可以根据系统提供的电源诊断检测计划查找原因并采取相应的维修措施。

执行电源诊断检测计划的目的是尽可能清楚地找出故障原因。电源诊断检测计划会从相应的控制单元中读取所有必要的数据，并根据这些数据的分析结果显示可能的故障原因。蓄电池放电的原因可分为两大类。一类是车辆故障，主要包括车辆不能休眠、车辆反复被唤醒、静止状态时休眠电流过高、发电机有故障、蓄电池损坏。另一类是客户不正确使用，包括停车灯、停车报警灯或闪烁报警灯曾被接通过多时间，车辆长时间停放，频繁或长时间在停车期间使用电器，长期短途行驶，等等。

电源诊断检测计划具体过程如图1-12所示。电源诊断检测计划会首先分析考虑故障情况和故障码，并提示确定的故障原因，直接可以进入有关故障记录的模块选项。如果没有特定故障，也可以进入一般信息查看。

(a)

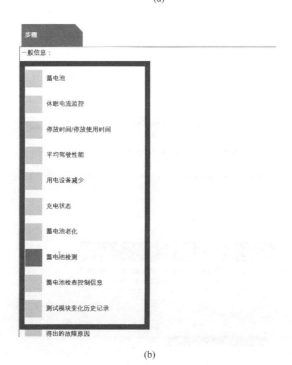

(b)

图 1-12

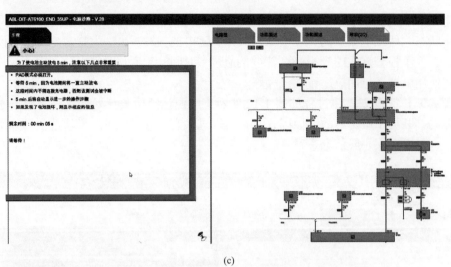

ABL-DIT-AT6100_END_35UP - 电源诊断 - V.28

步骤

⚠ 小心!

为了使电池主动放电 5 min，注意以下几点非常重要：

* PAD模式必须打开。
* 等待 5 min，因为电池期间将一直主动放电
* 这段时间内不得连接充电器，否则该测试会被中断
* 5 min 后将自动显示进一步的操作步骤
* 如果发现了电池损坏，则显示相应的信息

剩余时间：00 min 05 s

请稍待！

(c)

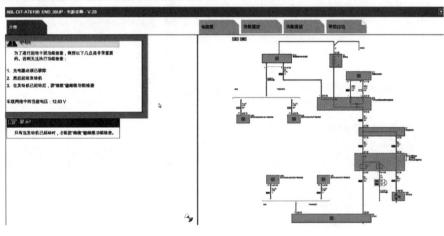

ABL-DIT-AT6100_END_35UP - 电源诊断 - V.28

步骤

⚠ 小心!

为了进行起动干扰功能检查，做到以下几点显非常重要
的。否则无法执行功能检查：

1. 充电器必须已移除
2. 然后起动发动机
3. 在发动机已起动后，按"继续"键继续功能检查

车载网络中的当前电压：12.63 V

☞ 提示!

只有当发动机已起动时，才能按"继续"键继续功能检查。

(d)

ABL-DIT-AT6100_END_35UP - 电源诊断 - V.28

步骤

蓄电池针对电荷消耗和起动干扰方面的功能检查正常。

* 充电 10 分钟后蓄电池的充电电流为：1.5 A
  （电荷消耗与蓄电池容量、蓄电池的充电状态和温度有关）
* 车辆起动时检测到的最小蓄电池电压：9.8 V
  （起动干扰与蓄电池的温度有关）

如果未显示任何可信值，则这些值无法正确从车辆中输出。

☞ 提示!

如果依据测定的故障原因或蓄电池的常规信息需更新蓄电
池，则无论该功能检查如何，都应更新该蓄电池。

蓄电池检测正常

```
            0
-1          1          1
```

(e)

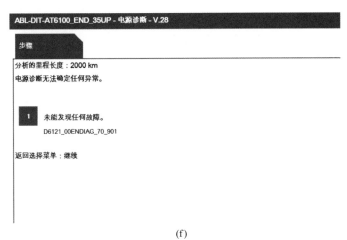

(f)

图1-12 电源诊断检测计划过程

① 蓄电池。可以显示记录的蓄电池容量、类型、电量、状态及启动能力范围，也可以看到蓄电池的更换记录。

② 休眠电流监控。常用的休眠电流监控，记录了12次休眠电流监控结果，方便判断故障是否偶发及休眠电流的大小。方便我们直接判断有没有休眠电流故障及故障时的电流大小，还可以判断休眠电流故障出现的频率，判断故障是一直存在，还是偶尔出现。

③ 停放使用时间。此功能首先会分析停放的时间并得出正常或异常结论，然后会显示客户停放使用时间，显示客户熄火后使用车辆的情况。借助最近40次行车期间的车辆停放时间确定停放时间。

④ 平均驾驶性能。此功能显示客户的行车次数及平均行驶里程，因为长期短距离行驶，或长时间不使用车辆，会使蓄电池电量慢慢下降，最终造成蓄电电池报警甚至车辆无法启动。

⑤ 用电设备减少。此选项可显示因为降低临界情况下的耗电，而使用电设备减少的情况。这些情况主要根据蓄电池充电、能量生成以及车辆运行状态等进行判断。

⑥ 充电状态。显示蓄电池的充电状态直方图及充电状态的持续时间数值范围。在发动机电子系统重新编程和更换电池的情况下会复位充电状态直方图。

⑦ 蓄电池老化。显示蓄电池老化情况，正常使用蓄电池预计不会产生不利影响。但组件故障或深度放电可能损坏蓄电池。

⑧ 蓄电池检测。此选项可以测试蓄电池。

⑨ 蓄电池检查控制信息。读取车辆中当前存储的有关蓄电池的检查控制信息。这些检查控制信息用于客户投诉的可信度检查。

（2）蓄电池检测

通过EXP-1000蓄电池检测仪能够有效地对蓄电池性能进行诊断。通过检测仪可以检测蓄电池的健康状态、电压及充电状态。具体测试过程如下：

① 打开检测仪电源，并将正负极夹钳连接至蓄电池。

② 选择主菜单"蓄电池测试模式"。

③ 选择蓄电池位置。"车内"代表蓄电池装在车上，"车外"代表蓄电池从车上拿下来。

④ 选择测试位置"顶端子"。

⑤ 选择AGM电池，选择冷启动电流的测量标准EN（欧洲），输入电流的标准值（蓄电

池标签上有）。

⑥选择开始测试，屏幕上会显示测试结果。

a. 蓄电池充电状态 SOC。充电状态以百分比的形式体现。

b. 实际测量值，单位安培。

c. 需要充电时间，单位分钟。

d. SOH 蓄电池健康状况，是更换蓄电池的主要依据，其具体含义如图 1-13 所示。

（3）发电机测试

通过示波器测量发电机的波形能够有效地判断发电机内部是否出现了问题。示波器显示的是发电机的正常电压和电流走势。每个波的高度取决于当前发电机负荷。波的长度取决于转速。转速越高，波越短。在怠速转速下，并且在用电器开启的状况下，无故障的发电机输出特性曲线如图 1-14 所示。

SOH［%］	分级
100	新状态
100-85	系统降级，不可觉察
85-75	可觉察的舒适度降级
75-45	受限的发动机节能自动启停可用
45-30	发动机启动受到威胁
30-0	能量不可用
0	蓄电池损坏

图 1-13　蓄电池健康状况

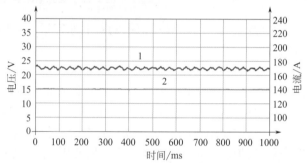

图 1-14　发电机输出波形

1—电流输出；2—电压走势

（4）蓄电池注册

在安装一块新蓄电池后应执行服务功能"记录更换蓄电池"。为了通知动力管理系统已在车辆中安装了一块新的车辆蓄电池，必须记录更换蓄电池这一操作。如果未记录更换蓄电池，动力管理系统不能正常工作，可能导致显示检查控制信息和功能限制，例如单个用电器减少或关闭。

在保养时更新蓄电池，必须在服务功能范围内输入二维条码的部分，以便记录蓄电池更换。如果有扫描仪，则可以使用扫描仪进行完整扫描。蓄电池更换注册流程如图 1-15 所示。

（5）传感器诊断

根据上面的介绍可知，蓄电池传感器通过 LIN 线与发动机控制单元通信，可以先测量传感器的供电电压和接地电压，正常值应为蓄电池电压，再测量 LIN 信号线波形。如果供电、接地、信号波形都正常，则可以确定是传感器本身损坏。

（6）安全蓄电池接线柱诊断

安全蓄电池接线柱断开后会导致车辆无法启动，可以用万用表电阻挡测量安全蓄电池接线柱的电阻来判断接线柱是否断开。接通状态下正常阻值为 0Ω，断开状态阻值应为无穷大。如果确认安全蓄电池接线柱断开，一定要找到导致接线柱断开的原因再进行更换。

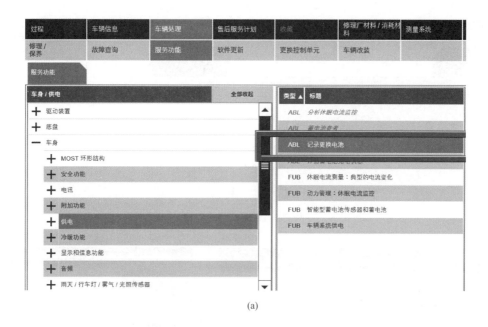

过程	车辆信息	车辆处理	售后服务计划	收藏	修理厂材料 / 消耗材料	测量系统
修理 / 保养	故障查询	服务功能	软件更新	更换控制单元	车辆改装	

服务功能

车身 / 供电	全部收起		类型 ▲	标题
＋ 驱动装置			ABL	分析休眠电流监控
＋ 底盘			ABL	蓄电流参考
― 车身			**ABL**	**记录更换电池**
＋ MOST 环形结构			ABL	计算蓄电池充电状态
＋ 安全功能			FUB	休眠电流测量：典型的电流变化
＋ 电讯			FUB	动力管理：休眠电流监控
＋ 附加功能			FUB	智能型蓄电池传感器和蓄电池
＋ 供电			FUB	车辆系统供电
＋ 冷暖功能				
＋ 显示和信息功能				
＋ 音频				
＋ 雨天 / 行车灯 / 雾气 / 光照传感器				

(a)

ABL-WAR-AS6120_WECHSEL - 记录更换电池 - V.34

步骤

在下一测试步骤中将记录更换电池！

建立下列状态：

- 关闭发动机
- 总线端 Kl. 15 接通

☞ 提示！

记录无法撤消。

记录电池更换：相同的容量

记录电池更换：更高/更低的容量

记录蓄电池更换情况：从普通铅酸蓄电池更换为 AGM 或 EF 电池

结束服务功能

(b)

图 1-15

ABL-WAR-AS6120_WECHSEL - 记录更换电池 - V.34

步骤

新安装的蓄电池是否为原装的 BMW 部件？

| 1 | 是 |
| 2 | 否 |

(c)

ABL-WAR-AS6120_WECHSEL - 记录更换电池 - V.34

步骤

参见帮助。

新安装蓄电池的标签上是否有一个二维条码？

| 1 | 是 |
| 2 | 否 |

(d)

ABL-WAR-AS6120_WECHSEL - 记录更换电池 - V.34

步骤

参见帮助。

如果有扫描仪，则将扫描仪连接至 ISID 并扫描二维条码。

如果没有扫描仪，则按照说明输入二维条码的第二行。

☞ 提示！

如果必须手动输入二维条码，则注意输入时不加空格并注意大/小写。

允许所有字符。

(e)

ABL-WAR-AS6120_WECHSEL - 记录更换电池 - V.34

步骤

更换电池无法记录。

可能的故障原因：

• 不能与 IBS 或发动机电子系统通信。
• 无法存储更换电池
• 总线端 Kl. 15 未接通
• 发动机运行

☞ 提示！

必要时重新设置车辆上的日期和时间。

| | 返回选择菜单 |
| | 结束服务功能 |

(f)

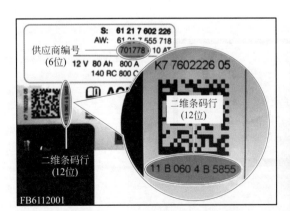

(g)

(h)

图 1-15　蓄电池更换注册流程

1.2　配电系统

1.2.1　经典维修故障案例

1.2.1.1　G38 发动机故障灯亮，空调不制冷，油位没有显示

（1）车辆信息

车型	发动机型号	里程 /km
G38，530Li	B48	48000

（2）故障现象描述

客户反映：发动机故障灯亮，空调不工作，油位不显示。

故障现象确认：接车后对车辆进行检查，发现确实存在上述问题，同时发现车辆行李厢开关失灵，但遥控器可以正常打开行李厢。

（3）故障分析思路及排除方法

首先用专用检测仪 ISID 对车辆进行诊断，发现存在图 1-16 所示的故障代码。根据故障代码分析，主要的故障原因可能是 BDC（车身域控制器）的供电出现了问题。

接下来执行根据故障代码生成的 ABL 检测计划"总线端 Kl.30L"。检测结果如图 1-17 所示，发现 BDC 内部识别 30L1 电压为 0V，不正常。

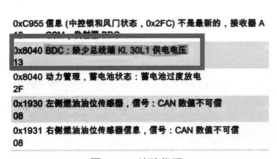

图 1-16　故障代码

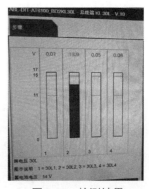

图 1-17　检测结果

接下来为了找到 30L1 没电压的原因，根据电路图测量供电模块 A258（BDC）的 4B 插头的 6 号端子对地电压，结果为 13.2V，外部供电正常。

进一步检查 BDC 内部端子，未见异常。既然外部供电、线路和端子都没问题，那可能是 BDC 模块内部损坏了，于是更换 BDC 模块后进行编程处理，车辆恢复正常，故障排除。

（4）故障总结

此故障是典型的供电控制模块故障导致的车辆故障，供电模块的集成度比较高，控制功能也比较多，当供电模块损坏的程度和部位不同时，车辆会表现出不同的故障现象。此车

供电模块 BDC 内部有多个供电输入 30L1、30L2、30L3、30L4 等，当出现供电模块故障时，可先通过 ABL 检测计划读取 BDC 内部的识别结果，帮助快速分析和判断故障。

1.2.1.2 F18 车辆亏电报警，无法启动

（1）车辆信息

车型	发动机型号	里程 /km
F18，530L1	N52	108000

（2）故障现象描述

客户反映：车辆无法启动，车辆亏电报警。

故障现象确认：车辆拖车到店后对车辆进行检查，经检查发现蓄电池电压低，只有 8V 左右，给车辆充电后车辆启动正常，车辆熄火后偶尔有"呜呜"响声，怀疑电子水泵一直在工作。

（3）故障分析思路及排除方法

根据车辆的检查结果分析可能是由车辆存在严重漏电或用电器一直工作导致蓄电池亏电严重而引起车辆无法启动。可能的故障原因有：车辆存在非正常的加装改装、供电模块及线路故障、水泵及控制线路和车辆软件故障等。

首先测量车辆的休眠电流，竟然高达 13A，已经远远超出标准，可以判断此车故障是由漏电导致的。到底是什么原因导致休眠电流如此高呢？

接下来询问车主并检查车辆是否加装改装，经检查无加装改装。

经检查发现车辆水泵一直在工作，怀疑水泵内部短路，于是断开水泵插头后再次测量休眠电流，休眠电流下降但还是超出正常范围，怀疑除了水泵在工作外还有其他用电器在工作。

为了找到漏电原因，先从水泵线路进行测量检查，对正常车辆和故障车辆进行对比测量，测量结果如图 1-18 所示。故障时测量发动机控制单元 DME 到水泵的供电 15N，关闭点火开关后正常为无电压，但现在车辆有电压，而 BSD 测量无电，相当于 BSD 断路导致水泵进入应急模式，水泵在关闭点火开关后继续工作导致车辆亏电。

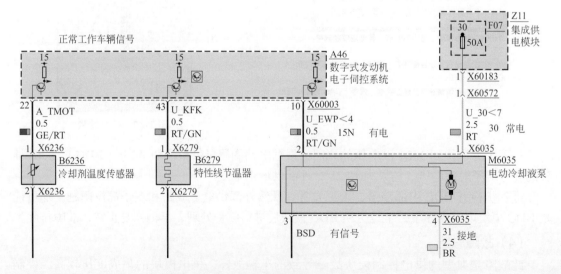

(a) 正常车辆信号

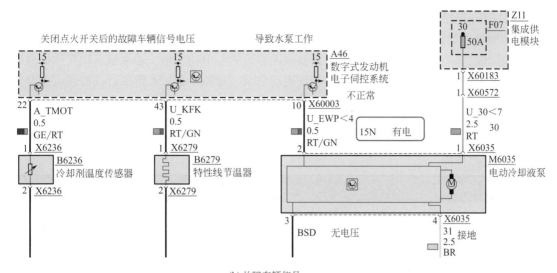

（b）故障车辆信号

图 1-18　水泵线路测量

由于水泵电源来自发动机控制单元，于是找到发动机控制单元供电电路图进行测量检查，当关闭车辆后，测量发动机供电模块（PDM），结果如图 1-19 所示。PDM 处 5、6、1号端子休眠后电压正常值为 0V，现在为 12V，怀疑供电模块内部损坏。为了进一步确认供电模块是否存在内部损坏，将供电模块拆下后测量 1、5、6 端子之间的电阻，电阻值为 2Ω左右，可以判断供电模块内部继电器触点粘在一起无法断开。

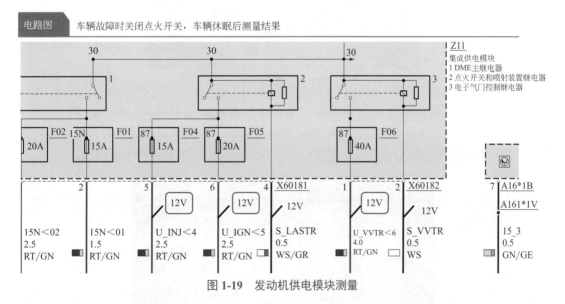

图 1-19　发动机供电模块测量

由于发动机控制单元供电模块 PDM 内部故障导致休眠后发动机控制单元 DME 也有供电，导致电子水泵工作、VVT 发热，最终导致车辆无法正常休眠，导致车辆亏电无法启动。

最后更新供电模块 PDM 后车辆休眠电流正常，在发动机控制单元 DME 处测量电压正常，车辆故障排除。

（4）故障总结

此故障是典型的由供电模块故障导致车辆不休眠而引起的蓄电池亏电故障。当遇到蓄电池亏电故障时，一定要检查清楚到底是什么原因导致的蓄电池亏电，如果该车辆在维修前期只看到水泵工作，没有进行更深入的测量就更换水泵，故障不会顺利解决，同时还可能会导致客户投诉。

1.2.1.3　G12 车辆亏电，车辆提示低电压

（1）车辆信息

车型	发动机型号	里程 /km
G12，740Li	B58	32000

（2）故障现象描述

客户反映：车辆无法启动，车辆蓄电池报警。

故障现象确认：车辆拖车进厂后对车辆进行检查，发现车辆无法启动并且有蓄电池电压低的提示，故障现象基本与客户反映相同。

（3）故障分析思路及排除方法

首先用专用检测仪 ISID 对车辆进行诊断，发现有如图 1-20 所示的故障代码。其中故障代码 213601"动力管理：休眠电流故障"会导致车辆低电压，使车辆无法启动。

图 1-20　故障代码

接下来对此车的休眠电流进行测量，发现休眠电流确实很高，如图 1-21 所示，达到 2.8A，车辆低电压的现象确实是由休眠电流过高导致的，但是休眠电流又为什么会过高呢？接下来单独测量蓄电池配电盒的几根供电线，发现前部配电器处的休眠电流过高。

图 1-21　休眠电流测量值

接下来把副驾驶脚底板拆下，发现 FEM（前部电子模块）处有加装痕迹，把加装从 FEM 处拆下，测量休眠电流，休眠电流恢复正常。为了验证故障是否由加装导致，再次把加装装回，测量休眠电流，发现休眠电流再次升高，达到允许范围之外了。

拆除加装后，车辆故障彻底排除。

（4）故障总结

此故障是典型的由非正常加装引起的车辆休眠电流异常故障。宝马的 AGM 电池都带有 IBS 智能型蓄电池传感器，用于记录蓄电池的电压、流过的电流和温度。IBS 会不断测量蓄电池的端电压、充电电流、放电电流及蓄电池温度。当出现休眠电流故障代码时，要先确定休眠电流的具体数值，确定休眠电流高后进行分级测量，化整为零，进行逐步的测量，当确定相应部分的休眠电流过高时，可以再通过拔下保险或者断开模块的方式确定故障点。

1.2.2 故障解析

1.2.2.1 结构特点

（1）配电路径

车辆的 12V 配电路径指的是车辆的电源（蓄电池和发电机）将电分配到用电器或控制单元的途径。不同车辆可能由于配置和装配不同，其配电路径略有差别，下面以图 1-22 所示的 F02 配电路径为例进行简单介绍。

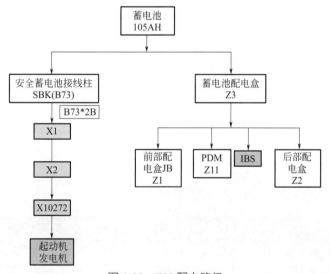

图 1-22 F02 配电路径

蓄电池正极通过安全蓄电池接线柱（SBK）后再通过车辆底部的供电线与发动机室内的充电接线柱 X2 连接，并通过 X2 接线柱与发电机和起动机正极供电线连接。当车辆发生严重的碰撞事故时，安全气囊模块会触发 SBK，切断蓄电池通往起动机和发电机之间的供电。

蓄电池正极通过蓄电池配电盒 Z3 将 12V 供电分别分配给前部配电盒 Z1、后部配电盒 Z2、发动机集成供电模块 PDM（Z11）和 IBS。通过这些配电装置将蓄电池的 12V 车载供电进一步分配到各个控制单元。

（2）蓄电池配电盒

蓄电池配电盒固定在蓄电池上，其结构如图1-23所示。配电盒的保险丝布置取决于车型、发动机型号和车辆装备。

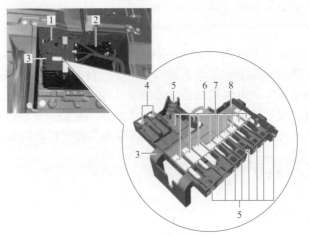

图 1-23　F02 蓄电池配电盒

1—安全蓄电池接线柱；2—蓄电池；3—保险丝盒；4，5—用电器的连接；6—蓄电池导线的连接；7—保险丝；
8—保险丝盒中的总线端 Kl.30 分电器

蓄电池通过蓄电池导线给蓄电池配电盒供电（总线端 Kl.30）。蓄电池导线直接连接在总线端 Kl.30 分电器上。所有与总线端 Kl.30 分电器连接的输出端都通过保险丝确保安全。

（3）后部配电器

对于后部配电器，有标准型和高级装备 2 个系列。其结构及内部控制如图1-24所示。保险丝位于后部配电器中，除了保险丝之外，还有一些继电器插在或钎焊在后部配电器的线路板上。如果有一个钎焊的继电器损坏，则必须更换整个后部配电器。对于供电特别重要的继电器有 30B 继电器、15N 继电器和 Kl.30F 双稳态继电器。总线端（供电端）15N、30B 和 30F 为转换式总线端，用于车载网络内的控制单元和组件的供电。这些转换式总线端可在正常运行、停车模式（休眠电流）或故障情况下，实现能量消耗的最优化。

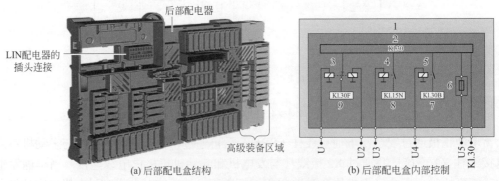

图 1-24　后部配电盒结构及内部控制

1—后部配电器；2—总线端 Kl.30 配电器；3—总线端 Kl.30F 双稳态继电器；4—总线端 15N 继电器；
5—总线端 30B 继电器；6—保险丝；7—总线端 Kl.30B 配电器；8—总线端 Kl.15N 配电器；9—总线端
Kl.30F 配电器；Kl.30—保险丝盒的供电；U—总线端 30F 继电器控制；U2—总线端 30F 继电器控制；
U3—总线端 15N 继电器控制；U4—总线端 30B 继电器控制；U5—冗余供电电压

（4）发动机室配电盒

发动机室配电盒安装在发动机舱内，主要用于给发动机舱内的控制单元供电，在配电器中安装电容器，用于降低通过发电机产生的车载网络电压的纹波，其结构如图 1-25 所示。

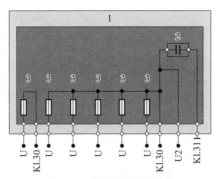

图 1-25　发动机室配电盒

1—发动机室配电器；2—电容器；3—保险丝；Kl.30—蓄电池的供电总线端；Kl.31—总线端 31 接地端；
U—所连用电器的供电电压；U2—蓄电池正极接线柱供电电压

蓄电池通过蓄电池导线给发动机室配电器供电（总线端 Kl.30）。发动机室配电盒通过保险丝给电动风扇、电动机械式助力转向系统 EPS、电控辅助加热器、动态稳定控制系统 DSC、集成供电模块（PDM）和动力控制单元（PCU）供电。

（5）双稳态继电器

配电盒上一般都装有继电器来控制总线端（供电端子），其中 30B 继电器和 15N 继电器是普通继电器，30F 继电器则是双稳态继电器。采用双稳态继电器能够实现更加高效节能的控制。双稳态继电器外形与普通继电器相同，其内部结构与普通继电器有些区别，双稳态继电器的内部加了一块磁铁，如图 1-26 所示。双稳态继电器的端子与普通继电器端子一样，30 端了是常电，87 端子连接供电端，85 端子和 86 端子是线圈两端。与普通继电器的 85 端子和 86 端子不同，双稳态继电器的 85 端子和 86 端子都连接到控制单元上，端子的供电由控制单元控制。当 85 端子供电、86 端子接地时，继电器线圈产生的吸力大于弹簧的弹力，继电器吸合，吸合后 85 端子不再供电。由于磁铁的存在，磁铁的吸力大于弹簧的弹力，保持触点闭合，如图 1-27（a）所示，这样减少了线圈的通电时间，避免线圈过热。当需要继电器触点打开时，继电器线圈反向通电，控制单元给继电器 86 端子供电、85 端子接地，继电器线圈产生的斥力与弹簧弹力的合力大于磁铁的吸力，继电器触点打开。触点打开后，继电器 86 端子停止供电，此时由于触点距离较远，磁铁的吸力不足以使触点吸合，触点继续保持打开状态，如图 1-27（b）所示。

图 1-26　双稳态继电器内部结构

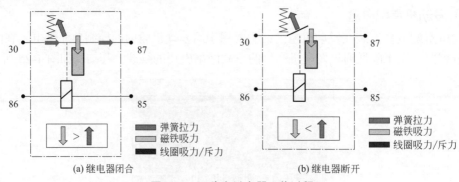

| (a) 继电器闭合 | (b) 继电器断开 |

图例：
- 弹簧拉力
- 磁铁吸力
- 线圈吸力/斥力

图 1-27　双稳态继电器工作过程

（6）总线端

总线端也称为供电端，新款 G 系列车辆的总线端不同于老款车辆，采用了泊车 - 停留 - 驾驶（PWF）的总线端控制，这种逻辑总线端通过面向客户的车辆状态管理来控制，从客户角度看，车辆始终处于正确状态。

驻车指客户不在车内，车辆上锁或者在一定时间内不使用车辆，此时不可操作车辆功能。

停留指客户在车内，但未处于行驶就绪状态，此时可以操作停车时有意义的功能。在停留状态下，可直接提供全部客户功能，无需提前按下启动 / 停止按钮。

驾驶指客户在车内，行驶就绪状态已建立，所有车辆功能均可用。

各总线端状态之间的相互转换如图 1-28 所示，当在 0.5s 内连续按压 3 次启动 / 停止按钮时，车辆进入诊断模式（PAD）。

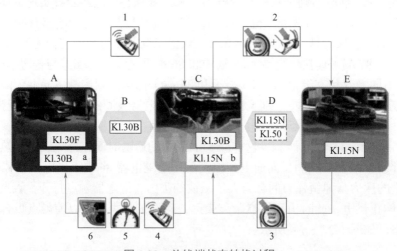

图 1-28　总线端状态转换过程

A—驻车；B—停车功能过渡状态；C—停留；D—建立行驶就绪状态过渡状态，退出行驶就绪状态或检查分析诊断；
E—驾驶；1—解除车辆联锁；2—按下启动 / 停止按钮并踩下制动踏板；3—按下启动 / 停止按钮；4—联锁车辆；
5—10min 未感觉到用户的活动；6—长时间按下收音机开关

（7）局部网络模式

如今的车内最多有 70 个控制单元，它们彼此都联网。然而根据当前车辆状态或用户功能选择，并非始终需要所有舒适性系统和辅助系统都进行工作。通过有针对性地关闭和接通不需要的控制单元（局部网络模式），可以节约能量，给蓄电池卸载并提高耐用度。局部网络模式的主控单元是车身域控制器（BDC），通过相应总线信号关闭不需要的控制单元。

1.2.2.2　故障分析

配电系统出现的主要故障形式有配电系统不能切断供电和不能正常供电两种。

当配电系统不能切断供电时，会导致供电系统漏电，严重时会导致蓄电池亏电严重，从而引起车辆无法启动。导致配电系统漏电的可能原因有供电端 Kl.30 或车辆电池上连接有附加用电器（额外加装和改装）、供电组件损坏、控制单元损坏及控制单元的外围设备在静止状态下消耗过多的电流等。

当配电系统不能正常供电时，会导致控制单元或供电部件无法得到供电而不能正常工作，从而导致车辆功能异常或无法工作。导致配电系统不能正常供电的可能原因包括供电控制模块损坏、继电器损坏及保险丝熔断等。

对于配电系统漏电故障，可以通过使用测量设备对车辆的休眠电流进行测量判断是否存在漏电及具体的漏电部位。对于配电系统不能正常供电的故障可以通过万用表对相关部件和线束进行测量判断。

1.2.2.3　故障诊断方法

（1）不休眠故障诊断方法

在带智能型蓄电池传感器的车辆上通过读取休眠电流的数据确定休眠电流范围，休眠电流可分为小于 80mA、80 ～ 200mA、200mA ～ 1A 和大于 1A 几个范围，标准休眠电流小于 80mA。当车辆出现休眠不正常或不休眠导致的车辆故障时，可以利用测量系统接口盒（IMIB）进行休眠电流测量，具体方法如下：

① 在 IMIB 上选择"休眠电流测量"按钮，如图 1-29 所示。

② 电流感应夹钳 100A 连接至 IMIB。选择如图 1-30 所示的接口 3。

图 1-29　休眠电流测量按钮

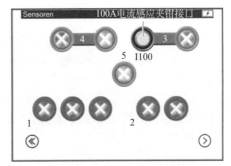

图 1-30　连接电流感应夹钳

③ 按照规定执行电流感应夹钳的校准。如图 1-31 所示，确认成功校准，电流感应夹钳连接至蓄电池负极导线。电流感应夹钳上的箭头必须指向车辆电池的方向。

④ 测量持续时间的设定。如图 1-32 所示，测量持续时间可以从 30min 到 24h 之间进行调节。

⑤ 车辆准备。为了保证得到没有问题的结果并避免测量过程中出现故障，在休眠电流

测量前必须先准备好车辆。

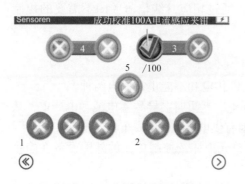

图1-31　校准电流感应夹钳

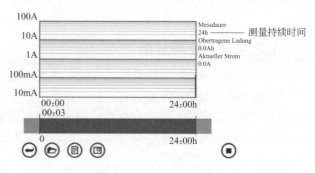

图1-32　调节测量时间

将车辆停放在一个能够不受干扰地进行休眠电流测量的位置；车辆电池必须已充满电且不允许连接蓄电池充电器；不得接通驻车灯、闪烁报警灯和停车警示灯；打开后行李厢盖，并在后行李厢盖处于打开状态时将后行李厢盖锁用旋具联锁（模拟关闭的后行李厢盖）；打开车门，在车门已打开时用旋具联锁车门锁（模拟关闭的车门）；向下折叠遮阳板，启用化妆镜照明；启用PAD模式（连续三次按下启动/停止按钮），之后按一次启动/停止按钮居住状态启用，随后按下音频运行音量调节器5s启用驻车模式；离开车辆，遥控钥匙与车辆距离不得小于5m，否则车辆会被无钥匙便捷登车及启动系统唤醒。

⑥ 开始测量。按图1-33所示的IMIB上的右下按钮。图像下方的时间轴显示时间进度和测量结束时间，如果在相应设置情况下达到设定的记录时间，则记录也自动结束。

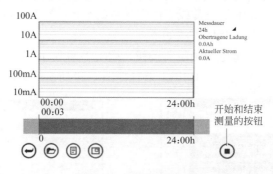

图1-33　开始测量界面

具有PWF状态的车辆（G车型系列）可根据图1-34所示的车辆状态判断车辆是否已经进入休眠状态。

相位	时间	事件	可能的识别特征
1	0～90s(最长10min)	总线通信终端	启动/停止按钮照明灯熄灭
2	约4min	车辆切换至"驻车"PWF状态	车灯操作单元照明熄灭
3	约7min(最长30min)	断开总线端Kl.30B	化妆镜照明熄灭，之后警示闪烁开关照明熄灭
4	长达8min	达到休眠电流	电流明显低于80mA

图1-34　G系列车型休眠识别

⑦ 记录分析。为了观察突出区域的详细分析，可以按图 1-35 所示的方式操作，在时间轴内，通过按压光标选择期望区域，可直接显示期望区域的休眠电流测量值。

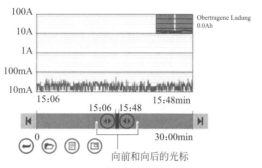

图 1-35 休眠电流测量值查看

用电流感应夹钳进行外部休眠电流测量时，测得的正常休眠时的典型电流值如图 1-36 所示，测量时可参考此电流值变化。

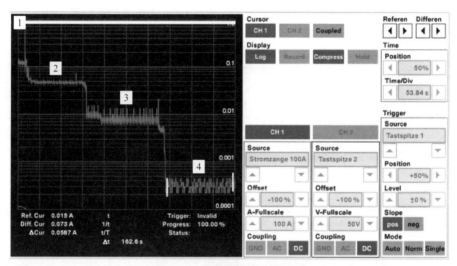

图 1-36 标准休眠电流测量值

1—总线通信终端休眠（5～10A，0～1min）；2—车辆切换至"驻车"状态（3～5A，约 4min）；3—断开总线端
Kl.30B（1A，约 7min）；4—达到休眠电流（低于 80mA，约 8min）

⑧ 故障部位判断。如果测量得到的休眠电流大于标准值，说明车辆存在休眠电流故障，为了进一步缩小故障范围，可以先用电流感应夹钳在通往前部和后部分电器的供电导线上进行测量，并在必要时在来自安全蓄电池接线柱的供电导线上进行测量，通过这种方式可以确定故障位于哪个范围内。确定故障范围后，可以根据供电路径在相应的配电器上通过逐步拔出保险丝的方法确定故障部位。

（2）继电器诊断

继电器作为切换供电端的配电控制部件，当出现故障时会导致无法完成供电端的切换，导致无法供电或无法切断供电。对于继电器的诊断可以根据继电器的工作原理用万用表进行测量诊断，下面介绍一下普通继电器和双稳态继电器的测量方法。

① 普通继电器。对于普通继电器的诊断可以通过两步进行。第一步将继电器的 85 号端子接蓄电池正极，86 号端子接蓄电池负极。第二步用万用表测量 30 号端子和 87 号端子之间的电阻。通电时电阻接近 0Ω，断电时电阻为无穷大，说明继电器正常。如果测量结果与标准值不一样，则说明继电器损坏。

② 双稳态继电器。对于双稳态继电器的诊断与普通继电器有些区别。首先判断继电器的吸合情况。第一步将继电器的 85 号端子接蓄电池正极，86 号端子接蓄电池负极。第二步用万用表测量 30 号端子和 87 号端子之间的电阻。通电时电阻接近 0Ω，断电时继电器仍能保持吸合，电阻也为 0Ω，说明继电器吸合正常。其次还需要判断继电器的断开情况。第一步将继电器的 86 号端子接蓄电池正极，85 号端子接蓄电池负极。第二步用万用表测量 30 号端子和 87 号端子之间的电阻。通电时电阻为无穷大，断电时继电器仍能保持断开，电阻也为无穷大，说明继电器断开正常。如果测量结果与标准值不一样，则说明继电器损坏。

（3）保险丝诊断

保险丝主要故障形式为保险丝熔断，导致控制单元或供电部件无法正常供电。保险丝熔断故障通过保险丝外观检查和测量很容易判断，但处理保险丝熔断故障时一定要排查是否是由线路短路导致的保险丝熔断，否则即使更换了新的保险丝还是会被烧断，由于短路而熔断的保险丝的熔断缺口由于瞬间电流大的原因比过载熔断缺口大。

第2章

照明系统

2.1 外部照明系统

2.1.1 经典故障维修案例

2.1.1.1 F02 右前近光灯报警

（1）车辆信息

车型	发动机型号	里程/km
F02，730Li	N52T	138000

（2）故障现象描述

客户反映：车辆的仪表提示"右前近光灯失效"。

故障现象确认：接车后发现仪表中近光灯报警现象依然存在，对车辆进行灯光检查，车辆的右前近光灯不亮，左前近光灯和其他灯可以正常点亮。

（3）故障诊断与排除

拆除右前近光灯目测检查，右前近光灯灯丝并没有烧断，用万用表测量也没有断路、短路现象。把左右两侧的近光灯对调测试，右前近光灯仍然不亮，左前近光灯可以正常点亮。

接下来连接 ISID 进行诊断检测，读取灯光系统相关的故障代码，如下：

8041A5：一个或多个输出端已超出允许的短路循环数（可设码）。

804195：右侧近光灯短路。

选择故障内容执行检测计划，系统分析 FEM 控制模块至少有一个输出端对地短路而被禁用，建议修复线路。该车近光灯、远光灯电路图如图 2-1 所示。

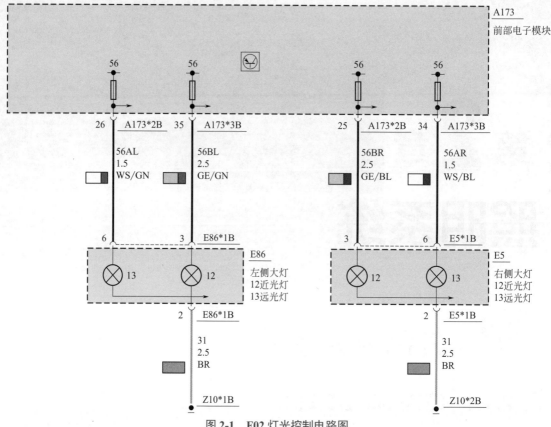

图 2-1　F02 灯光控制电路图

实际测量右前近光灯至 FEM 控制模块之间的线路，并无短路、断路现象。难道真的是 FEM 控制模块故障？

为了进一步确定故障，测量右前近光灯的供电 E5*1B 的 3 号端子，只有 2.5V 左右的电压，测量左前近光灯 E86*1B 的 6 号端子，有 12V 左右的电压。直接从前部电子模块 FME 处测量，一样的结果，所以最终和检测计划分析的一致，为 FEM 内部故障。

更换 FEM，再对车辆进行编程设码，右前近光灯可以正常点亮，灯光报警的现象消除，故障排除。

（4）故障总结

此故障是典型的由灯光控制模块内部故障引起的外部照明系统不能正常工作故障。此故障中由于是单侧灯光故障，所以在检测计划提示灯光控制模块损坏后，采用了两侧对比测量的方法进一步验证了灯光控制模块没有信号输出，在排除线路故障后，最终确定是灯光控制模块损坏，诊断思路清晰，故障排除快捷准确。

2.1.1.2　F06 左前近光灯偶尔不亮

（1）车辆信息

车型	发动机型号	里程/km
F06，640i	N55	55000

（2）故障现象描述

客户反映：左前近光灯有时会突然不亮。

故障现象确认：接车后检查车辆发现，如果大灯开关位于近光灯位置时，近光灯一切正常。把大灯开关位置放到自动大灯位置（A 的位置时），左前近光灯有时正常，有时亮一下马上熄灭，CID（中央信息显示器）提示左前近光灯失效。

（3）故障诊断与排除

首先用专用检测仪 ISID 读取车辆故障代码，发现有 800F13 近光灯 LED 左侧灯光模块损坏故障代码。

查询该车灯光控制电路图（图 2-2），此车配备了 SA552 自适应型 LED 大灯，而自适应 LED 功能里面包含了转弯照明功能，还配备了 SA5AC 远光灯辅助系统。

根据电路图并查询相关资料得知，灯光开关通过 LIN 总线信号将开关信号传递给脚步空间模块（FRM），脚步空间模块（FRM）接收到来自大灯开关位置的 LIN 信号，控制两侧大灯模块相关灯的工作。

如果车灯开关在自动大灯位置（A 的位置），接线盒电子装置（JBE）通过 LIN 总线调出光照传感器的环境亮度状态，同时接线盒电子装置（JBE）通过 K-CAN2 发送该状态，脚部空间模块（FRM）对环境亮度的状态进行分析。如果在晨 / 昏时（或室内光线不足时），脚部空间模块接通行车灯。

总线端 Kl.15 接通时，LED 大灯执行一次基准运行。这时将对自动大灯光线进行水平调整，对自适应转向大灯的摆动范围进行基准定位。实际检查时发现车辆在总线端 Kl.15 接通时只进行自动大灯光线水平调整，而在启动发动机后才对自适应转向大灯的摆动范围进行基准定位，并且如果车辆处在直行位置或向左偏移位置时，左侧自适应转向大灯摆动进行基准定位，右侧自适应转向大灯没有进行基准定位。但是如果车辆方向位于右侧位置时，右侧自适应转向大灯摆动进行基准定位，左侧自适应转向大灯没有进行基准定位。

根据以上工作原理及电路图，连接大灯插头处的适配器对灯光线路进行测量，测量结果如下：

左侧大灯 Kl.15 电源 B86*1B 的 7 号端子，实测电压 13.5V，正常。

侧大灯 LIN 信号 B86*1B 的 10 号端子，实测波形 LIN 波形，正常。

左侧大灯接地线 B86*1B 的 2 号端子，实测对地电阻 0.02Ω，正常。

左侧大灯接地线 B86*1B 的 11 号端子，实测对地电阻 0.02Ω，正常。

左侧近光灯正常时测量近光灯信号线 B86*1B 的 3 号端子，实测电压 13.3V，正常。

左侧近光灯不正常时测量近光灯信号线 B86*1B 的 3 号端子，实测电压 13.3V，正常。

根据以上测量结果可以确定，从脚部空间模块（FRM）给左侧大灯的信号线、电源线、接地线均是正常的。那剩下的就是大灯模块和大灯本身损坏，首先对换左右大灯模块，结果故障并没有转移。这个时候可以确认为大灯总成损坏，最后更换左侧大灯总成后故障排除。

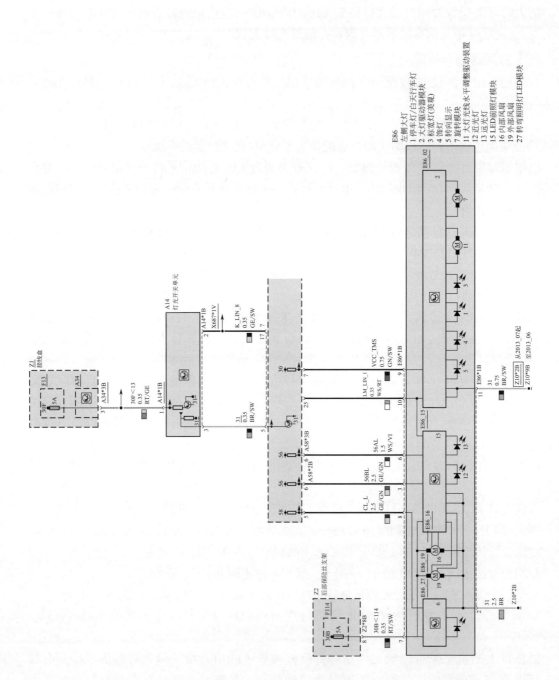

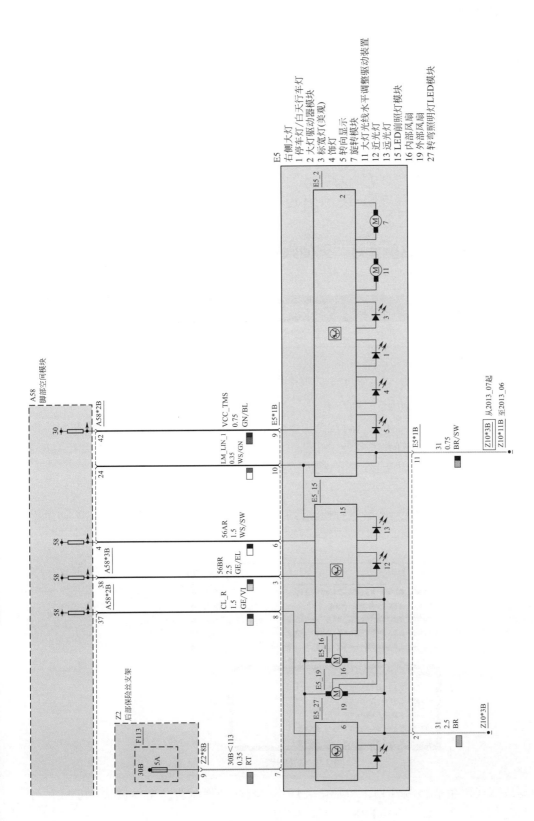

图 2-2　灯光控制系统电路图

（4）故障总结

此故障是典型的由大灯总成故障导致的灯光异常故障。在处理此类故障时一定要仔细查阅相关电路，详细了解车辆的灯光配置信息，对灯光系统的控制原理进行梳理，在此基础上再进行仔细检查和测量，这样更能够帮助我们准确判断故障部位。此车配备自适应转向大灯，车子在每次启动后如果大灯开关位于自动挡位置（A 的位置），自适应大灯都会进行一次基准定位。进行基准定位时会根据转向盘的位置而控制相应的大灯进行基准定位（左侧或右侧）。也就是说，当转向盘位于右侧位置时，启动车辆右侧大灯进行基准定位，左侧大灯不动。这个时候两个大灯都可以正常使用，CID 不会提示报警。当转向盘位于中间位置或偏左一点的时候，大灯开关位于自动挡位置（A 的位置），启动车辆对左侧大灯进行基准定位，当定位到一定角度后大灯内部短路，这个时候近光灯熄灭，CID 提示左前近光灯失效。这和最开始试到的故障现象是一样的。

2.1.1.3　F18 左右侧大灯"天使眼"不亮

（1）车辆信息

车型	发动机型号	里程 /km
F18，530Li	N20	155000

（2）故障现象描述

客户反映：更换左前、右前大灯和左前大灯驱动模块（以下简称 TMS）后，仪表提示灯光故障，左右侧大灯"天使眼"、饰灯不亮。

故障现象确认：接车后对车辆进行检查，点火开关开到 2 挡，左右侧大灯"天使眼"不亮；开小灯，饰灯也不亮。打开大灯开关 2 挡，大灯可以正常亮起。正常情况点火开关开 2 挡，大灯的"天使眼"就可以亮起，客户投诉情况属实。

（3）故障诊断与排除

首先用专用检测仪 ISID 对车辆进行快测诊断，发现存在大灯驱动模块（TMS）初始化和通信故障，如图 2-3 所示。

代码	说明	里程数	存在
S 0396	动力管理，蓄电池状态，蓄电池损坏或老化	154777	是
B7F8C3	主机与 CID 的连接线：无通信	154777	否
80322E	前部左外超声波传感器，信号线：对地短路或断路	154777	是
803234	前部左侧中部超声波传感器，信号线：对地短路或中断	154777	是
80323A	前部右侧中部超声波传感器，信号线：对地短路或中断	154777	是
803240	前部右外超声波传感器，信号线：对地短路或断路	154777	是
800FC6	右大灯驱动模块有内部故障	154777	否
800FC3	左大灯驱动器模块中有初始化故障	154777	是
800F40	左前行驶方向指示灯损坏	154777	否
800F41	右前行驶方向指示灯损坏	154777	否
800FC8	左 LIN 总线大灯驱动模块（TMS），通信故障	154777	否
800FC9	右 LIN 总线大灯驱动模块（TMS），通信故障	154777	否

图 2-3　故障代码

根据故障代码生成检测计划，初始化大灯，检测计划提示脚步空间模块（FRM）与TMS 之间通信不正常，提示更换 FRM，如图 2-4 所示。

图 2-4　检测计划执行结果

由于该故障是在更换了左前大灯、右前大灯和左前大灯驱动模块后产生的，且检测计划直接提示更换 FRM，没有提示测量线束、检查插头或者检测其他相关部件。难道 FRM 真的坏得这么干脆吗？那 FRM 又是怎么损坏的呢？

根据所选的车灯功能，由脚部空间模块直接控制相应的组件，或是按照脚部空间模块的请求通过大灯驱动模块进行控制。脚部空间模块在 LIN 总线上向大灯驱动模块发出请求。于是，尝试给大灯重新设码，故障依旧。尝试给 FRM 重新设码，故障依旧。

查询 TMS 线路图，如图 2-5 所示，从线路图得知 TMS 由后部保险丝盒里不同保险丝供电，LIN 信号由 FRM 发出。测量右前大灯插头 E5*1B 的 5 号端子（大灯供电），电压为 12V，正常。车辆大灯插头 E5*1B 的 8 号端子（右前大灯的 LIN 信号），波形正常，如图 2-6 所示，与同款车辆标准波形对比一样。

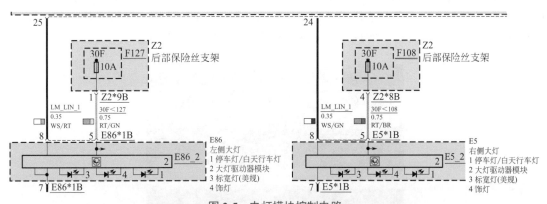

图 2-5　电灯模块控制电路

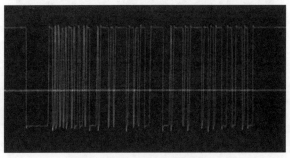

图 2-6　灯光 LIN 信号波形

测量 E5*1B 的 7 号端子与车身搭铁端，无异常，使用宝马专业端子松紧适配器检查大灯插头端子，正常，不存在虚接或接触不良。确认了大灯的供电、搭铁、FRM 输出信号、线路均为正常。于是，把故障点锁定在大灯上。

为快速测试故障点，找到同配置的 5 系试驾车倒换大灯。将试驾车上的两个大灯整个换过来，装到此车上，删除故障代码，日间行车灯、饰灯恢复正常。将试驾车上两个大灯驱动模块装在此车大灯上，设码后，开关点火开关，仪表提示灯光故障，日间行车灯还是不亮。用 ISID 检测仪进行车辆诊断，故障代码依旧。到此，怀疑大灯内部故障。可大灯是新换的呀！

再次查阅宝马灯光相关资料。FRM 自总线端 Kl.15 接通起监控外部照明的所有灯泡。冷热监控基于各个灯泡输出端的电流测量。

车灯关闭时的冷监控：为了进行冷监控，通过一个短电流脉冲接通灯泡而不使灯泡亮起。在总线端 Kl.15 接通后的头 6s 内会猛烈提高电流脉冲的数量，可在车辆起步前显示灯泡的状态。

车灯接通时的热监控：热监控基于各个灯泡输出端的电流测量。在约 2s 内可识别损坏的灯泡。再仔细研究大灯线路图，从大灯灯泡线路图中得知大灯内部结构，左右大灯模块分别由前部和后部保险丝盒供电，主要控制 LED 大灯和大灯灯光调整电机，TMS 由后部保险丝盒不同保险丝供电，主要通过驱动模块来控制 3 个二极管灯光源，饰灯、停车 / 日间行车灯。

整理维修思路，大灯驱动模块是试驾车上调换过来，使用功能正常。大灯的内部线路我们无法检查，LED 日间行车灯模块是可以拆下来检查的。LED 日间行车灯模块上串联着 3 个二极管光源。使用万用表二极管挡测量 LED 日间行车灯模块上 LED 灯的压降，测得两个 LED 灯的值为 2.049V，其中有一个 LED 灯为 0V，检查 LED 日间行车灯模块上的线路板，未见损坏，检查 LED 灯头，发现左侧 LED 灯头腐蚀，如图 2-7 所示。

图 2-7 检查 LED 日间行车灯模块

更换 LED 日间行车灯模块，删除故障代码，日间行车灯功能恢复正常。

换回本车的 TMS，打开点火开关，故障又出现了。设码后，故障依然存在。为什么换回原车的 TMS 模块就不行了呢？两个大灯同时出现了日间行车灯不亮的故障现象？检查对比 TMS 模块，发现左边 TMS 模块是原厂的，右侧 TMS 模块非原厂配件，如图 2-8 所示。

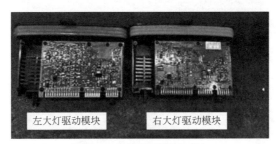

图 2-8　大灯驱动模块对比

　　难道是两块大灯驱动模块之间有冲突，尝试把右侧大灯驱动模块换成原厂的大灯驱动模块，使用 ISTA 编程设码，删除故障代码后，大灯恢复正常。

　　更换左侧 LED 日间行车灯模块，更换右侧 TMS 模块。多次试车并回访客户，故障不再出现，故障排除。

　　（4）故障总结

　　该车的灯光故障是由两处故障点引起的，首先是 LED 光源二极管损坏，其次是右侧 TMS 模块安装配件错误。FRM 自检或初始化灯光时，要确保大灯内部元件：LED 光源、大灯高度调节、TMS 通信是完好的。本车只需要打开点火开关，"天使眼"就会亮，属于热监控，FRM 灯光监控基于各个灯泡输出端的电流测量，在约 2s 内可识别损坏的灯泡。该车大灯 LED 日间行车灯模块上的光源二极管，其中一个光源二极管损坏。FRM 进行灯光热监控时，检测不到有电流流过时，FRM 模块就判定灯光有故障，不进行初始化。所以，每次打开点火开关后，"天使眼"不亮，仪表会提示灯光故障且存有左前 TMS 初始化故障代码。

　　由于原厂新订到的 TMS 内没有设码数据，更换 TMS 后需要编程设码。而非原厂的 TMS 内已有预先写入的设码数据，与原厂模块不兼容，导致原厂编程系统对车辆大灯设码不正常。FRM 发给 TMS 命令时，TMS 依据设码数据对 FRM 做出反馈，由于一辆车同时安装一块原厂的 TMS 和一块非原厂的 TMS，导致设码不正常，因此 TMS 对 FRM 的反馈也会不正常，因此"天使眼"和饰灯就不会亮起，仪表提示灯光故障且存有右前 TMS 内部故障代码。

2.1.1.4　F07 灯光报警

（1）车辆信息

车型	发动机型号	里程 /km
F07，530i GT	N55	36000

（2）故障现象描述

客户反映：组合仪表提示右后雾灯失效，接通后雾灯开关，右后雾灯不工作。

故障现象确认：接车后试车，接通后雾灯开关，左后雾灯亮起，右后雾灯不亮。

（3）故障诊断与排除

用专用检测仪 ISID 对车辆进行检测，脚部空间模块（FRM）中存储有故障信息"FRM

800F75 右侧后雾灯损坏",如图 2-9 所示。

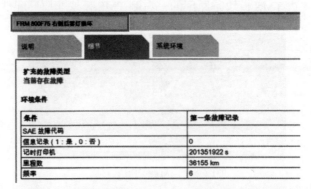

图 2-9 脚部空间模块(FRM)中存储的故障代码

执行故障引导检测计划,显示 FRM 的供电、搭铁及相关总线均正常,推断故障存在于右后雾灯灯泡或相关线路上。

拆卸右后雾灯灯泡,与左后雾灯灯泡对调后试车,左后雾灯亮起,右后雾灯还是不亮,这说明右后雾灯灯泡没有问题。查看图 2-10 所示的雾灯相关电路,将测试灯一端连接在右后雾灯导线连接器 E58*1B 端子 2(控制端子)上,另一端连接在导线连接器 E58*1B 端子 4(搭铁端子)上;接通后雾灯开关,左后雾灯亮起,测试灯不亮;用万用表测量导线连接器 E58*1B 端子 2(控制端子)上的电压,为 0V(正常应为蓄电池电压),异常。

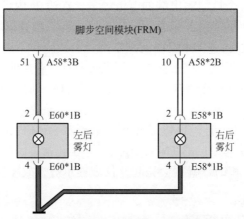

图 2-10 左后、右后雾灯控制电路

连接 FRM 导线连接器 A58*2B 的适配器 612340,如图 2-11 所示,用万用表测量导线连接器 A58*2B 端子 10 上的电压,为 12.4V,说明 FRM 的控制信号输出正常,推断故障出在导线连接器 A58*2B 端子 10 与导线连接器 E58*1B 端子 2 之间的线路上。

断开点火开关,测量导线连接器 A58*2B 端子 10 与导线连接器 E58*1B 端子 2 之间导线的电阻,为无穷大,说明这根导线断路,但是这根导线从驾驶员侧到行李厢,线路比较长,而且基本都是固定在车身大线束上的,到底会在哪里发生断路呢?拆检行李厢的饰板,发现在行李厢的右侧有一捆线束连接车内和车外,并且用防水橡胶保护套包着,取出防水橡胶保护套,剥开线束,发现线束中有 3 根导线已断掉,如图 2-12 所示。且其中一根导线的颜色为黑白色,推断该导线就是右后雾灯的控制线。

图 2-11　FRM 导线连接器 A58*2B 的适配器 612340

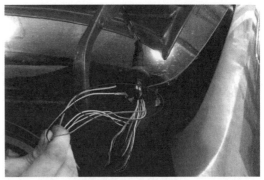

图 2-12　断路的导线

使用专用夹线钳、对接器及防水热缩套管对断路的导线进行修复，如图 2-13 所示。修复后重新包裹线束，并使导线的位置不会在开启和关闭行李箱时与行李厢发生干涉。处理完毕后试车，右后雾灯工作正常，故障排除。

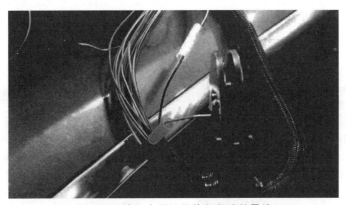

图 2-13　使用专用工具修复断路的导线

（4）故障总结

此故障是典型的由线路故障引起的灯光报警故障，此类型故障在灯光系统故障中的比例也相对比较高，判断线路故障时规范的操作是使用此案例中所描述的适配器和测量盒，在测量过程中可以采用晃动线束的方法来进一步判断线路是否存在虚接故障。

2.1.2　故障解析

2.1.2.1　结构特点

（1）大灯类型

根据不同国家规定和车辆装备，车辆中可能配备卤素大灯、氙气大灯、LED 大灯和激光大灯等几种，其结构如图 2-14 所示。

（2）大灯功能

不同类型的大灯其功能基本相同，下面以应用最为广泛的 LED 大灯为例介绍大灯的功能。根据国家规定和车辆装备，使用 LED 大灯可以实现停车灯、停车警示灯、白天行车灯、

行车灯、远光灯和大灯变光功能，以及转向显示、闪烁报警灯、转弯照明灯、自适应转向大灯、可变光分布等照明功能。

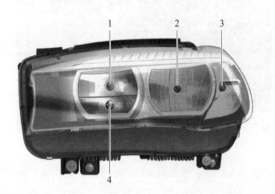

(a) 卤素大灯

1—远光灯；2—近光灯；3—转向显示；
4—停车警示灯、停车灯和白天行车灯

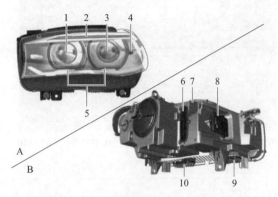

(b) 氙气大灯

A—左侧双氙气灯前向视图；B—左侧双氙气灯后向视图；
1—转变照明灯；2—饰灯；3—近光灯和远光灯的双氙气灯以及自适应弯道照明灯；4—转向显示；5—用于停车警示灯、停车灯和白天行车灯的光导环；6—左侧大灯驱动器模块；7—插头连接；8—双氙气大灯控制单元；9,10—停车灯/白天行车灯LED模组

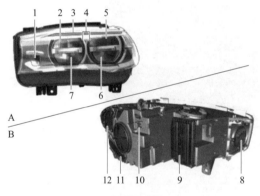

(c) LED大灯

A—左侧LED大灯前视图；B—左侧LED大灯后视图；
1—转弯照明灯；2—近光灯的内部反光镜；3—转向信号灯；
4—用于停车警示灯、停车灯和白天行车灯的光导环；
5—近光灯的外部反光镜；6—远光灯外部反光镜；
7—远光灯内部反光镜；8—带散热器的转弯照明灯；9—左侧LED主模组；10—插头连接；
11—左侧大灯驱动器模块；
12—转向信号灯LED模块

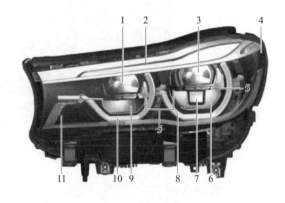

(d) 激光大灯

1—近光灯的内部反光镜；2—转向显示；3—近光灯的外部反光镜；4—示宽灯；5—饰灯；6—远光灯的外部反光镜；7—激光大灯；8—停车灯和白天行车灯；9—远光灯的内部反光镜；10—停车灯和白天行车灯；11—转弯照明灯

图 2-14　大灯结构

脚部空间模块（FRM集成在BDC里）是外部照明的主控制单元，根据所选的照明功能，由脚部空间模块直接控制相应组件，或按照脚部空间模块的请求通过大灯驱动器模块和LED大灯控制模块进行控制。

LED大灯中的两个反光镜可水平转动。此外，外部反光镜能同时垂直转动。针对相应的照明功能，通常将多个LED聚集在一起，形成LED模组，如图2-15所示。

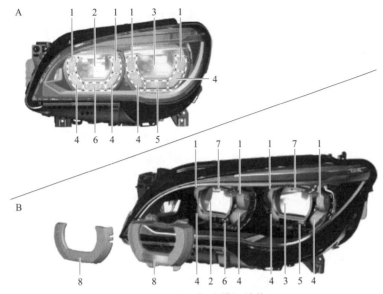

图 2-15　LED 灯光模组结构

A—左侧 LED 大灯带照明功能的配光镜视图；B—左侧 LED 大灯 LED 模组的布置视图；1—带光学元件的 LED 模组（用于基本光分布）；2—内置式远光灯反光镜（用于大面积照明）；3—远光灯外置反光镜（部分远光灯，垂直明暗截止线）；4—带光学元件的 LED 模组（用于远距离照明直至水平明暗截止线）；5—带光学元件的 LED 模组（用于外部区域远距离照明）；6—用于产生水平明暗截止线的 LED 模组；7—带光学元件的 LED 模组（用于远光灯）；8—配光镜

① 自适应大灯光线水平调整功能。配备 LED 大灯的车辆均具有自动大灯光线水平调整功能，自适应大灯光线水平调整可利用高度传感器来识别车辆是在上陡坡还是在经过洼地，可相应地转动大灯，这样就能避免迎面来车眩目。车辆启动后，灯开关位于用于自动车灯控制的开关位置和总线端 Kl.15 接通时，两个大灯进行基准运行。两个摆动模块按照最小速度向下运动，然后进入标准位置（车辆位于墙壁前方时可以看见光锥向下移动，然后重新向上移动；移至一侧，然后重新返回）。

② 不同的光线分布功能。不同的光线分布使车辆前的车道照明得到了扩展。光线分布通过 LED 的亮度控制以及特定的大灯调节确定。根据脚部空间模块的请求，大灯驱动模块通过步进电机控制转动模块并进行各个光线分布间的转换，如图 2-16 所示。

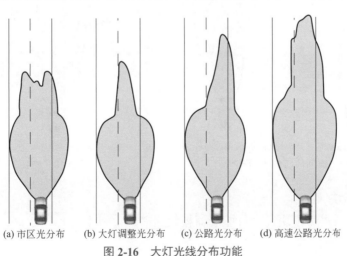

(a) 市区光分布　　(b) 大灯调整光分布　　(c) 公路光分布　　(d) 高速公路光分布

图 2-16　大灯光线分布功能

市区光分布。当发动机启动后，大灯驱动模块首先控制市区光分布。市区光分布实现了低速行驶时左侧车道的照明。其中，左侧大灯向外转动约7°，向下转动约0.7°。市区光分布在发动机启动后达到约50km/h的行驶速度时激活。

公路光分布。行驶速度超过50km/h后，市区光分布转换为乡村公路光分布。公路光分布显示大灯的基本设置。

高速公路光分布。高速公路光分布扩大了行车灯的作用范围。其中，左侧大灯向左转动约3.5°，向下转动约0.25°。右侧大灯向上转动约0.2°。如果以110km/h以上的速度行驶长于30s或速度超出140km/h，则脚部空间模块根据行驶速度打开相应的高速公路光分布挡。

雾天的光分布。随着前雾灯的打开而激活。雾天光分布可与市区光分布和公路光分布结合使用。行驶速度不超过70km/h时，左侧大灯向左转动约4.5°，向下转动约0.7°。行驶速度超过70km/h时，左侧大灯向左转动约3.5°并降低。如果为了使用雾天光分布而激活远光灯，则大灯摆回基本位置，即公路光分布。

③ 自适应转向大灯。自适应转向大灯在转向时把LED灯转动到弯道内侧区域内。只有LED大灯中相应的外侧反光镜才可以垂直转动。

例如右转：脚部空间模块通过LIN总线向大灯驱动模块发送转动模块的额定值（转动模块的位置和速度）。根据脚部空间模块的输入信号，大灯驱动模块控制步进电机来调整大灯中的转动模块。使右侧大灯的外侧反光镜转动至15°，左侧大灯的外侧反光镜转动至10°。弯道外侧大灯和弯道内侧大灯同时到达极限位置，这样能均匀轻柔地照过街道。图2-17显示了自适应弯道照明灯光分布。

④ 转弯照明灯。在带转弯照明灯的大灯中安装了一个固定式辅助反光镜和一个LED模组，在转弯时或在狭窄的弯道上行驶时，对车道旁的区域进行辅助照明。通过反光镜的特殊造型，可防止会车时造成眩目。图2-18为转弯照明灯的光分布示例。

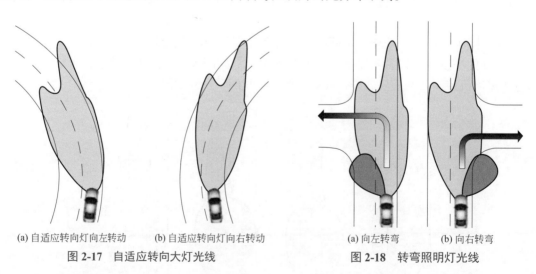

(a) 自适应转向灯向左转动　　(b) 自适应转向灯向右转动

图2-17　自适应转向大灯光线

(a) 向左转弯　　(b) 向右转弯

图2-18　转弯照明灯光线

（3）大灯模块

大灯模块包括主灯模块、大灯驱动器模块、摆动电机及各种照明灯，其结构如图2-19所示。

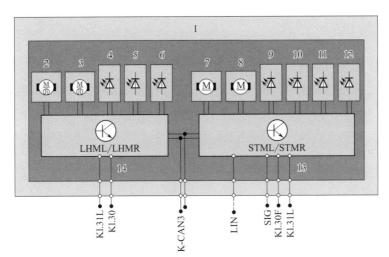

图 2-19　大灯模块内部结构

1—LED 大灯；2—外部风扇；3—内部风扇；4—转弯照明灯；5—近光灯；6—远光灯；7—大灯光线
水平调整的步进电机；8—自适应转向灯的步进电机；9—转向显示；10—停车灯 / 白天行车灯；
11—示宽灯；12—饰灯；13—大灯驱动器模块；14—主灯模块

　　LED 大灯控制模块控制近光灯、转弯照明灯、远光灯和大灯变光功能，同时主灯模块
还可根据需要控制风扇，控制 LED 大灯中的温度调节装置。

　　大灯驱动器模块作为电路板安装于 LED 大灯之中。大灯驱动器模块负责控制 LED 大灯
的停车灯、白天行车灯、示宽灯、转向显示和饰灯。大灯驱动模块除了控制灯光功能也控制
大灯光线水平调整和随动控制大灯的步进电机。

（4）灯光开关

　　外部照明通过旋转的灯光操作开关打开，其结构如图 2-20 所示。灯光开关除了旋转式
开关之外，还包括前雾灯按钮、后雾灯按钮、组合仪表照明滚花轮、手动大灯光线水平调整
滚花轮。灯光开关通过 LIN 总线与灯光控制单元进行通信。

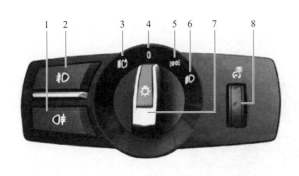

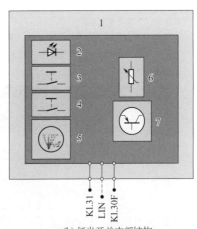

(a) 灯光开关外部结构

1—后雾灯按钮；2—前雾灯按钮；3—用于自动车灯控制和
随动控制大灯的开关位置A；4—开关位置0；5—停车灯；
6—近光灯；7—停车灯和近光灯的旋转式开关；
8—组合仪表照明滚花轮

(b) 灯光开关内部结构

1—灯开关单元；2—查询照明；3—后雾灯按钮；
4—前雾灯按钮；5—停车灯、近光灯和
自动车灯控制的旋转式开关；6—组合
仪表照明滚花轮；7—电子单元

图 2-20　灯光开关

灯开关具有以下开关位置：

开关位置 0：白天行车灯和自动车灯控制；

开关位置 1：停车灯；

开关位置 2：近光灯；

开关位置 A：自动车灯控制，在开关位置 A 时，通过一个光线传感器，可以根据环境亮度由控制单元自动打开或关闭近光灯。

（5）尾灯

根据车型系列装备的不同可分为一体式尾灯或分体式尾灯。分体式尾灯一部分安装在车身中，另一部分安装在后行李厢盖中。

根据车型配置不同，可以通过灯泡或 LED 实现尾灯、转向显示、制动信号灯、示宽灯、倒车灯和后雾灯照明功能，其结构如图 2-21 所示。

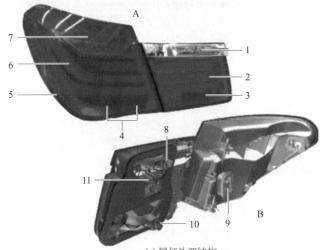

(a) 尾灯外部结构

A—左侧外部尾灯和左侧内部尾灯；B—左侧外部尾灯和左侧内部尾灯的后视图；
1—左侧内部尾灯中的倒车灯；2—左侧内部尾灯中的尾灯；3—左侧内部尾灯中的后雾灯；4—左侧外部尾灯中的制动信号灯；5—反光器；6—左侧外部尾灯中的尾灯；7—左侧外部尾灯中的行驶方向指示灯；8—左侧内部尾灯中的倒车灯接口；9—外部尾灯的插头连接；10—左侧内部尾灯中的后雾灯接口；11—左侧内部尾灯中的尾灯接口

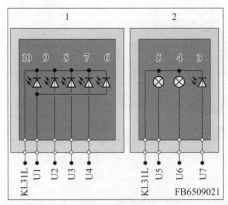

(b) 尾灯内部结构

1—外部尾灯；2—内部尾灯；3—尾灯；4—倒车灯；5—后雾灯；6—示宽灯；7—转向显示；
8—制动信号灯(外部段)；9—制动信号灯(内部段)；10—尾灯

图 2-21　尾灯结构

（6）控制单元

照明系统控制单元根据车辆配置不同其控制单元也不同，早期车辆由单独的脚部空间模块（FRM）控制，后来脚部空间模块集成到了前部电子模块（FEM）或车身域控制器（BDC）控制单元中控制外部照明的所有照明功能。现在新款车型多集成在车身域控制器（BDC）控制单元中。同时 BDC 控制单元又是其他控制单元的网关。

2.1.2.2　故障分析

照明系统主要故障可分为照明角度不正常及照明功能不正常两大类型。对于照明角度不正常，主要原因是大灯安装没有进行正确的灯光调整，需要用灯光调整仪对光线进行重新调整。对于照明功能不正常的故障，可以分为所有灯光不亮、灯光部分不亮、灯光长亮及不能根据要求点亮等，对于这类故障需要根据灯光系统控制原理对涉及的开关、线束、大灯及模块依次进行诊断排除。

2.1.2.3　故障诊断方法

（1）大灯调节

对于照明角度不正常的故障，可以使用大灯检测仪对照明角度进行调整，具体过程如下：

① 车辆准备。将车辆停放在平坦的地面上；检查并确定大灯相对于车前盖的调整正确；检查轮胎充气压力，如有必要进行校正；对驾驶员座椅施加相当于一个人重量的负载；汽车装满燃油或在行李厢中装载相应的配重。

② 灯光开关调节到规定位置。打开点火开关，灯开关位置如图 2-22 所示，将调节手轮置于零位置，灯开关必须位于"近光灯 / 行车灯"位置。注意：不可在灯开关位置为"自动车灯控制位置"时进行大灯调节，在测量和调整过程中，不要移动车辆和转向盘，车轮必须处于直线行驶位置。

图 2-22　灯开关位置

1—调节手轮位于零位；2—自动车灯控制位置；3—近光灯控制位置

③ 大灯调节装置准备。如图 2-23 所示，为正确测量 / 调节大灯，需要准确定位大灯调节装置，大灯调节装置必须垂直于车辆纵轴线。按照激光束校正大灯调节装置，激光束必须照到两个合适的点上。将大灯调节装置居中置于车辆前 10cm 处。凸透镜的中心必须与大灯中心水平对齐，可以通过升高或降低大灯调节装置进行调节。

④ 操作大灯调节仪。按压任意按钮打开大灯调节装置，按压 F2 按钮，出现图 2-24 所示屏幕。通过 F1/F2 按钮输入大灯调整尺寸 -1.0%（数值在大灯外壳上，如图 2-25 所示）。通

过 F3 按钮选择大灯类型，EC 用于卤素灯和氙气灯，ECLED 用于 LED 大灯。

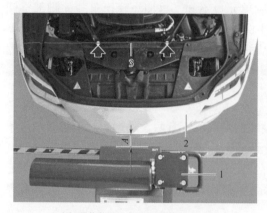

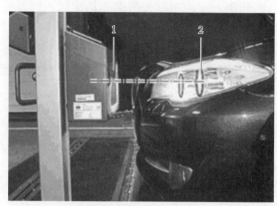

(a) 大灯调节装置居中置于车辆前相距10cm

1—大灯调整装置；2—车辆；3—参考线；
A—大灯调整装置与车辆距离

(b) 大灯调整仪凸透镜的中心与大灯中心水平对齐

1—大灯调整仪凸透镜；2—大灯

图 2-23　大灯调整仪准备

图 2-24　大灯调整仪操作

1—车辆类型；2—大灯调整尺寸；3—驾驶方式；4—大灯类型

图 2-25　大灯上的调整尺寸标识

⑤ 灯光检查。短促按压车辆相应侧的按钮，直至仪器上出现要测量灯光的图标，测量结果会出现在图 2-26 所示的测量仪器界面上。

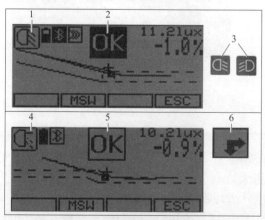

图 2-26　测量结果界面显示

1，4—灯光效果；2—调节最佳显示；3—灯光开关；5—调节在法定公差范围内；6—调节指示箭头

⑥ 灯光调节。如果测量结果不符合标准，可通过图 2-27 所示大灯上的调整螺钉进行大灯调节。

图 2-27 大灯调整螺钉

（2）元件检查

通过元件检查可以直观判断相关部件是否能正常工作。元件检查的方法如图 2-28 所示，在快测界面选择主控单元，然后选择调用控制单元功能，再根据需要选择判断的元件，系统会自动控制相应元件进行工作，通过观察相应元件的工作情况即可判断该元件是否工作正常。如果元件能正常工作，说明所检查元件及线束正常，需检查开关输入信号是否正常。如果元件不能够正常工作，需要检查控制线路、元件和控制单元。

（3）开关检测

灯光开关功能可以通过读取数据流和执行灯光开关检测计划的方法进行判断。

灯光开关数据流的读取方法如图 2-29 所示。在车辆快测界面选择灯光控制单元，并选择调用控制单元功能选项，然后在诊断查询地址里面选择要读取数据流的开关项目，此时通过操作开关在不同的灯光操作挡位，观察数据流中的开关位置是否与操作挡位显示相同。如果显示相同，说明灯光开关及线路正常，如果不显示或显示不一致，说明灯光开关或者线路存在故障。

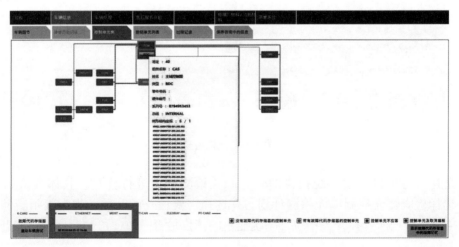

(a)

图 2-28

图 2-28　元件检查

灯光开关也可以通过系统提供的灯光开关检测计划进行检查，具体方法如图 2-30 所示。选择检查灯光控制单元检测计划，并选择需要检查的开关，根据提示转动开关至不同的挡位，根据所选择开关挡位与系统显示的挡位是否一致便可判断所选灯光开关是否正常。

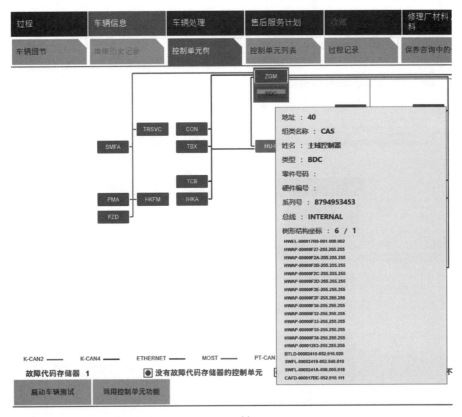

(a)

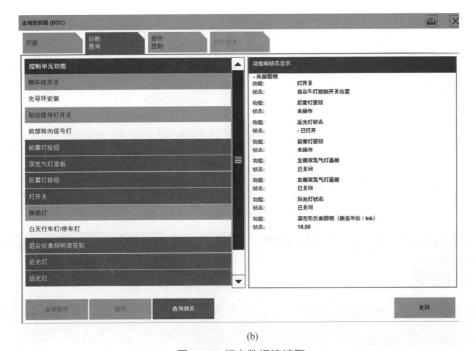

(b)

图 2-29　灯光数据流读取

(a)

ABL-DIT-AT6300_BDC_BEL - 检查灯光控制单元 - V.18

步骤

功能检查:

应检查下列灯开关功能中的哪些:

1 灯开关

2 查寻照明亮度调节器

3 后雾灯开关 (不适用于美规)

4 前雾灯开关 (假如存在)

5 大灯光线水平调整电位计 (如有)

6 返回选择菜单

(b)

ABL-DIT-AT6300_BDC_BEL - 检查灯光控制单元 - V.18

步骤

将灯开关转到不同的位置,以进行功能检查。

当前的开关位置: 停车灯开关位置

(c)

ABL-DIT-AT6300_BDC_BEL - 检查灯光控制单元 - V.18

步骤

将灯开关转到不同的位置,以进行功能检查。

当前的开关位置: 自动车灯控制开关位置

(d)

ABL-DIT-AT6300_BDC_BEL - 检查灯光控制单元 - V.18

步骤

将灯开关转到不同的位置,以进行功能检查。

当前的开关位置: 近光灯开关位置

(e)

ABL-DIT-AT6300_BDC_BEL - 检查灯光控制单元 - V.18

步骤

是否已正确识别到各个开关位置?

1 是

2 否

(f)

(g)

图 2-30　灯光开关检测计划

（4）线路及信号检测

线路和信号的检测可以根据电路图用万用表或示波器进行检测，线路故障可分为断路、短路和接触不良。

以图 2-31 所示的灯光开关单元的电路图为例，对于断路检测，需要将线束分别从灯光开关单元和主域控制器上断开，然后根据电路图用万用表分别测量两端对应端子（1—40，2—41，3—42）之间的电阻值。标准阻值小于 1Ω，如果与标准不符，说明线路存在故障。

对于短路检测，同样需要将线束分别从灯光开关单元和主域控制器上断开，然后根据电路图用万用表分别测量线束每两个端子（1 与 2，1 与 3，2 与 3）之间的电阻。标准阻值为无穷大，如果与标准阻值不符，说明线路存在故障。

对于线路接触不良故障，最好利用适配器进行测量。将线束两端通过适配器与灯光开关单元和主域控制器连接起来，通过万用表电压挡位测量相应的端子对接地端的电压降，即可判断线路是否存在接触不良，测量的同时可以通过晃动线束的方法进一步验证测量结果是否可靠。

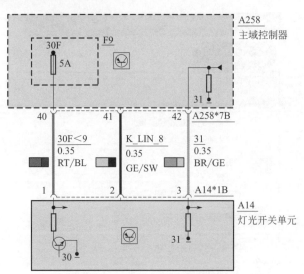

图 2-31　灯光开关单元的电路图

信号的检测可以根据信号的类型和特征通过示波器进行检查，对于图 2-31 中所示的信号类型为 LIN 的总线信号，可以利用示波器测量信号波形，然后与标准波形进行比较。进行测量时需要操作灯光开关，这样才能在信号线上产生相应的灯光信号，LIN 总线信号的标准波形如图 2-32 所示，为 0 ~ 12V 的方波。

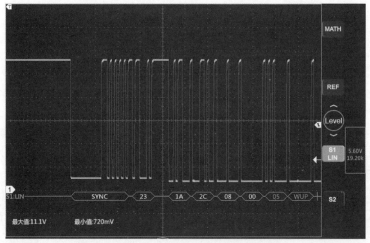

图 2-32　灯光开关 LIN 总线信号波形

（5）模块检测

进行开关和线路检测后，如果没有发现故障，接下来就要进行模块检测。模块的主要故障分为模块内部故障和外部故障，外部故障可分为电源故障和通信故障。无论是模块内部故障还是外部故障，都会导致模块通信不正常。如果是主模块，在进行快测时在控制单元树状图中显示为黄色。

在对模块进行检查时，首先可以通过相对应的检测计划对模块功能进行检测。如果模块功能不正常，再进行模块外部故障检查。外部检查可以根据电路图找到模块的供电、接地和总线通信信号，连接专用适配器对上述信号进行测量并与标准数据对比。如果外部检查都没有发现问题，可以判断是模块内部故障。

2.2　内部照明系统

2.2.1　经典维修故障案例

2.2.1.1　X7（G07）氛围灯不亮

（1）车辆信息

车型	发动机型号	里程 /km
G07，X7 xDrive40i	B58	18000

（2）故障现象描述

客户反映：客户投诉 4 个车门以及中央通道脚步氛围灯不亮。

故障现象确认：接车后检查车辆，故障如客户所描述，4 个门包括车门内把手照明、车门袋照明、车门饰件中间照明及中央通道和脚步氛围照明灯不亮。

（3）故障分析思路及排除方法

首先用专用检测仪 ISID 对车辆进行快测，没有发现相关故障代码。接下来用检测仪选择环境照明的服务功能，如图 2-33 所示。显示车内灯 LIN 总线 1 上的光源数量错误，故障代码存储条目在 ISTA 环境下隐入（很多时候 ISID 不报故障代码，我们用 ISTA 就引导不了，这个时候就可用服务功能，有的时候事半功倍）。

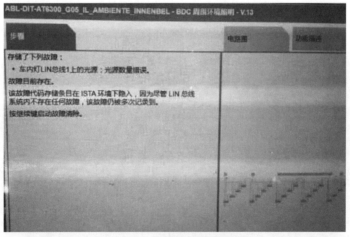

图 2-33　环境照明服务功能

查看图 2-34 所示的电路得知这款车的氛围灯由两组 LIN 总线控制，不过线路很简单，这个氛围灯有 4 根线，一根 12V 电源，一根接地，一根 LIN 总线通往 BDC（主控单元主域模块），还有一根也是 LIN 总线通过氛围灯将全部灯一个个串起来。

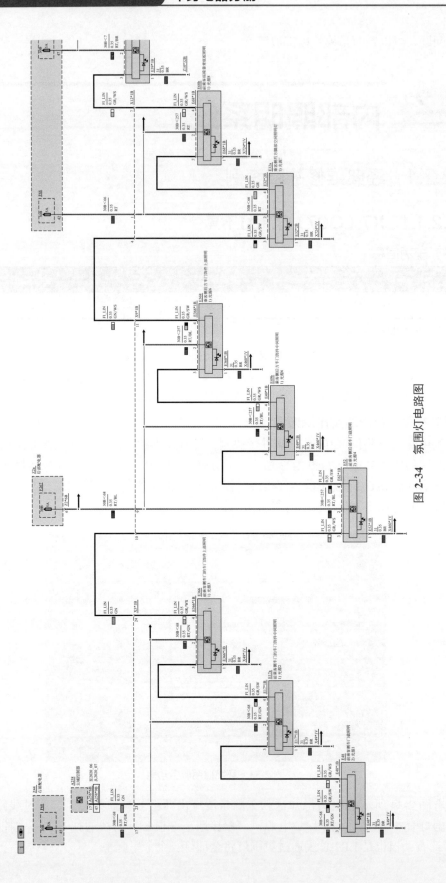

图 2-34　氛围灯电路图

正好现在不会亮的这组氛围灯全部是由一根 LIN 总线控制的，而正常的一组又是由另外一组 LIN 总线控制的。这个时候问题就很明确了，首先拔掉出问题这边的脚步空间氛围灯进行测量，测量结果表明 12V 电源与接地都正常，而测量到 LIN 总线时问题明确了，LIN 总线电压只有 1.04V。此时分析故障可能为 BDC（主控单元主域模块）损坏、线路短路或氛围灯损坏拉低电压。

BDC 损坏好判断，直接在 BDC 这边挑出 LIN 总线输出的端子测量，电压为 12V，结果正常，暂时排除 BDC 模块。接着排除线路以及氛围灯，查看线路图得知，LIN 总线是先到右前门这边，然后再到右后门，接着到左前门和左后门。门边插头好拔，当把左前门边插头拔了后电压恢复到 10V，此时右前门及右后门氛围灯点亮，拆开左前门发现车门袋灯损坏。更换后故障排除。

（4）故障总结

此故障是典型的由于一个氛围灯损坏导致其后面所有串连在这条线路上的氛围灯不亮的故障。故障其实并不复杂，就是没有报故障码。由于合理使用了 ISTA 诊断系统里面的服务功能，很顺利地找到了故障点。由于这个车型比较新，对此车型氛围灯控制系统不是特别熟悉，查找相关资料还是费了些时间，所以对新车型知识的更新尤其重要。

2.2.1.2　F15（X5）内部照明灯不亮

（1）车辆信息

车型	发动机型号	里程 /km
F15，X5 xDrive28i	N20	34000

（2）故障现象描述

客户反映：车辆内部照明灯不亮。

故障现象确认：接车后检查，操作车顶开关中心车内灯开关时，发现车内照明灯和阅读灯都无法点亮，同时操作天窗开关也无法打开和关闭天窗。

（3）故障分析思路及排除方法

根据故障现象初步分析有可能是车顶功能中心模块故障。接下来用专用检测仪 ISID 对车辆进行快测，发现存在如图 2-35 所示的故障代码。查看图 2-36 所示的相关保养措施，提示有可能是 LIN 通信线路、车顶功能中心供电及模块故障。

代码	说明
D90D29	雨天 / 行车灯 / 雾气 / 光照传感器：LIN 副控制单元缺失
D90D38	车内灯单元（ILE）：LIN 副控制单元缺失
S 8412	互联驾驶主机功能限制

图 2-35　故障代码

保养措施
1. 检查至 BDC 的 LIN 导线是否短路或断路。
2. 检查车顶功能中心供电
3. 执行 LIN 总线信号检查。
4. 若仍存在故障，则更新车顶功能中心。

图 2-36　可能存在的原因

接下来根据故障代码执行相应检测计划"带车灯套件的车内灯"ABL 文件，如图 2-37 所示，并根据提示检查了主域控制器（BDC）和车顶功能中心（FZD）之间的连接线路，没有发现问题。

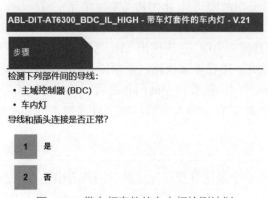

图 2-37　带车灯套件的车内灯检测计划

接下来根据图 2-38 所示的车内灯电路图对车顶功能中心模块的供电及信号进行测量，测量供电电压为 12V，接地也正常。接下来测量 BDC 与车顶功能中心的 LIN 线信号，在车顶功能中心插头 A21*11B 的 2 号端子处测量的 LIN 信号电压为 11V 左右，说明 BDC 到车顶功能中心处的信号正常。

接下来的检测计划提示如图 2-39 所示，要求更换车顶功能中心，为了进一步确认故障，又测量了 BDC 与车顶功能中心之间相连的其他线路，均没有短路和断路，线路故障可以排除。接下来断开 BDC 侧的 LIN 线进行测量，在操作车内灯开关时 LIN 信号没有变化，测量至此可以判断是车顶功能中心模块有故障。

拆下图 2-40 所示的车顶功能中心模块进行更换，然后对车辆进行编程后，车内灯功能恢复正常，故障排除。至于车顶功能中心模块什么原因损坏及到底哪里损坏不得而知。

（4）故障总结

该故障是典型的车顶功能中心模块故障导致车内灯不工作故障，由于有故障代码提示，诊断思路也比较清晰，排除故障也相对比较顺利。对于判断控制模块出现故障的情况，前提必须将模块相关的供电、接地、通信这些都进行逐一测量排查后才能确定模块内部故障，千万不能为了省事儿先倒换模块，否则可能存在模块被烧坏的风险。

2.2.2　故障解析

2.2.2.1　结构特点

（1）车内照明灯功能

车内照明灯用于对车厢内部进行照明，包括前部车内照明灯和后部车内照明灯。能够对车顶、前后脚部空间、车门内侧、手套箱、行李厢、门槛等部位进行照明。

① 前部车内照明灯。前部车内照明灯的组件集成在车顶区域内的车顶功能中心（FZD）和遮阳板中，由带有车内照明灯按钮的车内灯、带按钮的驾驶员及前乘客侧阅读灯、驾驶员及前乘客侧的周围环境照明装置组成。

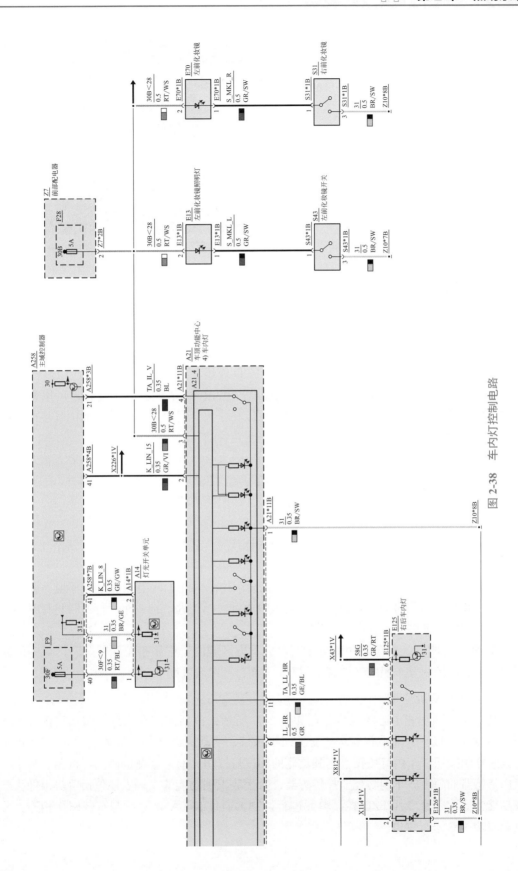

图 2-38　车内灯控制电路

57

由于这个记录的故障，必须更换车内电子照明单元。
更新下列部件：

• 车内灯

 DIAGCODE: D6330_00000000_12_002

图 2-39　检测计划结果　　　　　　　　　　图 2-40　损坏的车顶功能中心模块

② 后部车内照明灯。后部车内照明灯通过车内照明灯按钮进行开关，包括带有车内照明灯按钮的车内灯、带左侧按钮的阅读灯和带右侧按钮的阅读灯三部分，根据车型系列和车辆装备，后部车内照明灯同时包括驾驶员侧和乘客侧的垂直照明灯。

③ 氛围照明。氛围照明是散射光照，此照明不眩目，确保更容易识别出车厢内部的轮廓。车身域控制器通过 LIN 总线控制红绿蓝 LED 模组，红绿蓝 LED 模组由 LED 壳体中的 3 个 LED 芯片组成，3 个 LED 芯片组成红绿蓝三色光源。3 种颜色相混合，可以生成多种预定义的颜色供选择，用于周围环境照明。可以在中央信息显示器上选择周围环境照明的颜色，还可在中央信息显示器上调节周围环境照明装置的亮度。

④ 手套箱照明。手套箱照明连接至总线端 Kl.30B。当手套箱打开时，手套箱开关的状态会发生变化，手套箱照明与地线连接并接通手套箱照明灯。当手套箱关闭时，手套箱开关的状态会发生变化，与地线的连接被断开，手套箱照明关闭。

⑤ 行李厢照明。总线端 Kl.30B 接通之后可启用行李厢照明灯。通过打开 / 关闭行李厢盖来打开或关闭行李厢照明灯。当后行李厢盖打开时，后行李厢盖锁中旋转锁销开关的状态会发生变化，行李厢照明灯与地线连接并接通行李箱照明。

⑥ 前景照明。前景照明用于确定车辆位置，并在打开车门前照明车门环境。前景照明通过一个垂直向下照射的光导管实现。当车门通过遥控钥匙解锁或车门打开时将打开前景照明，在车门关闭最多 20s 后将重新关闭。

⑦ 登车照明灯。登车照明灯位于车门的下方区域内。它用于车辆外车门区域中的底板照明，车身域控制登车照明灯随着车门开 / 关而打开或者关闭。

（2）车顶功能中心

高级型车顶功能中心的结构原理如图 2-41 所示，包括前部车内灯、前部阅读灯、垂直照明的发光二极管、前乘客安全气囊关闭指示灯、活动天窗开关、带紧急呼叫 LED 指示灯的紧急呼叫按钮、车内灯按钮、驾驶员侧的阅读灯按钮、前乘客侧的阅读灯按钮、带超声波车内传感器的超声波车内防盗监控传感器，带手势识别功能的车辆上还包括手势摄像头。车顶功能中心由一个专用 FZD 控制单元进行控制，通过 K-CAN2 总线与车载网络相连，并通过总线端 30B 进行供电。

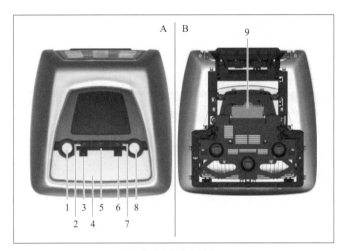

(a) 车顶功能中心结构

A—基本型车顶功能中心，前视图；B—基本型车顶功能中心，后视图；
1—左侧阅读灯；2—左侧阅读灯按钮；3—左侧垂直照明灯；4—车内灯；
5—车内灯按钮；6—右侧垂直照明灯；7—右侧阅读灯按钮；
8—右侧阅读灯；9—插头连接

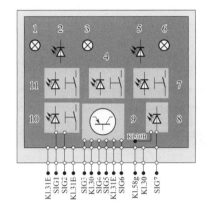

(b) 车顶功能中心内部线路

1—左侧阅读灯；2—左侧垂直照明灯；3—车内灯；4—带查询照明的车内灯按钮；5—右侧垂直照明灯；
6—右侧阅读灯；7—带查询照明的右侧阅读灯按钮；8—前乘客安全气囊关闭指示灯；9—电子
单元；10—带紧急呼叫LED指示灯的紧急呼叫按钮；11—带查询照明的左侧阅读灯按钮

图 2-41 车顶功能中心结构

2.2.2.2 故障分析

车内照明系统故障与外部照明系统故障类似，主要表现为照明功能不正常，可以分为所有车内灯光不亮、部分车内灯光不亮、灯光长亮及不能根据要求点亮等，对于这类故障需要根据灯光系统控制原理对涉及的元件、开关、线束及模块依次进行诊断排除。

2.2.2.3 故障诊断方法

（1）元件检测

通过元件检测可以直观判断相关元件是否能正常工作。如图 2-42 所示，在部件控制界面选择需要判断的元件，系统会自动控制相应元件进行工作，通过观察相应元件的工作情况即可判断该元件是否工作正常。如果元件能正常工作，说明所检查元件及线束正常。如果元件不能够正常工作，需要检查控制线路、元件和控制单元。

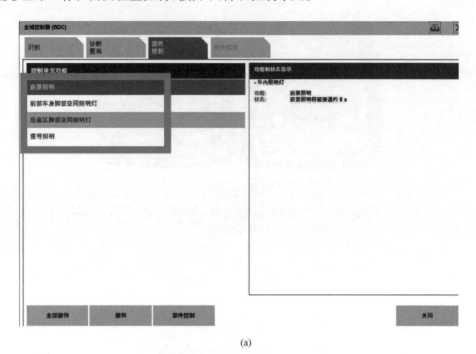

(a)

(b)

图 2-42 车内照明元件检测

（2）数据流读取

通过数据流读取，可以判断车内灯光开关功能是否正常。如图 2-43 所示，在诊断查询地址里面选择要读取数据流的开关选项，此时通过操作相应开关，观察数据流中显示的开关位置状态是否与操作状态相同，如果显示相同，说明开关及线路正常，如果不显示或显示不一致，说明开关或者线路存在故障。

图 2-43　内部灯光数据流读取

（3）车内灯自动寻址

如果将新的车内灯组件连接到 LIN 总线系统上，必须执行自动寻址检测计划。通过自动寻址操作可以为系统的所有组件都分配一个新地址，同时还能检查 LIN 总线上的组件功能是否正常，如图 2-44 所示。如果故障查询时横向交换了 LIN 总线组件，则自动寻址前必须重新撤回这个横向交换。在执行自动寻址前必须确保周围环境照明装置的所有 LIN 总线组件均已接入，同时必须更新损坏的部件，导线或插头连接良好。

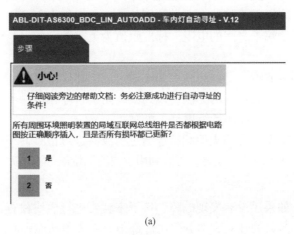

(a)

图 2-44

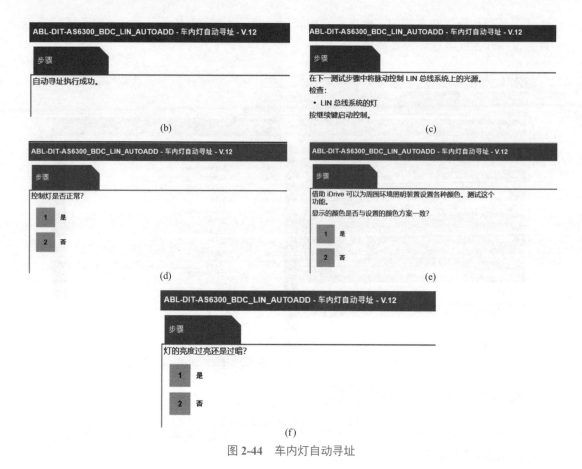

图 2-44　车内灯自动寻址

（4）线路及信号检测

线路和信号的检测可以根据电路图用万用表或示波器进行检查，线路故障可分为断路、短路和接触不良。

对于断路检测，需要将线束两端分别从连接的组件上断开，然后根据电路图用万用表分别测量两端对应端子之间的电阻值。标准阻值为小于 1Ω，如果与标准不符，说明线路存在故障。

对于短路检测，同样需要将线束两端分别从连接的组件上断开，然后根据电路图用万用表分别测量线束每两个端子之间的电阻。标准阻值为无穷大，如果与标准阻值不符，说明线路存在故障。

对于线路接触不良故障，最好将线束两端通过适配器连接起来，通过万用表电压挡位测量相应的端子对接地端的电压降的方法可以判断线路是否存在接触不良，测量的同时可以通过晃动线束的方法进一步验证测量结果是否可靠。

信号的检测可以根据信号的类型和特征通过示波器进行检查，车内灯光中的信号类型为 LIN 总线信号和 PWM（占空比）信号，可以利用示波器测量信号波形并与标准波形进行比较。

（5）模块检测

在线路检测后，如果还没有发现故障，接下来就要进行模块检查。车内灯的主要功能模块是车顶功能中心，多数的开关和部分照明灯都集成在车顶功能中心里面。

在对模块检查时，首先可以通过相应的检测计划对模块功能进行检测。如果模块功能不正常，可以根据图 2-45 所示的控制模块的各端子功能找到模块的供电、接地和总线通信信号，连接专用适配器对上述信号进行测量并与标准数据对比。如果可以判断模块供电、接地和总线通信都正常，则可以判断是模块内部损坏引起的故障，也可以利用模块各端子的功能对模块进行测量并对故障进行进一步验证。

号码	X-端子，颜色	名称
A21*2B	16-端子，蓝色	部件插头 车顶功能中心
A21*3B	4-端子，蓝色	部件插头 车顶功能中心
A21*4B	10-端子，黑色	部件插头 车顶功能中心
A21*11B	12-端子，黑色	部件插头 车顶功能中心

(a) 车顶功能中心模块插头

端子	类型	名称/信号类型	插座/测量说明
1	—	未被占用	
2	—	未被占用	
3	A	紧急呼叫信号	远程信息处理技术通信盒
4	E	紧急呼叫按钮LED指示灯	远程信息处理技术通信盒
5	E	电源 总线端Kl.30	保险丝F20
6	E/A	K-CAN总线信号	K-CAN2总线连接
7	E	防盗报警系统LED指示灯	自动防眩车内后视镜
8	—	未被占用	
9	—	未被占用	
10	E	信号 车内照明灯	连接器58g
11	E/A	前乘客安全气囊关闭开关信号LED功能指示灯控制	A11碰撞安全模块
12	M	接地	接地端Z10*8B
13	E/A	K-CAN总线信号	K-CAN2总线连接
14	E/A	局域互联网总线信号	带倾斜报警传感器的报警器
15	—	未被占用	
16	—	未被占用	

(b) A21*2B插头上的端子布置

端子	类型	名称/信号类型	插座/测量说明
1	M	接地	接地端Z10*10B
2	E	电源 总线端Kl.30	保险丝F38
3	—	未被占用	
4	—	未被占用	

(c) A21*3B插头上的端子布置

端子	类型	名称/信号类型	插座/测量说明
1	E	接地	接地端Z10*8B
2	E/A	局域互联网总线信号	总线连接
3	E	电源 总线端Kl.30B	保险丝F28
4	A	车内照明灯开关信号	主域控制器
5	A	车内灯控制	车内灯连接器
6	A	控制 右侧阅读灯	右后车内灯
7	A	控制 左侧阅读灯	左后车内灯
8	A	车内灯控制	车内灯连接器
9	—	未被占用	
10	E	制动信号 左侧阅读灯	左后车内灯
11	E	制动信号 右侧阅读灯	左后车内灯
12	—	未被占用	

(d) A21*11B插头上的端子布置

图 2-45　车顶功能中心模块端子布置图

第3章

舒适系统

3.1 电动操作系统

3.1.1 经典维修故障案例

3.1.1.1 F35 驾驶员侧电动车窗功能异常

（1）车辆信息

车型	发动机型号	里程 /km
F35，320Li	N20	18000

（2）故障现象描述

客户反映：驾驶员侧车窗玻璃不能一键升降。

故障现象确认：接车后对车辆进行检查，发现只有主驾驶玻璃不能一键升降，并且持续按压升降时也不是连续的，只能断断续续地进行开关。

（3）故障分析思路及排除方法

根据故障现象，判断可能的故障原因有电动车窗初始化没成功、升降电机故障或电动车窗控制单元故障。

接下来用专用检测仪 ISID 对车辆进行快速测试，检测仪提示有如下故障码：

030006 驾驶员侧车门车窗升降机：霍耳传感器损坏或断路。

03000D 驾驶员侧车门电动车窗升降机：霍耳传感器对正极短路。

首先删除车辆故障码，并对车窗进行初始化设置，但初始化设置无法成功，提示初始化失败。于是决定倒换车窗升降电机，结果倒换电机后故障依旧。

每次故障码都可以删除，但是只要操作玻璃升降后，故障码会再现，所以确定故障在线路或者 FEM 上。查询图 3-1 所示的驾驶员侧电动车窗电路图，首先检查左前门铰链插头和电机插头，结果没有发现异常。

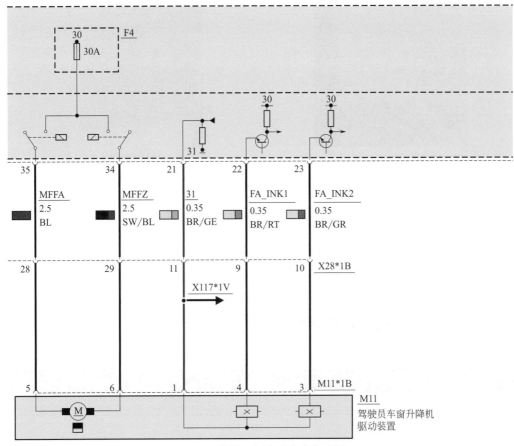

图 3-1　驾驶员侧电动车窗电路图

根据电路图可知，模块的 22 和 23 号端子是霍耳传感器信号端子，21 号端子是共用接地端。接下来测量 FEM 插头 A173*4B 的 21、22、23 号端子霍耳传感器波形，断续升降时波形变化正常。对比测量乘客测霍耳传感器波形，电压变化幅度一致，没有发现异常。

测量 FEM 到主驾驶升降电机线路，正常。

插拔 FEM 玻璃升降插头 A173*4B 后，故障码竟然可以删除了，玻璃也可以一键升降了。全部复原后，故障再现，再次插拔 A173*4B 插头后，故障再次消失。

怀疑 FEM 插头端子有问题，检查 FEM 的 A173*4B 插头，挑开 21、22、23 号端子，如图 3-2 所示，检查正常。

检查左前霍尔传感器在 FEM 上的端子正常，无虚接，每次拔下此插头后，升降机可以一键升降几次，但是多次操作后，故障再现。

检查 FEM 对应的升降机霍耳传感器输入端子，正常，无虚接腐蚀等现象，如图 3-3 所示。

该检查的部位都检查了，最后怀疑是 FEM 内部故障导致的，发 PUAM 给技术部，更换 FEM 模块后对全车进行编程后车窗功能恢复正常，故障彻底排除。

图 3-2 主驾驶员侧霍尔传感器端子

图 3-3 升降机霍尔传感器端子检查

(4) 故障总结

该故障是典型的由电动车窗控制单元内部故障导致的电动车窗功能异常故障，在故障排除过程中根据电路图对电动车窗系统进行了仔细的测量，并且进行了元件倒换，最后才确定控制单元损坏。由于控制单元内部结构复杂，出现故障后可能出现的故障现象有多种，因此，只有在掌握系统控制逻辑的基础上并根据电路图对可能的线路组成部件进行有效隔离的情况下才能做出正确的判断。

3.1.1.2 E70 电动车窗升降异常

(1) 车辆信息

车型	发动机型号	里程 /km
E70，X5 xDrive35i	N55	72000

(2) 故障现象描述

客户反映：电动车窗升降异常。

故障现象确认：接车后对车辆进行检查发现，在操作左前升降按钮时，只能升降一下，多操作几次，CID 显示防夹保护功能失效。同时，左前车窗玻璃不能一键升降，其他车窗功能正常。

(3) 故障分析思路及排除方法

首先用专用检测仪 ISID 对车辆进行诊断，未发现相关故障代码。

接下来拆卸左前车窗升降机开关组，发现插头进水，对端子进行处理，装上开关后进行试车，故障依旧。找来相同车型功能正常的开关组，装上故障依旧，可以排除开关的故障。

用手上下拉动车窗玻璃，发现向上向下间隙很大，拆除玻璃升降机检查，未有明显损坏的地方。找来功能正常的玻璃升降电机换上，故障依旧，可以排除玻璃升降电机的故障。

开关和电机都已经排除了，只剩下控制单元了，找来功能正常的脚步空间模块（FRM）换上，故障依旧。

把整个系统的一套东西全都搬过来了，还是不行，休息一会儿，整理一下思路。

检查电器故障，一般遵循 ICO 原理，即 I：in 输入；C：computer 电脑（处理）；O：out 输出。仔细查询图 3-4 所示的电动车窗升降机电路，根据电路图一般需要检查供电、接地及信号传输。因操作开关组按钮时，车窗能工作一下，且操作其他车窗时工作正常。可以断定开关组的供电、接地是正常的。

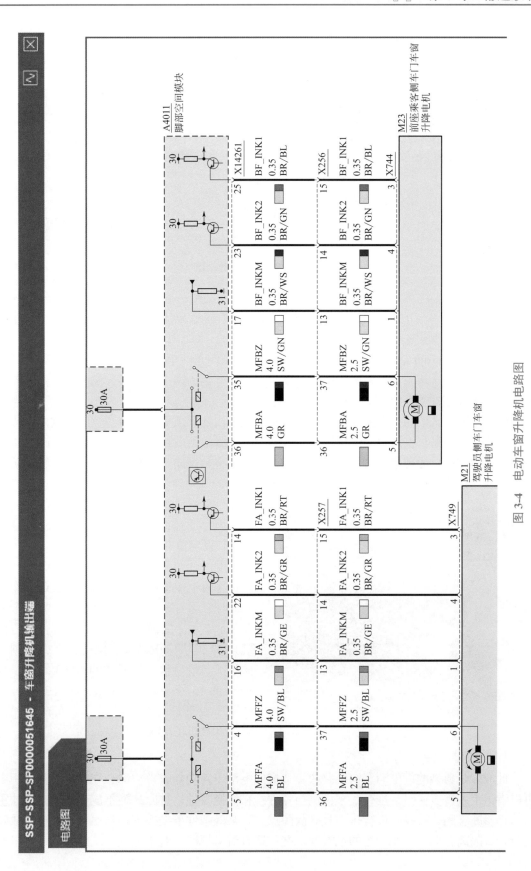

图 3-4　电动车窗升降机电路图

但操作左前车窗升降按钮时，信号有没有正确地传给电脑（FRM）。通过读取车窗升降按钮数据流，如图3-5所示，电脑能接收4个不同状态的信号，说明I：输入是正常的。

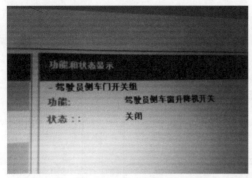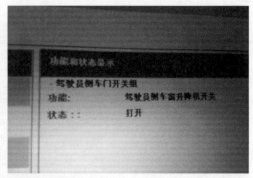

图3-5　车窗升降按钮数据流

那么来看C：电脑（处理），操作按钮时，车窗会工作一下，说明电脑接收信号，经过处理后，输出了一个12V的电压给玻璃升降机M21。但是为什么只通了一下电，就停止了呢（之前我们已经把整套系统的部件都换了，故障依旧，控制单元应该不会有问题的）？

剩下还有O：out输出，从电路图上看到，驾驶员侧车门车窗升降电机M21，插头X749为5根线，端子5与端子6为电机，端子3与端子4分别为两个传感器，端子1为传感器接地（控制单元内部接地）。

电机是干什么用的，大家都清楚。但为什么电机内还集成有2个传感器呢，这两个传感器是干什么用的呢？查询相关资料得知，这两个传感器是用来判断电机方向和电机速度的。

刚开始验证故障现象的时候提到：多操作几次，会出现防夹保护提示。一般车辆的防夹保护是通过计算电机电流的升高来判断的。而宝马车，则是通过其加速度（或叫减速度）判断的，车窗玻璃在上升的过程，突然遇到一个阻力，通过两个传感器计算出其减速度。达到其设定值时，防夹保护起作用。

图3-6　损坏的线束

再次通过控制单元脚部空间模块FRM查看这两个传感器的工作状态。发现操作开关组时，只有一个传感器有变化，另一个一直显示不动。之前都已经更换过部件，电机跟FRM模块应该是没有问题，那么只剩下线路了。最后检查发现X749的3号端子与X257的15号端子出现断路，如图3-6所示。对损坏线束进行维修后试车，车窗功能正常，故障彻底排除。

（4）故障总结

此故障是典型的由电动车窗线路故障造成的电动车窗功能异常故障。在排除故障过程中可以看出走了许多弯路，进行了多次倒换零件。在倒换零件后排除故障不成功的情况，才重新梳理诊断思路，对线路进行排查找到故障点。在某些条件下倒换零件虽然可以快速对故障进行排查隔离，但也存在一定的风险性，并不适合所有情况。对于电气系统的故障，可以通过数据流的读取等方法把故障范围进一步缩小，再经过系统分析进行故障隔离才是行之有效的手段，以免造成过多不必要的操作。

3.1.1.3　F35 电动后视镜调节异常

（1）车辆信息

车型	发动机型号	里程 /km
F35，328Li	N20	43000

（2）故障现象描述

客户反映：无法通过开关调整后视镜和控制玻璃升降。

故障现象确认：接车后对车辆进行检查，发现通过主驾开关无法调整后视镜及控制四门玻璃升降，其它三门开关可以控制车门玻璃升降，客户投诉的故障当前存在。

（3）故障分析思路及排除方法

启动车辆，进行进一步检查发现主驾玻璃开关背景灯不亮，打开小灯背景灯无变化，其它三门玻璃开关背景灯工作正常。遥控长按开锁或解锁键，四门玻璃升降正常，可以排除电机及线路问题。可能故障原因：主驾开关内部故障，主驾开关供电、接地、LIN 线故障，主驾开关线路短路，控制模块及软件故障。

通过专用检测仪 ISID 对车辆进行诊断，发现存在如图 3-7 所示的故障代码。

图 3-7　故障代码

故障代码详情如图 3-8 所示，判断应该是 LIN 线或相关组件故障。

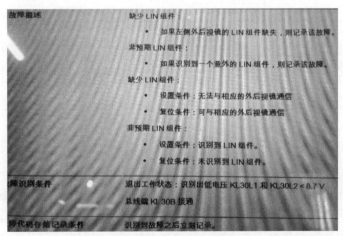

图 3-8　故障代码详情

　　根据故障代码执行相应的检测计划并查看图 3-9 所示的电路图，最后检测计划提示要更换控制单元 FEM。难道是控制单元 FEM 坏了？为了进一步确认故障部位，根据电路图对开关和导线进行测量。

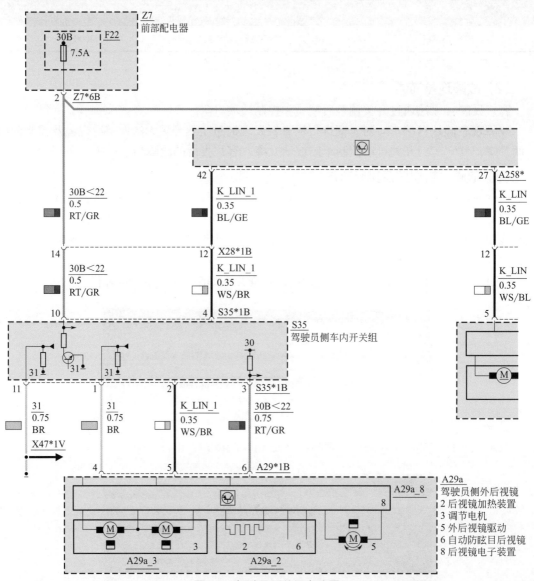

图 3-9　驾驶员开关组电路图

　　拆卸门饰板检测主驾玻璃升降开关供电、接地正常，测量 LIN 无波形，确定是 LIN 通信故障。倒换开关后故障依旧。

　　测量控制单元到开关的 LIN 线，结果无断路、短路，难道是控制单元模块内部故障？

　　查询维修记录发现客户车辆由于事故更换过右后视镜，难道是右后视镜引起的？拆卸右后视镜插头后，主驾玻璃开关功能正常，背景灯也亮起。问题点找到了，但最终是后视镜哪个故障点引起的故障呢，后视镜可是新件啊!

　　拆卸后视镜同旧件对比发现了问题，原车旧件只有 5 个端子、新件是 6 个端子，如图 3-10 所示。

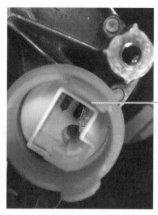

实车后视镜无三号端子

新件是低配后视镜，不带折叠

(a) 原车后视镜　　　　　　　　　　　　　(b) 新更换的后视镜

图 3-10　新旧后视镜对比

　　经查询配置列表及零件号，发现车辆安装的零件有问题，并找了三个后视镜进行对比，如图 3-11 所示。

(a) 故障车后视镜不带折叠及模块(低配型)

(b) 后视镜带折叠及防眩目(高级型)　　　　(c) 原车后视镜带模块无折叠及防眩目

图 3-11　不同型号后视镜对比

　　根据图3-12所示方框电路图分析，发现故障车更换了基本型内部不带模块的6个端子后视镜，此类型后视镜调节电机直接由主驾开关控制，镜片加热及转向灯由电动后视镜控制模块进行控制。

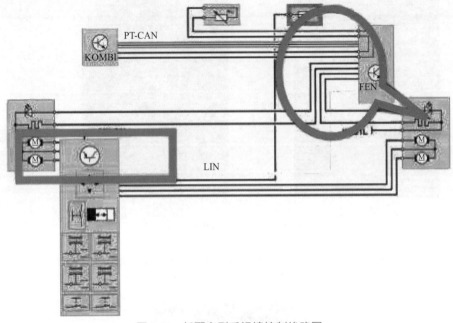

图3-12　低配车型后视镜控制线路图

　　而原车装配的是5个端子的内部带模块型后视镜，车辆后视镜调节是由主驾开关通过LIN总线将信号传给控制模块，控制模块再通过与后视镜之间的LIN信号调节后视镜镜片、折叠、加热及防眩目。

　　所以当6个端子的基本型内部不带模块的后视镜装入到5个端子内部带模块的车辆上时，由于电源内部及控制结构不一样导致模块内部短路，使主驾开关无法调节车辆后视镜及玻璃升降。

　　所以当拔掉故障车后视镜系统插头后，内部线路恢复正常，此时主驾开关就可以正常调节车辆。重新更换5个端子的后视镜试车，车辆功能一切正常，故障排除。

　　（4）故障总结

　　该故障是典型的人为原因导致车辆电气系统功能异常的故障，电气系统人为故障在维修过程中排除起来比较困难。因此在维修故障时要多收集故障信息，查询维修记录、查看产品特性，一定要仔细查询车辆配置信息及零件更换周期，同时要认真查看电路图及方框电路图，找出内部结构，并与实车结构进行认真对比，尽量避免这种人为故障的产生。

3.1.1.4　F49电动座椅调节异常

　　（1）车辆信息

车型	发动机型号	里程/km
F49，X1 sDrive20Li	B38	35000

（2）故障现象描述

客户反映：驾驶员座椅无法调节。

故障现象确认：接车后首先试车验证故障现象，尝试调节驾驶员侧座椅上的开关按钮，发现驾驶员侧座椅调节功能失效，客户投诉情况确实存在。

（3）故障分析思路及排除方法

首先用专用检测仪 ISID 对车辆进行快速测试，读取控制单元树，发现驾驶员侧座椅模块（SMFA）无应答，如图 3-13 所示。

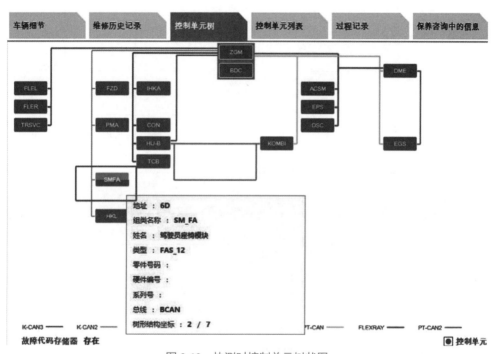

图 3-13　快测时控制单元树状图

查阅驾驶员座椅控制电路图，如图 3-14 所示。断开驾驶员侧座椅模块导线连接器 A245*3B，未发现端子有氧化腐蚀及松动现象。用发光二极管试灯测试驾驶员侧座椅模块导线连接器 A245*3B 端子 7 与端子 8，发光二极管试灯点亮，说明驾驶员侧座椅模块供电和搭铁正常。

重新连接驾驶员侧座椅模块导线连接器 A245*3B，利用 IMIB 示波器测量驾驶员侧座椅模块上 K-CAN2 线信号波形，同时找到一辆正常车，测量驾驶员侧座椅模块上 K-CAN2 线信号波形，测得的信号波形如图 3-15 所示。将两者信号波形进行对比，发现故障车 K-CAN2 线信号波形异常。

查询图 3-16 所示的资料得知 K-CAN2 总线上有 1 个内置终端电阻（位于主域控制器内部）和 1 个外置终端电阻。

断开驾驶员侧座椅模块导线连接器 A245*3B，测量驾驶员侧座椅模块导线连接器 A245*3B 端子 5 与端子 6 之间的电阻，为无穷大，不正常（正常情况下应约为 60Ω）。根据上述检查结果，初步判断故障的可能原因有：驾驶员侧座椅模块上的 K-CAN2 线存在断路故障；K-CAN2 总线上的终端电阻损坏。

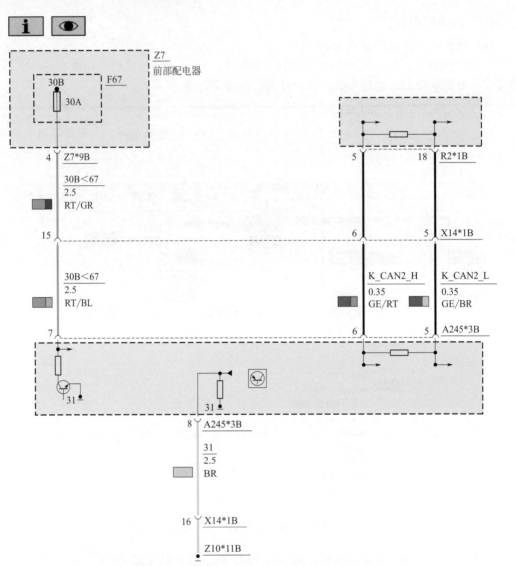

图 3-14 电动座椅电路图

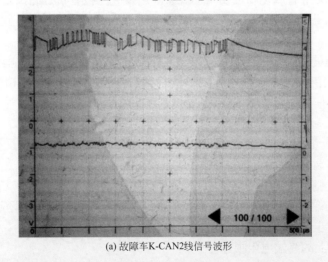

(a) 故障车K-CAN2线信号波形

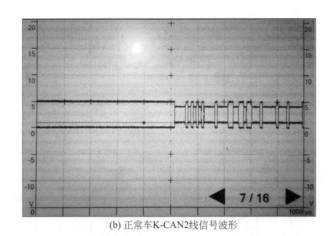

(b) 正常车K-CAN2线信号波形

图 3-15　K-CAN 线信号波形测量对比

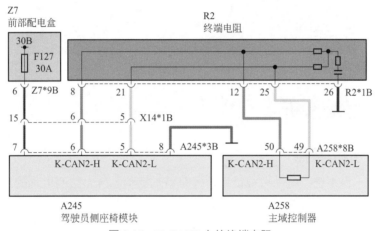

图 3-16　K-CAN2 上的终端电阻

本着由简入繁的诊断原则，拆卸行李厢右侧装饰板，找到外部终端电阻，断开外部终端电阻导线连接器 R2*1B，测量驾驶员侧座椅模块与外部终端电阻之间 K-CAN2 总线的导通情况，导通正常；测量外部终端电阻端子 8 和端子 21 之间的电阻，为无穷大，不正常。

拆卸仪表板右下方饰板和右 A 柱脚部空间的侧饰板，断开主域控制器导线连接器 A258*8B，测量主域控制器导线连接器 A258*8B 端子 49 和端子 50 之间的电阻，为 120Ω，正常；测量主域控制器端子 49 和端子 50 之间的电阻，也为 120Ω，正常，说明 K-CAN2 总线上的终端电阻均没有损坏。

鉴于该车目前只有驾驶员侧座椅模块无应答，推测外部终端电阻内部总线通往驾驶员侧座椅模块的支路可能存在断路故障。尝试更换正常车辆的外部终端电阻后试车，驾驶员侧座椅调节功能恢复正常。最后更换图 3-17 所示的终端电阻，试车一切正常，故障彻底排除。

（4）故障总结

该故障是典型的由控制单元通信故障导致的电动座椅功能故障。此故障的排除过程及诊断思路清晰，测量方法正确。由于在对车辆进行快测时发现控制单元无通信故障，因此第一时间检查模块的供电、接地和网络通信，从而快速确定故障部位。由此可见，在处理电气系统故障时，只有正确理清诊断思路，掌握正确的测量方法，才能快捷有效地排除故障。

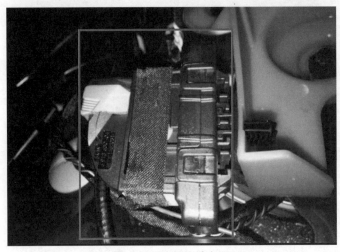

图 3-17　外部终端电阻

3.1.2　故障解析

3.1.2.1　结构特点

无论是电动车窗系统、电动后视镜系统还是电动座椅系统，这些电动操作系统都是由控制开关、控制单元及相应的执行元件组成。开关内部一般都有集成电路，将开关信号转换为 LIN 信号传输给控制单元。控制单元接收信号后去控制执行元件，这些电动操作系统的执行元件一般都是直流电机，通过直流电机驱动相关系统部件工作。只要掌握了这些系统控制原理，并且能够对系统中的开关、执行元件及控制单元等部件进行正确有效隔离，就能有效掌握这些系统的故障诊断方法。

（1）电动操作系统工作原理

电动操作系统的控制原理基本相同，只要掌握了一种，就可以根据系统的相似性掌握其它系统的控制原理。下面以电动车窗升降系统为例进行简单介绍，不同车型的控制单元会略有不同，但基控制原理一样。

电动车窗升降系统组成及控制原理如图 3-18 所示。便捷登车及启动系统控制单元（CAS）是执行电动车窗打开或关闭的主控单元，由其授权打开和关闭车窗。脚部空间模块和接线盒电子装置直接控制车窗升降器电机并监控相应车窗升降器电机的转速，并且能够对车窗升降器电机过热、车窗防夹、车窗升降器电机卡止等情况进行保护。

当操作车窗升降器开关时，车窗开关操作信号通过 LIN 信号传输给脚部空间模块，并通过车身总线 K-CAN2 将数据传给便捷登车及启动系统控制单元，如果便捷登车及启动系统控制单元同意操作授权，就会向脚部空间模块和接线盒电子装置两个车窗升降驱动装置控制单元发出指令，通过这两个控制单元控制相应车窗升降器电机工作。

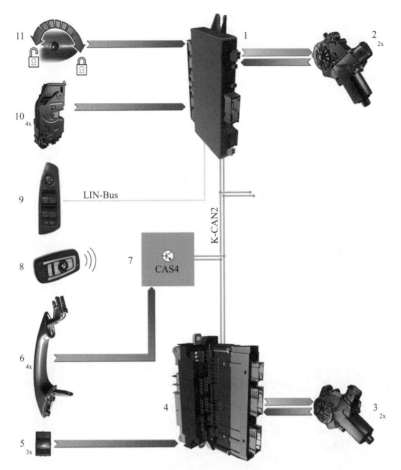

(a) 电动车窗升降系统组成

1—脚部空间模块；2—前车门车窗升降器电机；3—后车门窗升降器电机；4—接线盒电子装置；
5—驾驶员侧后车门/前乘客侧前后车门车窗升降器开关；6—使用舒适登车系统时的车门
外侧拉手；7—便捷登车及启动系统(CAS)；8—识别发射器；9—驾驶员车门开关组件；
10—带有车门触点的车门锁；11—驾驶员车门车门锁；K-CAN—车身CAN；
LIN-Bus—局域互联网总线

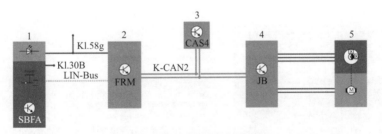

(b) 电动车窗升降系统控制原理

1—驾驶员车门开关组件内的车窗升降器开关SBFA；2—脚部空间模块FRM；3—便捷登车及启动
系统4CAS4；4—接线盒电子装置JBE；5—车窗升降器电机；LIN-Bus—LIN总线；
Kl.58g—总线端58g；K-CAN2—车身CAN2；Kl.30B—总线端30基本运行

图 3-18　电动车窗升降控制系统原理

（2）开关

1）驾驶员车门开关组

根据车型系列和车辆装备的不同，驾驶员侧车门上的开关组中集成了外后视镜选择开关、外后视镜内折开关、车窗升降机开关、遮阳卷帘开关及儿童锁保护开关，其结构如图 3-19 所示。根据车辆配备的后视镜版本不同，开关内部电路结构略有不同，配备高版本电动后视镜的开关组完全通过 LIN 总线进行信号传输，而配备低版本后视镜的开关组则通过普通信号线进行信号传输，在进行车故障诊断时一定要仔细查询车辆电路图。

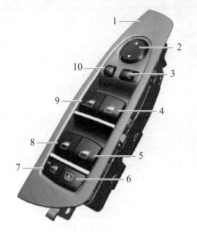

1—驾驶员侧车门开关组；2—外后视镜调节开关；3—左或右外后视镜的转换开关；4—右前车门中的车窗升降机按钮；5—右后车门中的车窗升降机按钮；6—遮阳卷帘按钮；7—带功能照明灯的儿童锁开关；8—左后车门中的车窗升降机按钮；9—前车门中的车窗升降机按钮；10—外后视镜折叠按钮(仅限高版本外后视镜)

(a) 驾驶员开关组结构

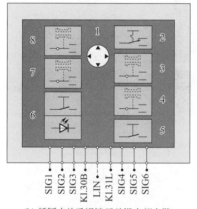

1—外后视镜调节开关；2—左或右外后视镜的转换开关；3—右前车门中的车窗升降机按钮；4—右后车门中的车窗升降机按钮；5—遮阳卷帘按钮；6—带功能照明灯的儿童锁开关；7—左后车门中的车窗升降机按钮；8—左前车门中的车窗升降机按钮总线端；Kl.30B—总线端Kl.30B，供电；Kl.31L—总线端Kl.31，接地；LIN—连接控制模块的LIN总线；SIG1—至外后视镜水平调节的后视镜电机的控制线(车辆左侧)；SIG2—后视镜电机的接地线(车辆左侧)；SIG3—至外后视镜垂直调节的后视镜电机的控制线(车辆左侧)；SIG4—至外后视镜水平调节的后视镜电机的控制线(车辆右侧)；SIG5—后视镜电机的接地线(车辆右侧)；SIG6—至外后视镜垂直调节的后视镜电机的控制线(车辆右侧)

(b) 低版本外后视镜开关组内部电路

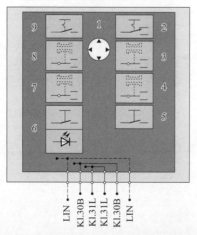

1—外后视镜调节开关；2—左或右外后视镜的转换开关；3—右前车门中的车窗升降机按钮；4—右后车门中的车窗升降机按钮；5—遮阳卷帘按钮；6—带功能照明灯的儿童锁开关；7—左后车门中的车窗升降机按钮；8—左前车门中的车窗升降机按钮；9—外后视镜折叠按钮总线端；Kl.30B—总线端Kl.30B，供电；Kl.31L—总线端Kl.31，接地；LIN—LIN总线连接控制单元

(c) 高版本外后视镜开关组内部电路

图 3-19　电动后视镜开关

2）电动座椅调节装置开关组

座椅调节装置开关组根据车型不同可能包括座椅调节方向开关、座椅位置记忆开关、座椅通风开关和座椅加热开关等，其结构如图 3-20 所示，通风和加热开关大多集成在空调控制面板上，开关组通过 LIN 总线与座椅模块相连。

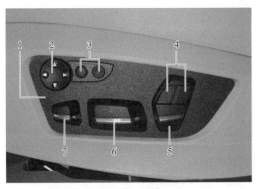

(a) 电动座椅调节按钮

1—驾驶员侧座椅调节开关组；2—腰部支撑调整按钮；
3—靠背宽度调整按钮；4—头枕调整按钮；5—靠背倾
斜度和头枕高度调整按钮；6—座椅纵向、座椅高度
和座椅倾斜度调整按钮；7—座椅深度调整按钮

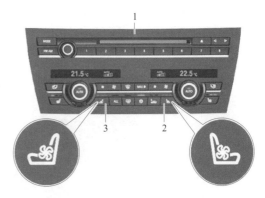

(b) 座椅通风按钮

1—自动恒温空调的操作面板；2—右侧主动式座椅通风
装置按钮；3—左侧主动式座椅通风装置按钮

图 3-20　电动座椅调节装置开关组

（3）驱动装置

1）车窗升降机驱动装置

车窗升降机驱动装置包括一个直流电机和两个调整电机霍尔传感器，其结构如图 3-21 所示。车窗升降机被设计成拉线升降驱动装置，通过两个霍尔传感器能够确定其旋转方向、速度和位置，车窗升降电机根据车窗位置和操作以不同的速度运转。为了控制电动车窗升降机驱动装置，在控制单元中进行调节电流的集成测量，用于识别过电流、短路或锁止故障，如果高于或低于规定的阈值，则断开相关车窗升降机驱动装置的供电。为防止电动车窗升降机驱动装置内的调整电机过热，在控制单元内装有专用过热保护装置，其将根据运转时间，通过一个热模型持续计算调整电机的升温，如果达到规定的温度界限，脚部空间模块断开调整电机。

(a) 车窗升降机驱动装置外部结构

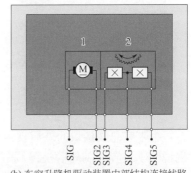

(b) 车窗升降机驱动装置内部结构连接线路

图 3-21　车窗升降机驱动装置结构

1—调整电机；2—霍尔传感器；SIG—调整电机的控制（正极信号）；SIG2—调整电机的控制（负极信号）；
SIG3—霍尔传感器 1 的信号线；SIG4—总线端 Kl.31，接地；SIG5—霍尔传感器 2 的信号线

2）电动外后视镜调节驱动装置

电动外后视镜调节驱动装置结构如图 3-22 所示，驱动装置集成在外后视镜内，能够水平和垂直调节外后视镜。此外，调节驱动器也执行后视镜记忆功能。后视镜记忆功能通过 2个电位计将需要记忆的位置传给外后视镜电子装置并进行存储，因此外后视镜可以自动移到这些需要的位置。用于外后视镜内折的外后视镜驱动集成在外后视镜外壳内。在外后视镜中还可能集成了外后视镜摄像机，外后视镜摄像机直接与环视摄像机控制单元连接。

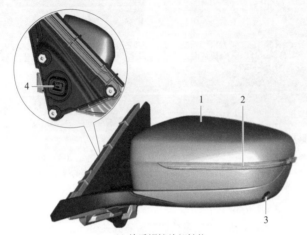

(a) 外后视镜外部结构

1—外后视镜外壳；2—转向显示；3—外后视镜摄像机(俯视摄像机)；4—插头连接

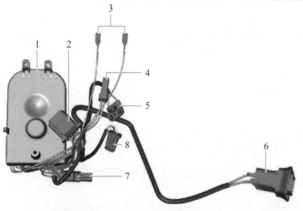

(b) 外后视镜电子装置

1—外后视镜电子装置；2—调节驱动器的插头连接；3—外后视镜加热装置插头连接；4—自动防眩目外部后视镜插头连接；5—外后视镜驱动电源连接；6—连接车载网络的插头连接；7—辅助转向灯插头连接；8—变道警告系统的插头连接

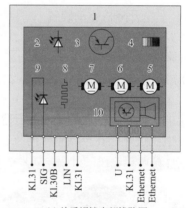

(c) 外后视镜内部线路图

1—外后视镜；2—变道警告系统；3—外后视镜电子装置；4—自动防眩目外部后视镜；5—垂直调节驱动器；6—水平调节驱动器；7—外后视镜驱动；8—外后视镜加热装置；9—辅助转向灯；10—外后视镜摄像机和电子单元

图 3-22　电动外后视镜调节驱动装置结构

在每个带有总线接口的外后视镜中安装了外后视镜电子装置。根据外后视镜的规格不同，外后视镜电子装置控制外后视镜调节装置的调节驱动器、外后视镜加热装置、外后视镜内折驱动装置、自动防眩目外部后视镜的变暗、变道警告系统的可视显示及采集后视镜位置等。

根据车型系列不同，外后视镜电子装置可能会受脚部空间模块 FRM、车身域控制器BDC 及前部电子模块 FEM 的控制。

3）电动座椅驱动装置

电动座椅驱动装置包括直流电机、减速机构及用于记忆功能的霍尔传感器，其结构线路如图 3-23 所示。座椅模块自总线端 30B 接通后可以控制驱动装置。可通过调整电机中的霍尔传感器记录及座椅模块调整位移。将第一次识别的机械挡块的位置值作为极限位置并进行存储。为了控制调整电机，在座椅模块中进行调节电流的综合测量。此测量用于过电流、短路或锁止故障识别。在超过或低于规定的阈值时，会断开调整电机的供电。为了防止调整电机过热，在座椅模块中有一项专用的过热保护功能，达到规定温度界限时，座椅模块断开调整电机。

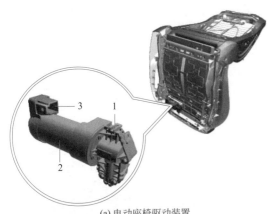

(a) 电动座椅驱动装置

1—变速箱；2—调整电机；3—4芯插头连接

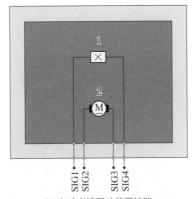

(b) 电动座椅驱动装置线路

1—霍尔传感器；2—调整电机；SIG1—霍尔传感器的信号线；SIG2—调整电机的控制；SIG3—调整电机的接地端；SIG4—霍尔传感器的控制

图 3-23　电动座椅驱动装置

4）座椅加热装置

座椅加热装置用于靠背和座椅表面的舒适加温。座椅加热装置包括座椅靠背加热装置和坐垫加热装置。坐垫加热装置由安装在座椅面内的座椅加热垫及集成式温度传感器组成，如图 3-24 所示。

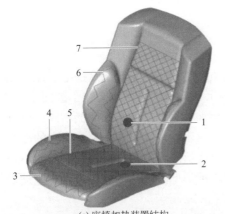

(a) 座椅加热装置结构

1—靠背中的温度传感器；2—座椅面中的温度传感器；3—大腿支撑中的加热区；4—椅面凸起部分的加热区；5—椅面中的加热区；6—靠背凸起部分的加热区；7—靠背中的加热区

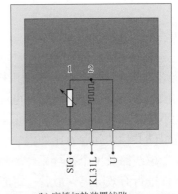

(b) 座椅加热装置线路

1—温度传感器；2—带加热区的座椅加热垫；U—关于座椅模块或座椅加热模块的供电；Kl.31L—总线端Kl.31，负荷接地；SIG—信号线(温度开关的信号)

图 3-24　座椅加热装置

自总线端 Kl.15 打开起，可以通过 IHKA（自动恒温空调）操作面板上的加热按钮，IHKA 控制单元处理相应的按钮信号，并通过 K-CAN 向座椅模块发送一个信息，座椅加热模块分别根据所选的加热挡位生成一个按脉冲宽度调制的信号（PWM 信号），控制座椅表面中的座椅加热垫，温度传感器（NTC 电阻）监控坐垫加热装置。

（4）控制模块

电动操作系统中的电动车窗升降系统和电动后视镜系统根据车型系列不同，其控制模块有可能是脚部空间模块 FRM、车身域控制器 BDC 或前部电子模块 FEM，而电动座椅调节系统由单独的座椅模块进行控制，按照控制功能的不同分为驾驶员座椅模块（SMFA）和前排乘客侧座椅模块（SMBF）。

座椅模块调节和监控所有座椅功能以及座椅加热装置。在座椅模块中分析全部按钮信号并控制要求的功能。座椅模块通过多个插头与 K-CAN 总线和车载网络相连接，如图 3-25 所示。驾驶员座椅或前乘客座椅的识别通过端子设码实现。

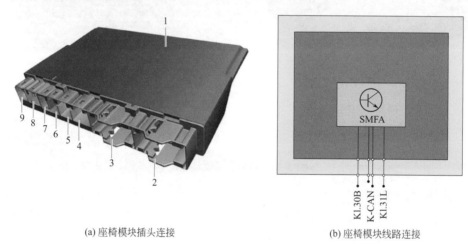

(a) 座椅模块插头连接　　　　　　　　　(b) 座椅模块线路连接

图 3-25　座椅模块结构

1—座椅模块；2—26 芯插头连接；3—22 芯插头连接；4—8 芯插头连接；5—5 芯插头连接；6—4 芯插头连接；
7—6 芯插头连接；8—12 芯插头连接；9—8 芯插头连接

3.1.2.2　故障分析

无论是电动车窗升降系统、电动后视镜系统还是电动座椅系统，这些电动操作系统都是由上面介绍的操作开关、电动驱动机构、控制单元和它们之间相连接的车载网络线束组成。这些电动操作系统常见的故障都是电动操作功能异常，根据功能异常情况不同，可分为所有操作功能不正常和部分操作功能不正常两大类型。对于所有操作功能都不正常的故障，主要考虑所有组件共性的问题，比如模块、模块供电及通信故障。对于部分操作功能不正常的故障，主要考虑线路及单个执行元件故障。无论是哪种类型故障，只要能对这些电动操作系统的组成部件进行有效隔离，最后一定能够顺利排除故障。

3.1.2.3　故障诊断方法

（1）执行元件诊断

通过控制单元提供的部件控制功能能够有效地对执行元件的故障进行隔离。如图 3-26

所示，部件控制功能能够对电动车窗驱动装置、电动后视镜驱动装置及电动座椅驱动装置等需要隔离的执行元件发出操作控制指令，代替开关输入信号。如果驱动装置能够正常完成指令要求的功能，说明驱动装置及线路正常，如果驱动装置不能够完成指令要求的功能，则需要对驱动装置及线路进行进一步检查。

(a) 电动车窗部件控制

(b) 电动外后视镜调节部件控制

图 3-26

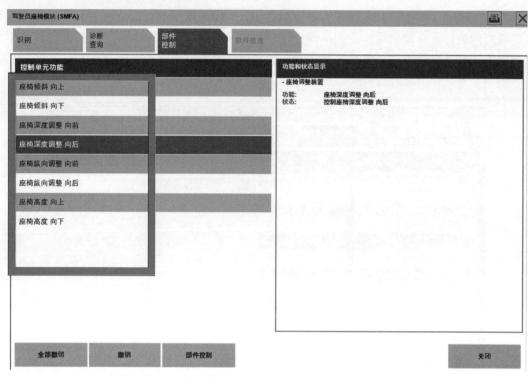

(c) 电动座椅调节部件控制

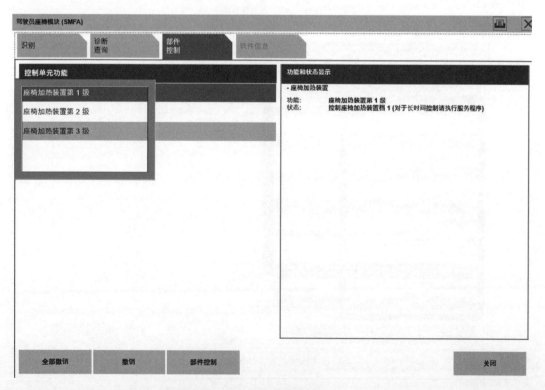

(d) 座椅加热部件控制

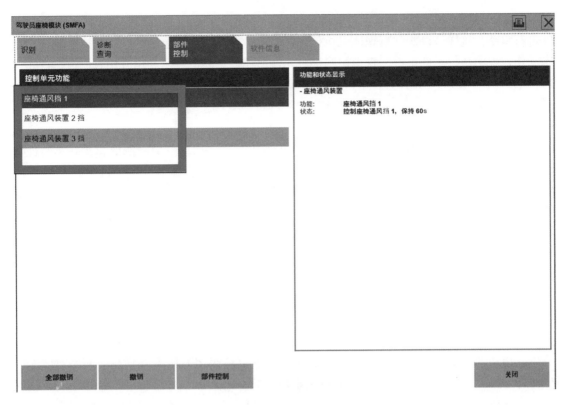

(e) 座椅通风部件控制

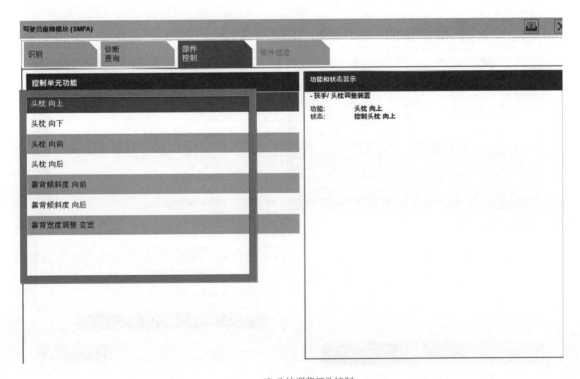

(f) 头枕调节部件控制

图 3-26　电动系统部件控制

如果需要对电机类的执行元件进行单独隔离，可以将执行元件直接连接蓄电池对执行元件进行驱动，这样可以非常直观地对执行元件进行检查。接通蓄电池后，如果执行元件能正常动作，说明执行元件正常，否则说明执行元件损坏。当然也可以利用万用表测量执行元件两个端子间的电阻来判断执行元件是否存在断路故障，电机类执行元件一般电阻值比较小，多数在 20Ω 以内，也可以通过对比测量对结果进行判断。

（2）开关组件诊断

对于开关组件，无论是车门开关组还是座椅开关组，都可以通过读取相关开关组件数据流对开关组件进行隔离。在系统主控单元中选择要读取数据流的开关项目，如图 3-27 所示，此时通过使开关在不同的操作挡位，观察数据流中的开关位置是否与操作挡位显示相同，如果显示相同，说明开关及线路正常，如果不显示或显示不一致，说明相应的开关或者线路存在故障。在数据流中还可以读取相关执行元件及传感器数据流，对执行元件进行辅助判断。

（3）线路及信号诊断

线路和信号的检测可以根据电路图用万用表或示波器进行检查，线路故障可分为断路、短路和接触不良。

以图 3-28 所示的驾驶员车窗升降机驱动装置电路图为例，对于断路检测，需要将线束分别从电机驱动装置和控制单元上断开，然后根据电路图用万用表分别测量两端对应端子（35/5、34/6/、21/1、22/4、23/3）之间的电阻值。标准阻值小于 1Ω，如果与标准不符，说明线路存在故障。

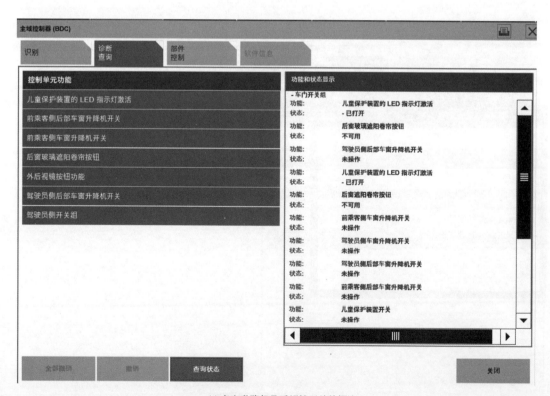

(a) 车窗升降机及后视镜开关数据流

(b) 车窗升降机状态数据流

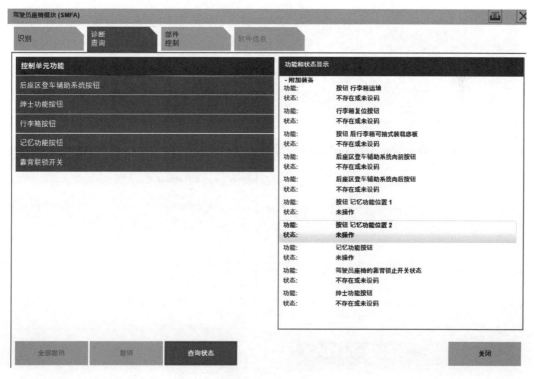

(c) 座椅开关状态数据流

图 3-27

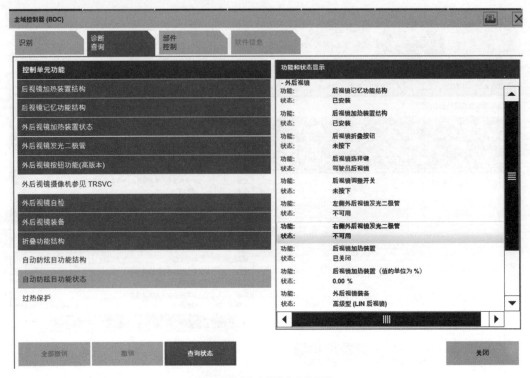

(d) 电动外后视镜状态数据流

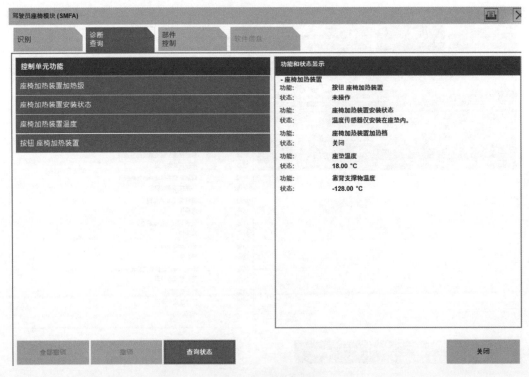

(e) 座椅加热状态数据流

图 3-27　开关组数据流读取

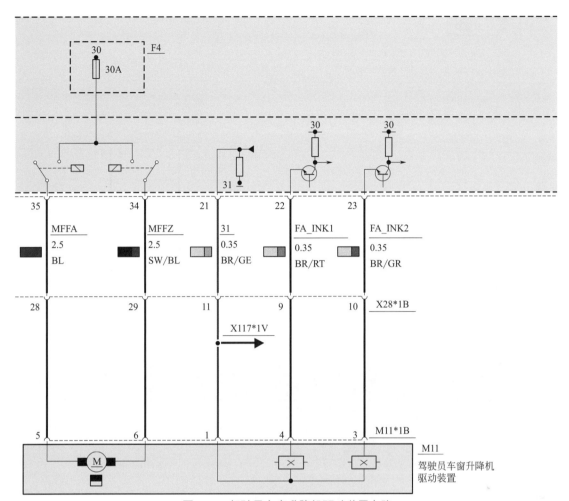

图 3-28 驾驶员车窗升降机驱动装置电路

对于短路检测，同样需要将线束分别从电机驱动装置和控制单元上断开，然后根据电路图用万用表分别测量线束每两个端子（5/6、35/34、1/4、21/22、1/3、21/23、3/4、22/23）之间的电阻。标准阻值为无穷大，如果与标准阻值不符，说明线路存在故障。

信号的检测可以根据信号的类型和特征通过示波器进行检查，对于图 3-28 中所示的信号类型为霍尔传感器的信号，可以利用示波器测量信号波形并与标准波形进行比较，进行测量时需要操作驾驶员车窗升降机，这样才能在信号线上产生相应的霍尔传感器信号，信号标准波形为 0～5V 的矩形方波。

（4）模块诊断

模块的主要故障分为模块内部故障和外部故障，外部故障可分为电源故障和通信故障。

以图 3-29 所示的电动座椅控制模块的供电电路图为例，在对模块进行检查时，首先可以通过相应的检测计划对模块通信功能进行检测。如果模块功能不正常，再根据电路图找到模块的 7 号供电端子、8 号接地端子和 K-CAN2 总线通信信号 5 号、6 号端子，连接专用适配器对上述信号进行测量并与标准数据对比。如果相关的检查都没有发现问题，可以判断是模块内部故障。

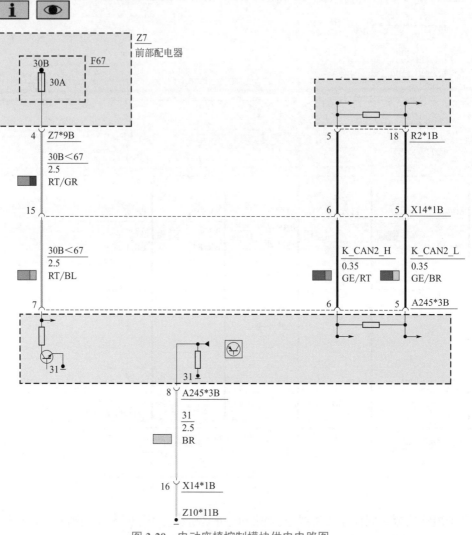

图 3-29 电动座椅控制模块供电电路图

3.2 便捷登车和中控门锁系统

3.2.1 经典维修故障案例

3.2.1.1 F49 便捷登车功能无法使用

（1）车辆信息

车型	发动机型号	里程 /km
F49，X1 sDrive20Li	B48	12000

（2）故障现象描述

客户反映：便捷登车功能在两侧都几乎无法使用，需要将钥匙贴近门边才偶尔能使用。

故障现象确认：接车后检查，此车在驾驶员侧车门和前乘客侧车门带有便捷登车功能。车辆故障情况确实如客户所说，便捷登车功能在两侧都几乎无法使用，需要将钥匙贴近门边才偶尔能使用。

（3）故障分析思路及排除方法

该车的无钥匙便捷登车系统主要包括主域控制器、识别传感器、遥控接收器、车外天线和车内天线、车外门把手电子装置及车门锁和车门锁触点等组件。根据该车故障现象，怀疑应该是信号比较弱导致，可能是天线故障导致的。

首先用专用检测仪 ISID 对车辆进行快测，存在如图 3-30 所示的故障代码。

故障代码存储器				
ECU-DF-Var	ECU-Var	设码编号	说明	目前是否存在？
BDC	BDC-LR01-BODY	0x80410C	前乘客侧天线：内部损坏	

图 3-30　车辆故障代码

故障代码储存了前乘客侧天线的故障，可能的原因是天线损坏，或者线路故障。根据故障代码查询，无相关 PUMA 措施。

执行检测计划，根据提示测量天线电阻，测量值为 4Ω（标准值为 0.3～5Ω），测量导线电压为 12.5V（标准为 9～16V），通过测量结果来看天线和导线都正常。

天线损坏但阻值正常这种情况也会存在，接下来准备与同款车型的试驾车天线进行对调。在准备对调前，客户在旁边说："我加装的这个踏板会不会有影响。"原来客户加装过踏板。这时才注意到这个问题，两侧侧围处加装了很长的铁质踏板。

图 3-31 所示为客户进厂时天线安装位置，在裙边靠近后轮处。而原车天线安装位置如图 3-32 所示。

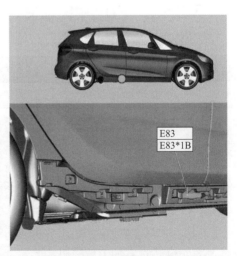

图 3-31　加装踏板后天线的位置　　　　图 3-32　原车天线应该安装的位置

想到可能是距离不对影响到了天线，由于已经加装了踏板，我们将天线放置在原来的位置外面，此时前乘客侧的便捷登车功能已经能正常使用，但没有处理过的驾驶员侧依然无法使用便捷登车功能，推断是安装位置的原因影响了天线，可能天线安装的距离太远，从而使车辆便捷登车功能无法正常使用，由于外侧没有安装位置，便将天线固定在了踏板内侧，如图 3-33 所示。

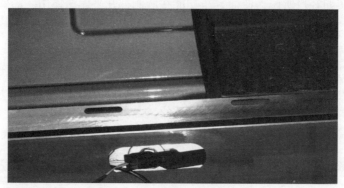

图 3-33　将天线固定在踏板内侧

但是放置到踏板内侧后，便捷登车功能又不能使用了，拿出来后又正常。最后终于发现问题所在了，原来是金属踏板干扰了天线的信号。

最后我们将两侧的天线在合适的地方固定后，便捷登车功能完全正常，客户投诉得到解决。

（4）故障总结

该故障是典型的由加装的金属踏板对便捷登车功能天线信号产生影响而导致的便捷登车功能异常的故障。在处理有关此类无线信号故障时，要和客户确认之前做过哪些加装、改装和维修，这些信息可能帮助我们找到故障所在。无线信号的传递会受到距离、衰减 / 屏蔽、障碍物等因素干扰。

3.2.1.2　F02 中控锁失效

（1）车辆信息

车型	发动机型号	里程 /km
F02，730Li	N52	104000

（2）故障现象描述

客户反映：车辆无法用遥控器锁车。

故障现象确认：接车后对车辆进行检查，发现无论是用遥控器还是中控锁按钮，主驾驶车门锁能关但不能开，其余三个门锁不能开也不能关。

（3）故障分析思路及排除方法

根据该车故障现象，初步分析认为可能是中控锁供电、锁块或者控制单元 JBE 故障。

对车辆测试有如下故障码：

80209B 中控锁：解除联锁继电器损坏或保险丝开路。

80209D 中控锁：联锁继电器损坏或保险丝开路。

根据检测计划提示，检查如图 3-34 所示电路图中的 F14（15A）供电保险丝。检查发现

F14 保险丝熔断。更换 F14 后中控功能正常，多次尝试故障始终无法再现。

以前碰到过相似故障，当时为了确定故障在哪一个锁块，就在 JBE 到四门门锁驱动装置和油箱盖电机控制线上各串联了一个 5A 保险丝，通过保险丝熔断情况进一步判断是哪个门锁驱动装置存在故障。

但是串联保险丝的方法过于繁琐，于是给客户报价 4 门门锁驱动装置，但是由于费用问题客户不同意，一定要让我们确定是哪一个锁块的问题。

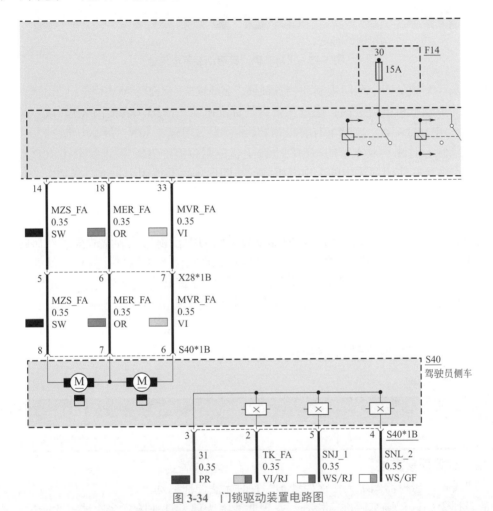

图 3-34　门锁驱动装置电路图

如何才能确定是哪个门锁驱动装置有故障呢？经过分析电路图及查找相关资料，决定采用测量门锁驱动机构电流和电阻的方法来确定故障。电路图中的 MZS 是死锁电机控制线，MER 是死锁和闭锁电机共用线，MVR 是闭锁电机控制线。

通过测量 MZS 线电流可以确定死锁电机电流。通过测量 MER 线可以确定开锁时的总电流。通过测量 MVR 线可以确定闭锁电机电流。从电流大小上不仅可以确定是哪一个锁块的故障，还能进一步确定是哪个电机损坏导致的该故障。

由于没有标准值，首先找到同款正常车辆测试，测量结果如图 3-35 所示。

MER 线电流：最大 2.57A，最小 2.53A；

MVR 线电流：最大 1.54A，最小 1.49A。

(a) MER线电流

(b) MVR线电流

图 3-35　正常车辆门锁驱动装置电流值

接下来逐个测量四个车门锁驱动装置锁块上的 MZS、MER、MVR 线上的电流，最后发现右前门的上锁电机电流过高，超过正常车的标准电流。故障车右前门 MER 线：最大电流 3.47A，最小电流 3.41A。故障车右前门 MVR 线：最大电流 2.36A，最小电流 2.13A。

在故障状态时测量故障车的右前门上锁电机电阻仅有 3.7Ω，而正常车在 10Ω 左右，所以可以确定由于右前门锁块内的上锁电机内部线圈偶尔短路或阻力过大，导致电流过高而使 F14 号保险丝熔断。更换右前门锁块后故障排除。

（4）故障总结

此故障是典型的由门锁驱动装置内部故障导致的中控锁功能异常故障。然而此故障的特点是执行元件故障是间歇性的，对于此类执行元件故障，可以先让执行元件处于工作状态，此时对执行元件的工作电流进行测量，可以非常直观有效地判断执行元件的工作状态。而此故障的排除恰恰是利用了这个方法顺利找到了有故障的门锁驱动装置，快速解决了客户投诉。

3.2.1.3　G38 遥控器偶尔无法锁车

（1）车辆信息

车型	发动机型号	里程 /km
G38，530Li	B48	68000

（2）故障现象描述

客户反映：遥控器偶尔无法遥控锁车，有时无法便捷启动。

故障现象确认：接车后进行检查，发现此故障为偶发性故障，多次试车才能试到故障，当故障出现时，车辆无法使用遥控器锁车，但车内中控锁按钮能正常操作；无法便捷启动，但遥控器贴在方向管柱紧急线圈处能启动车辆；遥控器遥控信号不能与车窗、天窗、后视镜联动。

（3）故障分析思路及排除方法

首先用专用检测仪 ISID 对车辆进行诊断，没有发现任何故障代码。根据车辆故障现象分析可能的故障原因有：遥控器故障、择优多相天线（FBD）故障、后窗天线故障、CAS-LIN 通信故障、CAS 故障。

接下来测试两把遥控器，发现发射频率为 315MHz 正常，倒换新的遥控器电池试车，故障依旧，可以排除遥控器的故障。

测试收音机功能正常，说明天线放大器收音机信号部分正常，FBD 的接地正常。当故障出现时，遥控器与后窗天线位置距离远近无关，说明后窗天线故障的可能性不大，可能是 FBD 供电故障或是 CAS-LIN 及 FBD 本身故障。

依据图 3-36 所示的电路图测量 FBD 的供电 12V，接地正常。

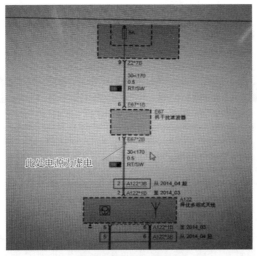

此处电源为虚电

图 3-36　FBD 电路图

多次试车，测量 CAS-LIN 信号，信号波形如图 3-37 所示。车辆正常时，测量 CAS-LIN 波形正常，当故障出现时，CAS-LIN 波形只有一条线，不正常，检查后风挡排线正常。问题指向择优多相天线（FBD），怀疑 FBD 损坏，但倒换同型号 FBD 测试，故障依旧。此时故障排除陷入僵局。

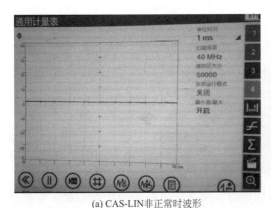

(a) CAS-LIN非正常时波形　　　　　　　　(b) CAS-LIN正常时波形

图 3-37　CAS-LIN 波形测量

重新对测量的数据进行验证，发现 FBD 的 2 号端子供电为虚电，用试灯测试时无法点亮。给 2 号端子直接供电，试车，遥控器开锁落锁功能正常。FBD 供电虚接，检查供电线路，保险丝连接正常，电源经过 E67 抗干扰滤波器后电压就不正常了，判断为抗干扰滤波器损坏。分解抗干扰滤波器，将其内部短接，试车，故障排除。更换抗干扰滤波器后试车，车辆功能恢复正常，故障排除。

（4）故障总结

该故障是由信号接收装置达不到额定供电而导致的便捷登车和中控门锁故障。由于信号接收装置不能正常工作，使得遥控信号无法传输给中控门锁控制单元。在排除过程中用了波形测量和倒换部件等多种隔离手段，再加上维修技师对此系统控信号控制原理非常了解，在系统分析的基础上，终于找到故障部件，成功排除了故障。由此不难看出，掌握系统组成及控制原理，掌握有效的测量方法，是排除故障的关键所在。

3.2.1.4　F10 遥控器报警

（1）车辆信息

车型	发动机型号	里程 /km
F10，535i	N55	15000

（2）故障现象描述

客户反映：车辆遥控器经常报警。

故障现象确认：接车后对车辆进行检查，确实存在遥控器亏电报警。

（3）故障分析思路及排除方法

首先用专用检测仪 ISID 对车辆进行诊断，发现存在遥控器亏电的故障代码 CAS9308B0，如图 3-38 所示。根据故障代码的提示，首先换个遥控器纽扣电池，然后删除故障代码，报警信息不再出现，建议客户开走观察。

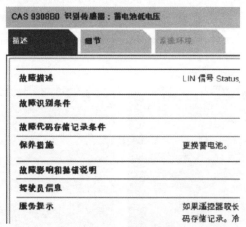

图 3-38　故障代码提示

用了几天以后，又开始出现报警，再次进店维修。这次决定对车辆仔细检查，看看到底是什么原因造成的遥控器报警。拆下遥控器电池，测量电池电压为 1.7V，测量其他车辆遥控器电池是 3V。说明的确是电池电压低。确认不是误报警，该电池是 VARTA 纽扣电池，是不是库房电池放得时间长了，导致电池不行？找一个同款车的电池给遥控器装上。

过了 3 天，又报警了。故障依旧，看来不是电池的问题，询问客户，另一个遥控器怎么样，客户说丢了。

车辆有漏电的说法，那遥控器是不是也有漏电一说？

写 PUMA 询问技术部遥控器漏电怎么测量，技术部回复说测量遥控器电阻。测量结果如图 3-39 所示。故障车电阻是 488Ω，正常车电阻是 0.75MΩ。

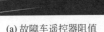

(a) 故障车遥控器阻值　　　　　　　　　(b) 正常车遥控器阻值

图 3-39　遥控器电阻测量

判断为遥控器未知原因损坏，更换遥控器后，回访客户得知没有再出现报警情况，故障排除。

（4）故障总结

遥控器作为操控车辆解锁和启动的部件之一，其出现故障的概率并不高，此故障是典型的由遥控器损坏导致遥控器电池消耗过快而造成的车辆报警故障，如果等到遥控器电池彻底没电，遥控器将不能工作，导致车辆无法解锁和闭锁车辆及车辆无法启动。如果将遥控器看作一个汽车，而纽扣电池就是它的蓄电池。这个系统也要保证能量守恒，如果耗电严重的话，它会报警的。当不能确定某个电阻、电压、电流、波形是否正常时，可以找一个正常车进行对比测量判断。

3.2.2　故障解析

3.2.2.1　结构特点

便捷登车系统与中控门锁系统具有相同的控制单元和执行元件，两个系统的主要区别是信号输入部分。便捷登车系统的触发信号是车门把手电子装置，而中控门锁的触发信号则是遥控器信号或中控锁按钮。只有掌握了两个系统的组件及控制原理的区别后，才能正确区分车辆的故障到底属于哪个系统故障，才能正确有效地对故障进行排除。

（1）便捷登车系统及中控门锁系统工作原理

不同车型的便捷登车系统及中控门锁系统组成部件基本相同，但其控制单元会有所不同，控制单元有可能是便捷登车系统控制单元 CAS，也有可能是车身域控制器 BDC（集成了 CAS 功能）。下面以图 3-40 所示的便捷登车系统和中控门锁系统为例简单介绍它们的工作原理。

① 中控门锁系统工作原理。便捷登车系统控制单元 CAS 分析识别发射器的信号并发出车辆开锁或上锁请求。接线盒电子装置执行这些请求。驾驶员车门锁芯用于驾驶员车门机械开锁或上锁。脚部空间模块分析锁芯移动情况（霍尔传感器状态）以及车门触点状态。

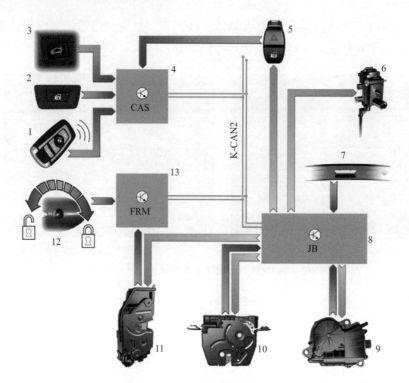

(a) 中控制门锁控制系统组成及工作原理

1—识别发射器；2—中控保险锁死按钮；3—A柱上的内侧行李厢盖按钮；4—便捷登车及启动系统CAS；5—中控锁按钮；6—燃油箱盖板中控锁；7—行李厢盖外侧按钮；8—接线盒电子装置JBE；9—行李厢盖锁自动软关功能传动装置；10—行李厢盖中控锁；11—车门锁；12—驾驶员车门锁芯；13—脚部空间模块FRM

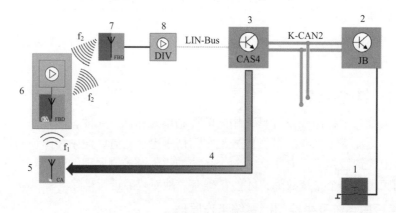

(b) 便捷登车系统工作原理

1—行李厢盖拉手内的行李厢盖外侧按钮；2—接线盒电子装置JBE；3—便捷登车及启动系统CAS；4—发送至CA天线的CAS请求；5—舒适登车系统天线；6—识别发射器；7—后窗玻璃天线；8—择优多相模块内的遥控信号接收器；f_1—低频信号(kHz)；f_2—高频信号(MHz)

图3-40 便捷登车系统和中控门锁系统工作原理

当通过遥控器操作车门锁时，后窗玻璃天线接收识别发射器发出的无线信号。集成在择优多相模块内的遥控信号接收器将该信号继续传输给便捷登车及启动系统 CAS。该信号通过验证后，便捷登车及启动系统便向接线盒电子装置发出请求信号，执行车辆开锁或上锁功能。便捷登车及启动系统是中控锁的中央控制单元。脚部空间模块分析所有车门触点的状态，然后通过 K-CAN2 发送相应的状态信号，借此防止在驾驶员车门打开的情况下车辆上锁。

当通过中控锁按钮操作中控锁时，中控锁按钮状态由便捷登车及启动系统 CAS 进行分析并通过 K-CAN2 发送给接线盒电子装置，接线盒电子装置根据按钮状态控制中控锁。此外，接线盒电子装置还负责行李厢盖和燃油箱盖中控锁的状态识别和控制。

② 便捷登车系统工作原理。便捷登车功能可以在不主动操作识别发射器的情况下进入车内，可通过拉动车门外侧拉手触发便捷登车系统。当拉动车门外侧拉手时传感器会发出一个脉冲信号，车门外侧拉手电子装置分析传感器信号并向便捷登车系统控制单元 CAS 发出登车请求。

便捷登车系统要求识别发射器信息，为此通过舒适登车系统天线发送一个低频信号（125kHz）。这个 125kHz 信号仅用于唤醒识别发射器。识别发射器通过自身的调频发射信号做出应答，车辆通过后窗玻璃天线与识别发射器建立连接。随即便捷登车系统通过 LIN 总线发送或接收其它信息。如果识别发射器通过验证，便捷登车系统就会发出车辆开锁等请求，接线盒电子装置执行开锁动作。

识别发射器的发射频率根据情况而定，目前使用的高频信号有 315MHz、433MHz 和 868MHz 等几种。遥控信号接收器既带有接收单元也带有发送单元。

在新款车型中采用的便捷登车系统可以不操作车门拉手就能触发便捷登车功能，只要有合法的遥控器，并且遥控器与车辆的距离小于 2m，车辆就会自动识别，从而自动将车辆开锁，实现便捷登车，其工作原理与上述过程相同。

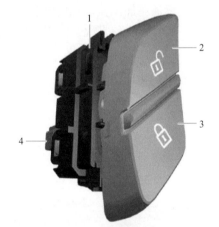

（2）中控锁按钮

中控锁按钮采用摆动按钮结构，如图 3-41 所示，上部按钮用于解锁，下部按钮用于联锁，因此在按下按钮时始终能够清楚地分辨将触发哪些功能。中控锁按钮通过一个 4 芯插头连接连接在中控门锁控制单元上。

（3）中控锁驱动装置

① 车门锁驱动装置。在每个车门锁驱动装置中集成了 2 个中控锁电机和一个用作车门触点的霍尔传感器，如图 3-42 所示，霍尔传感器可以识别旋转锁销是打开的还是关闭的。通过中控锁电机可以使车门锁机械机构处于联锁、保险锁死和解除联锁位置。

图 3-41　中控锁结构
1—中控锁按钮；2—解除联锁按钮；
3—联锁按钮；4—4 芯插头连接

联锁指所有车门锁都处于联锁状态。车门外拉手与车门锁机械断开连接，车门内把手与车门锁机械连接，车门还可以从车内打开。

保险锁死指车门既不能从内部打开也不能从外部打开，在"固定"过程中，由一个离合器机械分离车门锁中的锁止销。

解除联锁指所有车门锁都处于解除联锁状态。车门外拉手和车门内把手与车门锁机械连接，车门可以从车内和车外打开。

驾驶员侧车门锁除包含车门触点外还包含另外两个霍尔传感器。霍尔传感器获取驾驶员侧车门锁芯的位置。

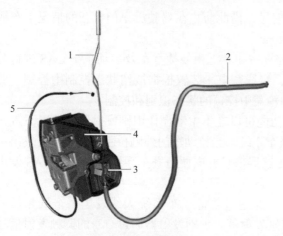 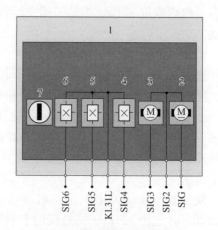

(a) 车门锁驱动装置组成
1—带拉杆的联锁按钮；2—车门内把手的拉线；3—插头连接；4—车门锁；5—外拉手的拉线

(b) 车门锁驱动装置内部结构
1—驾驶员侧车门锁；2—直流电机(联锁和解除联锁)；3—直流电机(保险锁死)；4,5,6—霍尔传感器；7—锁芯(仅限驾驶员侧车门)

图 3-42　车门锁驱动装置结构

② 燃油箱盖锁驱动装置。燃油箱盖锁驱动装置是一个直流电机，其结构如图 3-43 所示，借助燃油箱盖锁驱动装置可以将燃油箱加油盖解锁或锁止。通过操作遥控器能够电动解锁或锁止燃油箱加油盖。利用中控锁按钮在车内将车辆锁止或解锁时不影响燃油箱加油盖中控锁驱动装置，也就是说，按压中控锁按钮时燃油箱加油盖保持解锁状态。

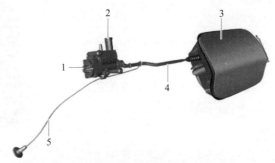

图 3-43　燃油箱盖锁驱动装置结构
1—燃油箱盖锁驱动装置；2—2 芯插头连接；3—燃油箱盖；4—拉杆；5—紧急解锁

中控锁驱动装置上安装了一个拉杆。燃油箱加油盖锁止时，拉杆端部伸入弓形件内，弓形件则与燃油箱加油盖固定连接。借助直流电机拉回拉杆可将燃油箱加油盖解锁，通过应急解锁装置可以将燃油箱加油盖手动解锁。

③ 后行李厢盖锁驱动装置。后行李厢盖锁驱动装置如图 3-44 所示，驱动装置中安装有 2 个微开关（旋转锁销开关和门销开关）和一个直流电机。锁芯通过一根拉线与后行李厢盖锁机械连接，如果把钥匙插入锁芯中并转动，则后行李厢盖锁被机械解锁。

后行李厢盖锁装备有闭合元件旋转锁销和掣子。门销开关用信号通知后行李厢盖自动软关系统驱动装置中的电子装置，掣子是否已进入旋转锁销中。要关闭行李厢时必须把后行李厢盖按入后行李厢盖锁中。如果通过略微用力将后行李厢盖按入后行李厢盖锁中来操纵门销开关，则会触发后行李厢盖自动软关系统驱动装置。

1—6 芯插头连接(后行李厢盖自动软关系统驱动装置上的接口)；2—6 芯插头连接(接线盒电子装置上的接口)；3—后行李厢盖锁；4—直流电机；5—门锁开关；6—旋转锁销开关

(a) 后行李厢盖锁驱动装置结构

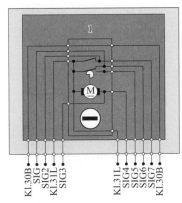

1—后行李厢盖锁；Kl.30B—总线端 Kl.30 基本运行模式；Kl.31L—总线端 Kl.31；SIG—来自旋转锁销开关的信号线；SIG2—从门锁开关到后行李厢盖自动软关系统驱动装置的信号线；SIG3—到后行李厢盖自动软关系统驱动装置的信号线；SIG4—来自接线盒子装置、车尾电子模块或车身域控制器的负载导线；SIG5—来自行李厢照明旋转锁销开关的信号线；SIG6—从旋转锁销开关至接线盒电子装置、车尾电子模块或车身域控制器的信号线；SIG7—从门锁开关至接线盒子电子装置、车尾电子模块或车身域控制器的信号线

(b) 后行李厢盖锁驱动装置内部结构

图 3-44　后行李厢盖锁驱动装置

　　后行李厢盖自动软关系统驱动装置的电子装置把门锁开关的信号视作启动信号。驱动装置通过拉线移动旋转锁销，直到旋转锁销开关输出一个状态变化信号，此时驱动装置停止运转。

　　④ 自动软关系统驱动装置。车门自动软关系统是一项独立的功能，装备了自动软关系统时，只需轻轻地将车门拉入或压入车门锁内，紧接着自动软关系统就会完全关闭车门。自动软关系统是在原有中控锁驱动装置的基础上加装了自动软关驱动装置，可实现自动软关功能，其系统线路如图 3-45 所示。

　　自动软关系统驱动装置的结构如图 3-46 所示，由电子装置和直流电机组成。用于控制和功能监控的电子装置位于自动软关系统驱动装置内，自动软关系统的霍尔传感器(门锁开关和旋转锁销开关)位于车门锁中。通过车门锁中的霍尔传感器探测门锁开关和锁销的状态变化。车门内自动软关系统驱动装置中的电子装置开始使车门关闭过程延迟 200ms。这样可防止驱动装置在锁销位于旋转锁销内之前启动。驱动装置通过拉线移动旋转锁销，直到通过相应的霍尔传感器输出一个状态变化信号为止，然后驱动装置停止运转。

　　当用力关门时无需通过自动软关驱动装置关闭。但是为了确保车门关闭，出于安全方面的原因仍要控制驱动装置。驱动装置内的电子装置通过门锁开关和旋转锁销开关上短时间内的状态变化识别用力关门。在驱动装置的电子装置中存储了位置数据。因此控制装置始终知道，驱动装置位于何处并能够在必要时对其进行控制，以便移动到某个规定的位置。

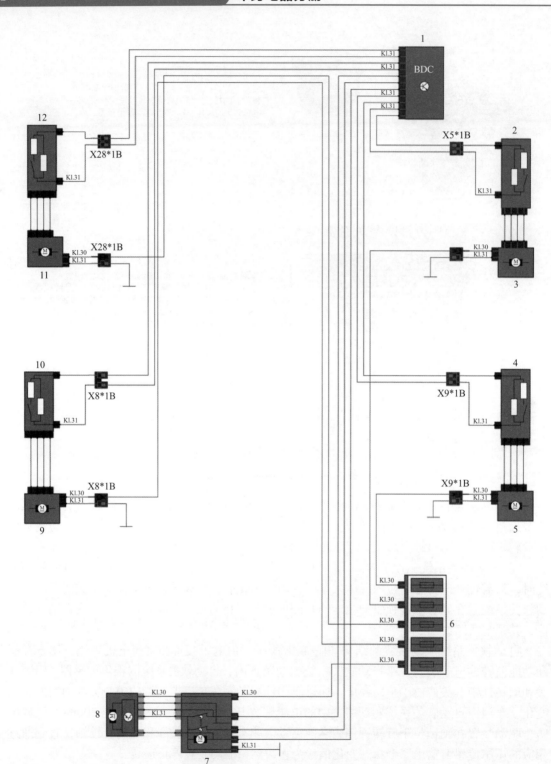

图 3-45 自动软关系统线路图

1—车身域控制器 BDC；2—前乘客侧车门锁；3—前乘客侧车门自动软关系统驱动装置；4—前乘客侧后车门锁；
5—前乘客侧后部自动软关系统驱动装置；6—后部配电器；7—后行李厢盖锁；8—后行李厢盖自动
软关系统驱动装置；9—驾驶员侧后部自动软关系统驱动装置；10—驾驶员侧后车门锁；
11—驾驶员侧自动软关系统驱动装置；12—驾驶员侧车门锁

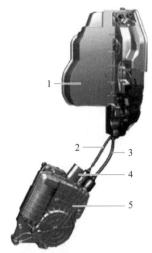
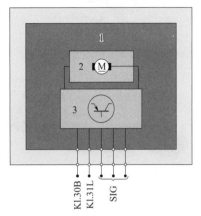

(a) 自动软关系统驱动装置外部结构
1—车门锁；2—3芯插头连接(驱动装置中的电子模块和
车门锁中的霍尔传感器之间的连接)；3—拉线；
4—2芯插头连接(供电连接)；5—车门内
的自动软关驱动装置

(b) 自动软关系统驱动装置内部结构
1—车门内的自动软关闭装置驱动装置；
2—直流电机；3—电子单元

图 3-46　自动软关系统驱动装置结构

（4）天线

为了与无钥匙便捷登车系统的识别传感器通信，车辆中需要安装车内天线（包括前部中央控制台车内天线、后部中央控制台车内天线、行李厢天线）和车外天线（包括驾驶员侧车外天线、前乘客侧车外天线、保险杠天线），天线外形结构如图 3-47 所示。

借助车外天线和车内大线在识别传感器和 CAS 控制单元（或 FEM 控制单元、BDC 控制单元）之间建立连接。

车门把手上的状态变化由车门外把手电子装置中的传感器记录并发送到便捷登车系统控制单元，通过控制单元的天线信号要求识别传感器。天线信号由控制单元通过车外天线发出。此时车辆所属的识别传感器必须位于车外天线的发射范围之内，以便对相应请求做出应答。

图 3-47　天线外形结构

（5）车外门把手电子装置

4 个车门的外拉手中都安装了车外门把手电子装置，每个车外门把手电子装置都直接与控制单元相连。车外门把手电子装置用作便捷登车系统的触发信号，借助外拉手中的传感器，便捷登车系统可以安全锁定和解锁车辆。

车外门把手电子装置结构如图 3-48 所示，每个电子装置内部都有三个传感器和一个电子装置。车外门把手电子装置中的传感器为控制单元提供解除联锁、联锁和保险锁死信号。将手伸入拉槽，电容传感器 1 会产生一个脉冲，车外门把手电子装置被唤醒并开始资格检验。接触或按压外拉手的敏感面，电容传感器 2 记录敏感面的接触，Piezo 传感器可以捕捉到敏感面上的按压，必须在两个传感器上都存在信号才能联锁车辆。

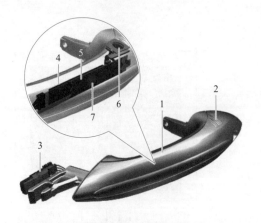
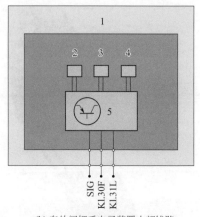

(a) 车外门把手电子装置组成

(b) 车外门把手电子装置内部线路

1—外拉手；2—开槽面(用于联锁车辆)；3—4芯插头连接；
4—电容传感器1(用于解锁车辆)；5—线路板；
6—带有Piezo传感器的电容传感器2
(用于联锁车辆)；7—电子单元

1—车外门把手电子装置；2—电容传感器1；
3—电容传感器2；4—Piczo传感器；
5—电子单元

图3-48　车外门把手电子装置

（6）遥控接收器

遥控接收器具有一个发射接收模块。因此在主钥匙或识别传感器与遥控接收器之间可以建立双向的通信。

按下识别传感器的解锁按钮或中控锁按钮后，识别传感器发出一个加密的遥控器信号。遥控接收器通过集成的天线接收遥控器信号。在遥控接收器中解调、编辑并检查信号。也就是说，无线电信号中有一个属于车辆的常量"值"，该值由遥控接收器检测。只有当该值正确时，信息才通过 LIN 总线传输至控制单元。其他车辆（同一生产线）的主钥匙或识别传感器的无线电信号对该登车操作不会产生任何影响。

（7）控制单元

便捷登车系统和中控门锁系统的控制单元根据车辆装备不同有可能是便捷登车系统控制单元 CAS、前部电子模块 FEM 或车身域控制器 BDC。现在 G 系列车型多数为车身域控制器 BDC。

车身域控制器 BDC 是一个集成众多功能的新开发控制单元。其目的是减少控制单元以及优化组件的联网。车身域控制器安装在乘客侧脚部空间内。中央网关模块 ZGW 作为独立的虚拟控制单元集成在车身域控制器 BDC 中。

车身域控制器 BDC 通过 10 个插头连接与车辆连接。为避免连接时发生混淆，颜色相同的插头外壳采用不同的设码，以此防止因疏忽而插错。

3.2.2.2　故障分析

便捷登车系统和中控门锁系统常见的故障基本上都是系统功能异常。按照故障现象不同可分为单个车门便捷登车功能与中控门锁功能异常和所有车门便捷登车功能和中控门锁功能异常。根据系统组成及工作原理，对于单个车门功能异常的故障，应该多考虑单个传感器、执行器和线路故障。对于所有车门功能异常故障，应该多考虑功能共性的组件，例如模块和无线信号传输线路故障。无论哪种类型故障，只要能够对相应系统的所有组件用有效的手段进行隔离，最后一定能够排除故障。

3.2.2.3 故障诊断方法

（1）中控锁按钮诊断

对于中控锁按钮可以用诊断系统提供的中控锁按钮检测计划进行诊断，具体诊断方法如图 3-49 所示。在执行检测计划的过程中，根据检测计划的提示操作中控锁按钮，检测计划能够直观地看到操作中控锁按钮时的显示，可直接对中控锁按钮的状态进行判断。

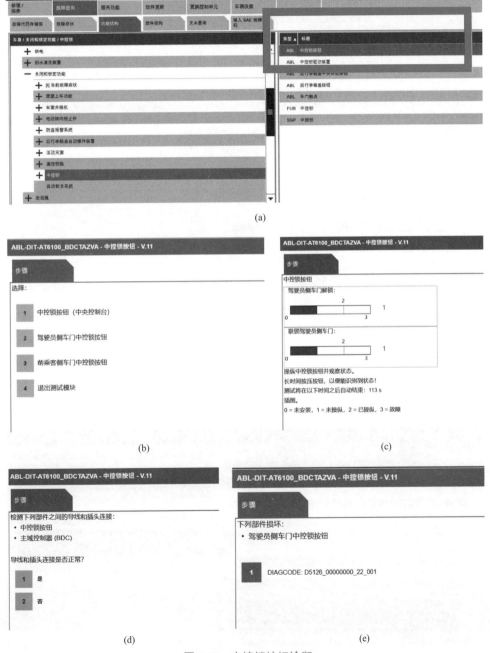

图 3-49　中控锁按钮诊断

（2）天线诊断

天线的诊断可以通过天线自检完成，通过天线自检，控制单元会自动触发所有天线，并对其进行检测，并记录检测结果，具体过程如图 3-50 所示。

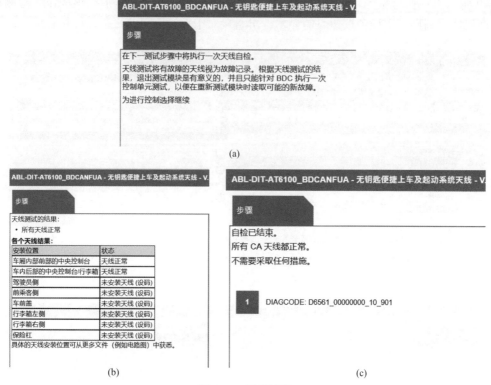

(a)

(b)

(c)

图 3-50 天线诊断

（3）车门触点诊断

通过车门触点检测计划，在操作车门过程中观察车门触点状态，可直观看出车门触点是否正常，具体过程如图 3-51 所示。

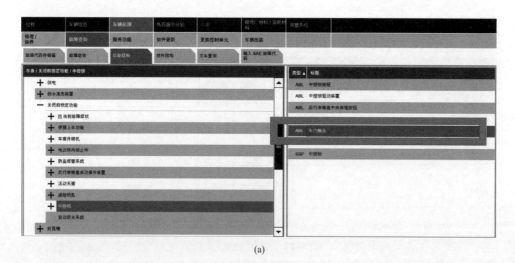

(a)

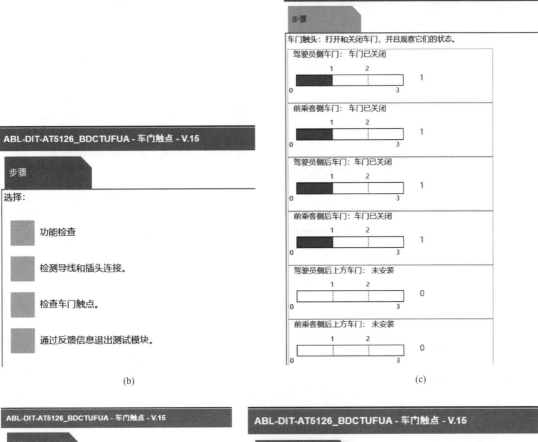

(b)

(c)

(d)

(e)

图 3-51 车门触点诊断

（4）中控锁驱动装置诊断

对中控锁驱动装置的诊断可以通过中控锁驱动装置诊断完成。根据检测计划可以对中控锁功能、线路、驱动装置及控制单元进行相应的检查。

① 功能检查。中控锁功能检查的方法如图 3-52 所示，通过操作中控锁按钮观察中控锁状态，检查中控锁的功能是否正常。

② 检查导线的插头连接。根据图 3-53 的提示，检查相应的保险丝和信号线路。

③ 检查车门锁。可以通过用万用表测量门锁电机的电阻值，并与其它车门锁电机的阻值进行对比，判断车门锁是否正常。当然也可以用案例中测量门锁驱动装置工作电流的方法，再对比其它车门锁驱动装置工作电流，对门锁装置工作性能进行进一步判断。

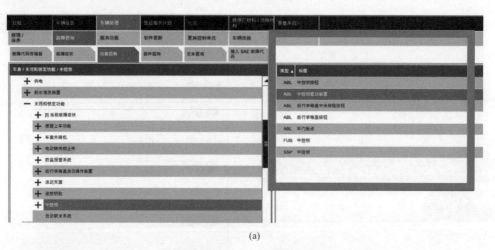

(a)

ABL-DIT-AT5126_BDCZVFUA - 中控锁驱动装置 - V.17

步骤

选择:

☐ 功能测试

☐ 检测导线和插头连接

☐ 检查车门锁

☐ 检查控制单元

☐ 显示中控锁的历史记录

☐ 通过反馈信息退出测试模块

(b)

ABL-DIT-AT5126_BDCZVFUA - 中控锁驱动装置 - V.17

步骤

☐ 联锁

☐ 解除联锁

☐ 有选择地解除联锁: 驾驶员侧车门

☐ 有选择地解除联锁: 后行李箱盖

☐ 有选择地解除联锁: 后窗玻璃

☐ 所有中控锁驱动装置的状态

☐ 返回选择菜单: 继续

(c)

ABL-DIT-AT5126_BDCZVFUA - 中控锁驱动装置 - V.17

步骤

☞ 提示!

首先将车辆解除联锁。

然后检查车门是否联锁!

☞ 提示!

在装备无车辆钥匙的便捷上车及起动系统时, 任何钥匙都不允许位于车辆附近 (备用钥匙也不允许)。

按继续键启动控制。

(d)

ABL-DIT-AT5126_BDCZVFUA - 中控锁驱动装置 - V.17

步骤

中控锁驱动装置状态:

- 驾驶员侧车门 = 已解锁
- 前乘客侧车门 = 已解锁
- 驾驶员侧后门 = 已解锁
- 前乘客侧后门 = 已解锁
- 后行李箱盖 = 关闭
- 下部后行李箱盖/后窗玻璃 = 故障/未安装
- 车前盖 = 故障/未安装
- 右侧双叶门 = 故障/未安装
- 左侧双叶门 = 故障/未安装
- 驾驶员侧半车门 = 故障/未安装
- 乘客侧半车门 = 故障/未安装

(e)

图 3-52　中控锁功能检查

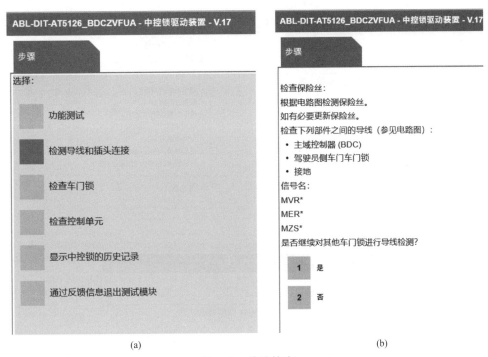

(a)　　　　　　　　　　　　(b)

图 3-53　线路检查

④ 控制单元诊断。在控制单元检查计划中，控制单元会主动发送控制信号，并在控制单元上连接相应的适配器，按照图 3-54 的提示对控制单元相应信号进行测量，并与检测计划中给的标准值进行对比，即可判断出控制单元是否能够正常发出控制指令了。

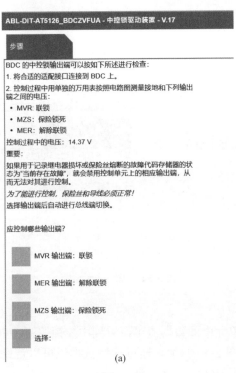

(a)

图 3-54

ABL-DIT-AT5126_BDCZVFUA - 中控锁驱动装置 - V.17

步骤

在控制过程中用单独的万用表测量接地和下列输出端之间的电压：

- 驾驶员侧的 MVR
- 前乘客侧的 MVR
- 驾驶员侧后部的 MVR
- 前乘客侧后部的 MVR

控制过程中的电压：14.37 V

按继续激活。

(b)

ABL-DIT-AT5126_BDCZVFUA - 中控锁驱动装置 - V.17

步骤

在控制过程中用单独的万用表测量接地和下列输出端之间的电压：

- 驾驶员侧的 MER
- 前乘客侧的 MER
- 驾驶员侧后部的 MER
- 前乘客侧后部的 MER
- 后备箱盖的 MER
- 燃油箱加油盖的 MER
- 后窗玻璃的 MER（如果已安装）

控制过程中的电压：14.37 V

按继续激活。

(c)

ABL-DIT-AT5126_BDCZVFUA - 中控锁驱动装置 - V.17

步骤

在控制过程中用单独的万用表测量接地和下列输出端之间的电压：

- 驾驶员侧的 MZS
- 前乘客侧的 MZS
- 驾驶员侧后部的 MZS
- 前乘客侧后部的 MZS
- 燃油箱加油盖的 MZS

控制过程中的电压：14.37 V

按继续激活。

(d)

ABL-DIT-AT5126_BDCZVFUA - 中控锁驱动装置 - V.17

步骤

是否测得近似标准电压 (14.37 V) 或者测得明显的电压变化？

1 是

2 否

(e)

ABL-DIT-AT5126_BDCZVFUA - 中控锁驱动装置 - V.17

步骤

如果达不到标准值，则更新下列控制单元(参见电路图)：

- 主域控制器 (BDC)

按继续键继续检测过程。

(f)

图 3-54 控制单元诊断

（5）数据流读取

通过读取中控锁控制单元中的数据流可以看到中控锁按钮、中控锁驱动装置、天线和遥控器的相关数据情况，如图 3-55 所示。通过这些数据流可以帮助分析判断相关部件的工作情况，可以快速有效地对相关部件进行隔离。

图 3-55　中控锁数据流读取

3.3 电动刮水器系统

3.3.1 经典维修故障案例

3.3.1.1 F35 刮水器异响

（1）车辆信息

车型	发动机型号	里程/km
F35，325Li	N20	138000

（2）故障现象描述

客户反映：刮水器异响且存在跳动现象。

故障现象确认：接车后对车辆进行检查，打开刮水器，喷洒刮水器液，发现并无客户反映现象。客户告知，刮水器打开到自动挡，在雨天才会出现所投诉的现象。于是进行模拟试验，往风挡玻璃上喷自来水，发现右侧刮水器片在刮到风挡玻璃10点钟方向时，存在明显跳动感，并且刮水器工作时，刮水器片与玻璃的接触声异于正常声音，存在客户反应现象。

（3）故障分析思路及排除方法

根据故障现象，判断可能的故障原因有：刮水器片不好、刮水器臂位置不对、刮水器臂变形、刮水器电机固定螺栓松动、风挡玻璃有杂质、风挡玻璃镀膜等。查询车辆维修记录，得知此车不久前来更换过刮水器片，说明刮水器片是新的，应该没问题。

由于刮水器片是新的，接下来检查风挡玻璃是否有杂质，在挡风玻璃的9点钟至10点钟方向进行清洁与润滑，完成后测试，故障现象依然存在。

于是怀疑可能是刮水器臂位置不对，于是将刮水器停在更换位置，对刮水器臂位置进行调整，重新运行刮水器，发现故障现象依然存在。

接下来将试驾车上功能正常的刮水器换到故障车上，发现试驾车刮水器也异响了，客户车刮水器依然响。而且声音更大了，还多出了咔嗒咔嗒的异响。故障车辆没有镀过膜，并且是新车，风挡玻璃不好的可能性是很小的。

后来在技术部的参与下，对此问题进行了研究，重新对刮水器臂位置用专用工具进行规范调整，如图3-56所示，此车故障解决了！

（4）故障总结

此故障是典型的由刮水器安装位置不当引起的刮水器异响故障。由于故障不是部件不好导致的，在初次维修过程中由于没有使用专用工具及没有按照ISTA要求进行规范调整，即使更换零件故障也没有得到解决。在维修故障时，对ISTA维修说明要仔细研读，要图文结合，在维修过程中要完全按照ISTA中要求的步骤进行规范维修。

(a) 刮水器臂位置调整(一)

(b) 刮水器臂位置调整(二)

(c) 刮水器臂位置调整(三)

图 3-56　刮水器臂位置调整

3.3.1.2　E84 刮水器工作异常

（1）车辆信息

车型	发动机型号	里程 /km
E84，X1 sDrive18i	N20	65000

（2）故障现象描述

客户反映：刮水器片刮几下后就不动了。

故障现象确认：车辆进厂后进行试车，发现刮水器不受控制，往下拨动刮水器开关一次，刮水器一直工作，直到进入保护模式。但是刮水器停止的位置不确定，有时候会停在半途中。测试了其他挡位开关，不管如何拨动，刮水器的状态总是这样，故障当前存在。

（3）故障分析思路及排除方法

首先用专用检测仪 ISID 对车辆进行诊断，发现有图 3-57 所示的故障代码。

图 3-57　故障代码

执行相应的 ABL 文件，提示要求检查刮水器电机的线束及插头是否损坏。根据图 3-58 所示电路图可知，1 号端子是刮水器静止位置复位信号，2 号端子是刮水器电机接地，3 号端子是刮水器 2 挡供电，4 号端子刮水器 1 挡供电。在刮水器工作时测量刮水器电机插头 X333 各端子信号电压，测量结果如下：

4 号端子为 12V 蓄电池电压；

3 号端子为 10V 左右供电电压；

1 号端子为 12V 蓄电池电压。

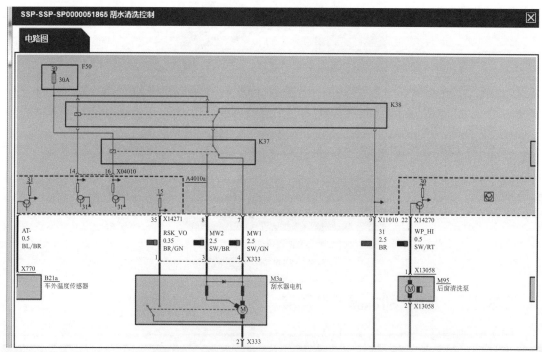

图 3-58　刮水器电路图

由于之前没有测量过这些信号，不知道正常工作中的刮水器测量结果是多少。1 号端子到底有什么作用？是哪个端子给控制单元 JBE 提供了电机的位置信号？带着这些问题，我们找了一辆正常的车辆，测量结果如下：

4 号端子为 12V 蓄电池电压；

3 号端子为 10V 左右供电电压；

1 号端子当刮水器回归到初始位置时为 0V，当刮水器不在初始位置时为 12V。

结合电路图分析，1 号端子是用来给控制单元 JBE 提供刮水器电机初始位置信号的，当刮水器电机到达初始位置后，1 号端子上的开关就会闭合，1 号端子电压为 0V，这样控制单元 JBE 就知道刮水器工作的状态了。

经过以上测量分析，基本上弄清楚了刮水器系统的工作原理。由于故障车 1 号端子上持续输出一个 12V 的电压，我们怀疑电机内部的复位触头无法复位。于是导致了控制单元 JBE 不知道电机的位置，从而导致电机一直工作，最后控制单元 JBE 将刮水器电机保护了，所以会停止到某一位置上。

但是此时依然无法确定控制单元 JBE 是否工作正常。接下来根据 1 号端子的信号特点，对 1 号端子进行模拟搭铁。强制给 1 号端子一个 0V 信号，此时工作中的刮水器停止。断开接地，刮水器又开始工作。

尝试将刮水器臂恢复到初始位置后，断开插头 X333，因为当电机到零位时，1 号端子和 2 号端子应该被复位触头接通。测量电机的 1 号端子和 2 号端子之间的电阻为无穷大。

尝试在初始位置时用力压刮水器臂，看电机是否可以识别到初始位置。往下压刮水器臂后，再次测量电机内部 1 号端子和 2 号端子之间的电阻，接近 0Ω。刮水器内部的复位触头居然接触上了！

通过以上测量，已经排除了 JBE 本身的问题以及线路故障。

接下来检查刮水器臂、刮水器的连杆，都没有变形的地方。最后确定电机内部机械故障，导致了复位触头无法接触。最后更换如图 3-59 所示刮水器电机，删除故障代码，再次诊断，故障代码不再出现，故障解决。

图 3-59　刮水器电机

（4）故障总结

该故障是典型的由刮水器电机内部故障导致的刮水器工作异常的故障，导致该故障的根本原因是刮水器电机内部复位触点损坏。其实刮水器系统组成并不复杂，总成部件不多，排除故障的时候可以通过倒换零件的方法进行排除。但是涉及无法倒换的控制单元，需要客户自费解决，如果更换完后问题无法解决，二次维修的难度会比较大。因此熟练掌握系统控制原理，掌握系统各控制信号特点，能够帮助对故障进行较为详细的分析，可以帮助确定具体故障部位。

3.3.2　故障解析

3.3.2.1　结构特点

（1）刮水器系统工作原理

刮水器系统工作原理如图 3-60 所示。操作刮水器开关时，开关信号由转向柱开关中心模块接收，通过车载网络总线将信号传输到接线盒电子装置，接线盒电子装置执行刮水和清洗装置的功能，并监控其功能。在带有行车灯自动控制功能的车辆上，接线盒电子装置从晴雨 / 光照 / 水雾传感器处接收接通 / 关闭刮水器和清洗装置的信息。

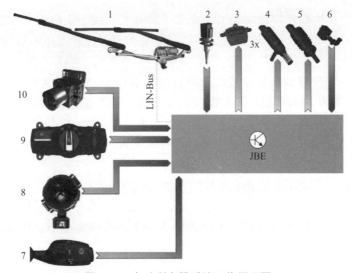

图 3-60　电动刮水器系统工作原理图

1—前部刮水器和刮水器电机；2—车外温度传感器；3—可加热清洗喷嘴；4—前灯清洗装置电机；5—清洗液泵电机；
6—清洗液液位传感器；7—刮水器开关；8—晴雨 / 光照 / 水雾传感器；9—车灯操作单元；10—动态稳定控制系统；
JBE—接线盒电子装置；LIN-Bus—局域互联网总线

（2）刮水器开关

刮水器开关结构如图 3-61 所示，主要包括刮水器选挡开关、清洗开关及灵敏度调节开关等，刮水器开关杆未采用卡槽设计方案，因此每次操作后都会返回其初始位置。晴雨 / 光照 / 水雾传感器的按钮在每次操作后也会返回其初始位置。多挡开关采用卡槽设计方案。

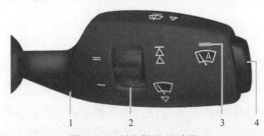

图 3-61　刮水器开关结构

1—刮水器开关组合开关杆；2—雨量传感器灵敏度 / 间歇挡位多挡开关；3—晴雨 / 光照 /
水雾传感器发光二极管；4—晴雨 / 光照 / 水雾传感器按钮

通过刮水器开关可接通晴雨 / 光照 / 水雾传感器启用自动刮水功能、1 挡持续刮水功能、2 挡持续刮水功能、点动刮水功能及清洗风挡玻璃功能，如图 3-62 所示。刮水器开关的信号由转向柱开关中心通过车载网络总线传输至接线盒电子装置。接线盒电子装置对信号进行分析并控制刮水器电机。

图 3-62　刮水器开关功能

0—组合开关杆 / 多挡开关初始位置；1—刮水器 1 挡；2—刮水器 2 挡；3—在操作组合开关杆时刮水；4—启用 / 停用晴雨 / 光照 / 水雾传感器；5—喷清洗液和风挡玻璃刮水同时进行；6—提高晴雨 / 光照 / 水雾传感器的灵敏度；7—降低晴雨 / 光照 / 水雾传感器的灵敏度

（3）晴雨 / 光照传感器

晴雨 / 光照传感器结构如图 3-63 所示，根据车型装配的不同，传感可能会包括晴雨传感器、光照传感器、光线传感器、雾气传感器和一个电子单元。传感器由一个止动弹簧嵌在定位板上，固定板牢固地粘贴在风挡玻璃内侧，传感器和风挡玻璃之间有凝胶。传感器安装在镜脚内，传感器位于风挡玻璃刮水器的刮水区中。电子单元分析各个传感器信号，并将这些信号通过 LIN 发送给车顶功能中心模块，并由车顶功能中心模块通过车载网络总线发送给各控制单元。

柔性线路板，带有雾气传感器

晴雨/光照传感器

图 3-63　晴雨 / 光照传感器

晴雨传感器是一个光学传感器，由一个光学元件和一个电子单元组成。晴雨传感器用来探测风挡玻璃上的降水量，用于自动刮水器挡位控制。

光线传感器同样是光学传感器，由 2 个光电传感器和相应的电子分析装置组成。光线传感器用于探测环境亮度和前部光线亮度，用于灯光的自动控制。

光照传感器由两个光电传感器组成，用于测量驾驶员侧和前乘客侧阳光照射强度，用于自动空调系统控制。

雾气传感器用于识别车窗玻璃上的雾气，用于自动空调控制。

（4）风挡玻璃刮水器驱动装置

风挡玻璃刮水器是一个双摆臂同步装置，风挡玻璃刮水器的驱动装置由直流电机、减速装置和复位触头组成，如图 3-64 所示。

刮水器电机设计了 2 个刮水器挡位和刮水器速度，刮水器控制单元通过继电器控制 2 个刮水器挡位，极限位置（也称为刮水器静态位置）通过一个集成在刮水器电机中的复位触头识别。风挡玻璃刮水器驱动装置通过一个 4 芯插头与车载网络连接。

风挡玻璃刮水器(前视图)

风挡玻璃刮水器(后视图)

(a) 刮水器组成

1—操纵杆；2—刮水器臂定位件；3—管道；4—拉杆；
5—4 芯插头；6—减速器；7—电动机；8—拉杆

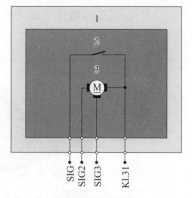

(b) 驱动装置内部结构

1—风挡玻璃刮水器；2—复位触头；
3—电动机

图 3-64　风挡玻璃刮水器结构

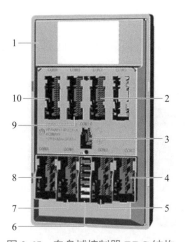

图 3-65　车身域控制器 BDC 结构
1—车身域控制器 BDC；2,5,7,9,10—
54 芯插头连接；3—12 芯插头连接；
4,8—42 芯插头连接；6—保险丝

（5）控制单元

电动刮水器系统的控制单元根据车辆装备不同有可能是接线盒电子装置 JBE、前部电子模块 FEM 或车身域控制器 BDC。现在新款 G 系列车型的控制单元多数为车身域控制器 BDC，其结构如图 3-65 所示。

车身域控制器 BDC 是一个集成有众多功能的新开发控制单元。在电动刮水器系统控制中可以实现前部和后部刮水清洗装置控制、大灯清洗装置控制和喷嘴加热装置控制等相关功能。

3.3.2.2　故障分析

电动刮水器系统常见的故障有刮水器功能异常、刮水器异响。电动刮水器功能异常故障根据故障表现的不同可分为电动刮水器静止位置不正确、电动刮水器所有挡不工作、电动刮水器一直工作及电动刮水器个别挡不工作等情况。刮水器异响及静止位置不正确多数是电动刮水器安装不规范导致，可以根据 ISTA 技术要求用专用工具对其位置进行重新调整。电动刮水器其它工作异常的情况多数是电动刮水器系统相关组件或线路故障，可以根据电动刮水器系统控制原理及各部件的结构原理对相关组件进行系统检查。

3.3.2.3　故障诊断方法

（1）刮水器调整

如果刮水器角度不正确，可以通过专用工具对角度进行检查和调整，如图 3-66 所示。拆下刮水器刮片，将刮水器臂装入量角器 616100 中，刮水器臂必须正确靠在量角器 616100 的下部和侧面接触面上。用螺栓和压盘固定刮水器臂并装到车窗玻璃上。读取角度值，如有必要，调整刮水器臂，沿相应方向按压专用工具 009220，直至达到正确的接触角度。

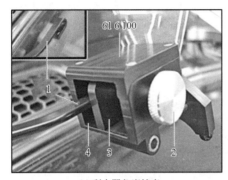
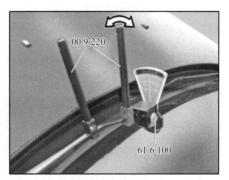

(a) 刮水器角度检查　　　　　　　　　　　　　　　　(b) 刮水器调整

1—刮水器臂；2—螺栓；3—压盘；4—接触面

图 3-66　刮水器位置检查与调整

刮水器标准安装置要求如图 3-67 所示，其角度数据要求见表 3-1。可根据相关车型标准数据对刮水器进行正确调整。

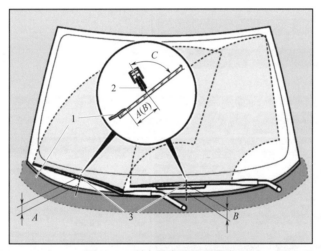

图 3-67　刮水器安装位置要求

A，B—刮水器片和风窗框板上的饰板之间的距离（在刮水器臂定位件的高度上测量）；

C—刮水器片中间平面与风挡玻璃之间的接触角度；1—风窗框板上的饰板；2—刮水器片；3—刮水器臂定位件

表 3-1　刮水器位置标准数据

车型	刮水臂上的接触角度（C）		专用工具上的刻度值 （左座驾驶型）		刮水器臂上的调整尺寸 （A、B）/mm		
	前乘客侧	驾驶员侧	前乘客侧	驾驶员侧	前乘客侧	驾驶员侧	车尾
F01/F02/ F03/F04	85.0°±3.0°	85.0°±3.0°	−5±3.0	−5±3.0	60±3	70±3	
F07	85.0°±3.0°	85.0°±3.0°	−5±3.0	−5±3.0	67±3	80±3	
F10/F11/F18	85.0°±3.0°	85.0°±3.0°	−5±3.0	−5±3.0	60±3	65±3	30
F06/F12/F13	85.0°±3.0°	85.0°±3.0°	−5±3.0	−5±3.0	82±3	88±3	
F15/F85	82.7°±2.0°	82.9°±2.0°	7.3±2.0	7.1±2.0	109±3	96±3	30

（2）刮水器系统数据流读取

通过刮水器系统数据流读取功能可以读取刮水器开关挡位、复位开关、晴雨传感器等输入信号的数据流，如图 3-68 所示。其可以帮助判断这些开关及传感器的好坏。

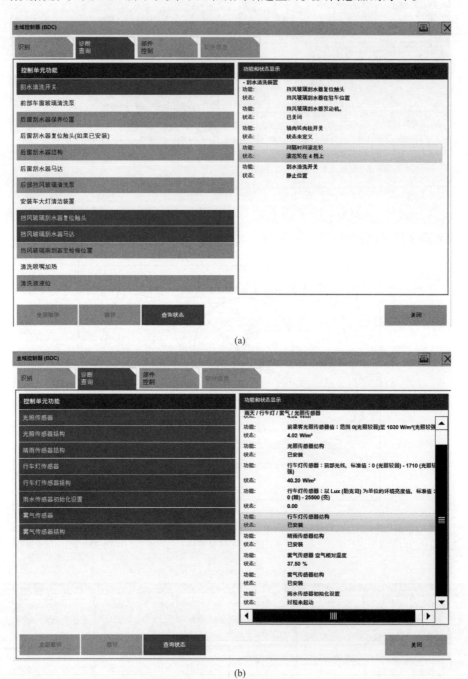

图 3-68　刮水器数据流读取

（3）刮水器系统部件控制

通过部件控制功能，可以选择需要隔离的刮水器、清洗泵及加热装置等执行元件，如

图 3-69 所示。控制单元会对所选执行元件发出控制命令，然后根据执行元件的工作状态可以判断相应的执行元件是否存在故障。

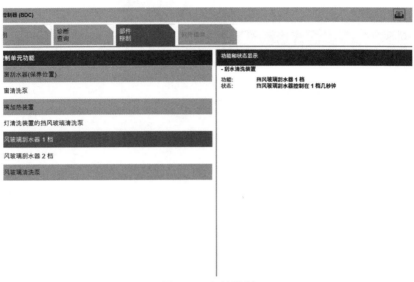

图 3-69　部件控制

（4）晴雨传感器诊断

对于晴雨传感器的诊断，通过系统提供的检测计划，能够更加快速有效地对其进行隔离，具体方法如图 3-70 所示。根据检测计划的要求，将刮水器开关置于自动挡，在传感器处模拟下雨过程，同时观察刮水器是否能够被激活。

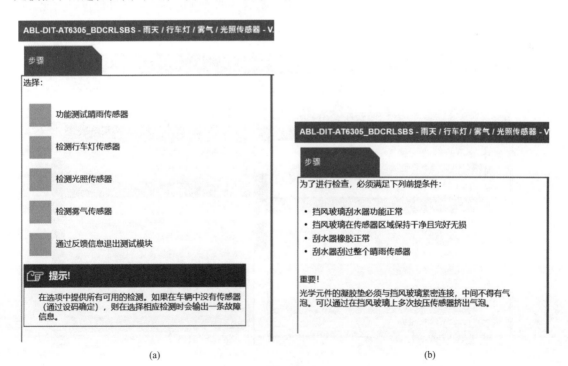

(a)　　　　　　　　　　　　　　(b)

图 3-70

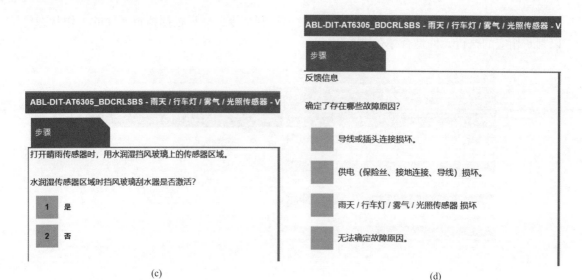

(c)　　　　　　　　　　　　　　　　　　(d)

图 3-70　晴雨传感器诊断

（5）电动刮水器驱动装置诊断

对于电动刮水器驱动装置的诊断也可以通过系统提供的检测计划对其进行快速隔离，具体过程如图 3-71 所示。

（6）控制单元诊断

电动刮水器控制单元诊断与其它系统控制单元诊断一样，首先根据电路图检查控制单元的供电、接地及总线通信是否正常。如果这些都正常，可以在操作刮水器开关的同时，在控制单元上连接相应的适配器，对控制单元输出控制信号进行测量，并与标准值进行对比，即可判断控制单元是否能够正常工作。

(a)

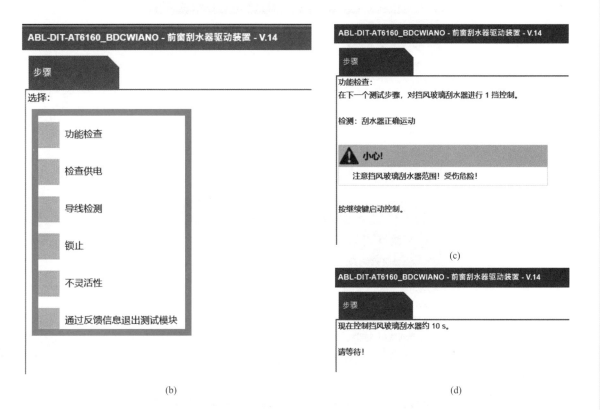

(b)

(c)

(d)

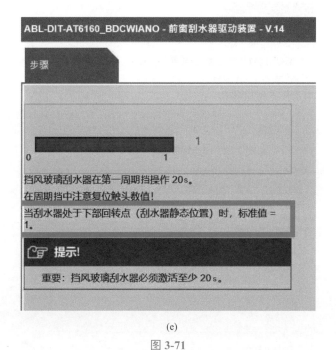

(e)

图 3-71

ABL-DIT-AT6160_BDCWIANO - 前窗刮水器驱动装置 - V.14

步骤

控制是否正常?

1　是

2　否

(f)

ABL-DIT-AT6160_BDCWIANO - 前窗刮水器驱动装置 - V.14

步骤

挡风玻璃刮水器无法运动时可能的故障原因:
- 继电器损坏
- 导线和插头连接损坏
- 挡风玻璃刮水器传动系统损坏

用"继续"继续测试模块。

(g)

ABL-DIT-AT6160_BDCWIANO - 前窗刮水器驱动装置 - V.14

步骤

选择的故障记录: NV
若供电源和导线检测正常,则更换以下部件:
- 前窗刮水器驱动装置

用"继续"继续测试模块。

(h)

图 3-71　电动刮水器驱动装置诊断

第**4**章

仪表显示及娱乐系统

4.1 仪表显示系统

4.1.1 经典维修故障案例

4.1.1.1 E70 燃油表指示不准

（1）车辆信息

车型	发动机型号	里程 /km
E70，X5 xDrive35i	N55	92000

（2）故障现象描述

客户反映：燃油表显示不准，加满油后指针还指在最低位置。

故障现象确认：接车后对车辆进行检查，发现除了客户反映的油位故障外，还有车辆启动时风扇高速运转、空调不制冷故障。车辆后窗玻璃一键功能失效，不能初始化。

（3）故障分析思路及排除方法

首先用专用检测仪 ISID 对车辆进行快测，发现车辆存在如图 4-1 所示的故障代码，并且故障代码无法删除。

根据油位传感器故障代码初步分析故障可能原因有左右油位传感器故障、传感器连接模块的导线插头故障、组合仪表故障及车辆软件故障等。

针对油位传感器故障进行如下检查：

① 执行检查组合仪表功能测试，结果正常。

② 查看组合仪表数据流，左右都能显示正确油位，如图 4-2 所示，左右油位分别为 27L 和 23L，基本正常。但是在车辆仪表上查看油位却无法显示。

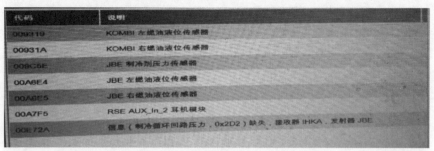

图 4-1　车辆故障代码

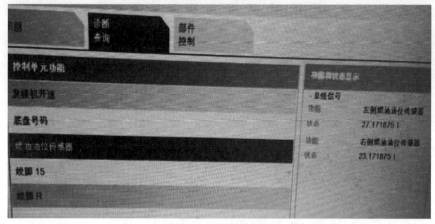

图 4-2　燃油传感器数据流

③ 断开油箱传感器插头，测量左右油位传感器电阻，分别为 85Ω 和 105Ω，测量结果可信。但读取接线盒电子装置 JBE 数据流发现左右传感器电阻值都显示 6000Ω，不正常，也与实际在传感器端测量的不符合。

④ 根据图 4-3 所示电路图测量传感器至接线盒电子装置 JBE 导线连接，导线阻值 0.3Ω 左右，正常。

为什么燃油位传感器测量值与接线盒电子装置 JBE 里面显示的数值不一样，线路也测量了没有问题，难道是接线盒电子装置内部出现了问题？

带着这个疑惑又对空调压力传感器进行检查。根据图 4-4 所示的空调压力传感器电路进行检查。首先测量接线盒电子装置 JBE 给传感器供电的 2 号端子，电压为 5V，正常。3 号端子信号电压为 5V，正常。1 号端子接地线电压 10V 左右，不正常。

挑出接地线端子人为对其做接地信号，空调制冷功能恢复。结合上面两个测量结果确定 JBE 损坏，更换 JBE 后各功能恢复正常，车辆故障排除，至于 JBE 是如何损坏的没有仔细检查。

该车使用 10 多天后来厂反映故障再次出现，确定故障现象和上次一样，故障代码也是一样的。根据故障现象和故障代码判断应该就是接线盒电子装置又损坏了。重新整理一下思路，接线盒电子装置 JBE 又损坏了，有可能是线路短路引起的。拆开右侧油位传感器发现一根线束破皮，如图 4-5 所示。仔细检查发现，装配后线束的破损处碰到油泵供电端，导致接线盒电子装置 JBE 烧坏，再次更换 JBE 和油位传感器后故障没有再出现。

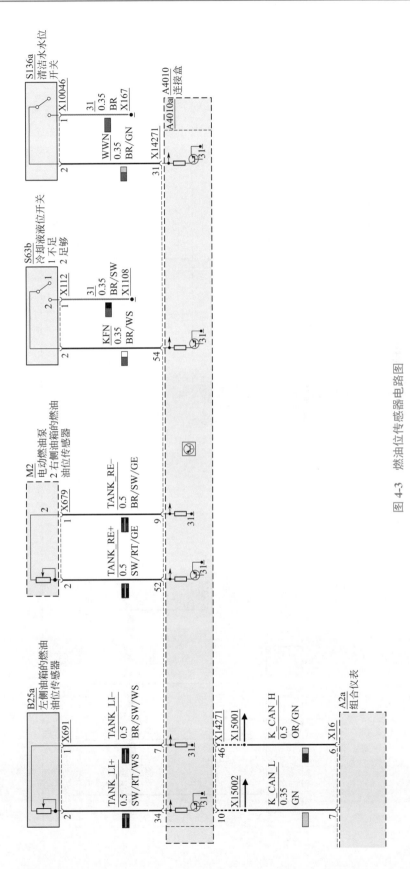

图 4-3 燃油位传感器电路图

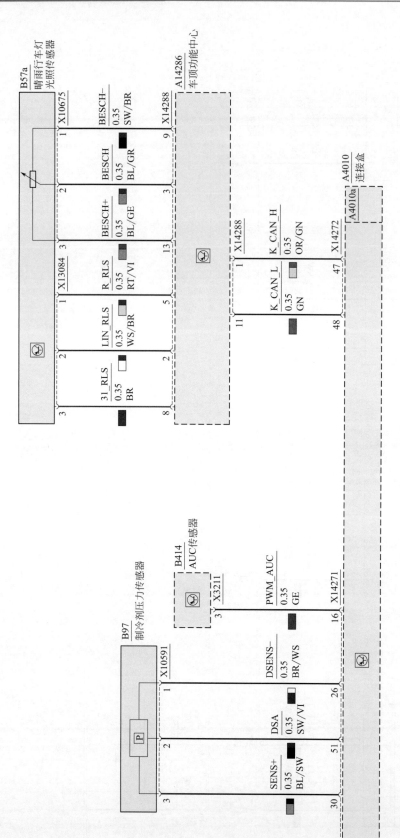

图 4-4 空调压力传感器电路

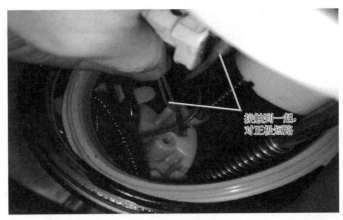

图 4-5　损坏的传感器

（4）故障总结

该故障是典型的燃油位传感器线路偶发短路导致的仪表显示的油位不准确故障，传感器短路同时导致接线盒电子装置烧坏，导致了空调系统功能故障。在第一次诊断过程中，根据故障代码进行了清晰的测量诊断，测量结果都指向接线盒电子装置 JBE，当时没有考虑 JBE 为何坏掉了便进行了更换。由于没有彻底排除导致 JBE 烧坏的线路故障，从而导致了二次更换 JBE。此故障又一次提醒我们，在确定模块损坏时，一定仔细检查模块损坏的原因，仔细检查是否存在线路短路情况。

4.1.1.2　F02 中央显示器黑屏

（1）车辆信息

车型	发动机型号	里程 /km
F02，740Li	N55	136000

（2）故障现象描述

客户反映：车辆中央显示器黑屏。

故障现象确认：经试车检查，确认客户投诉的故障当前存在，而且车辆收音机等娱乐系统无法正常使用。

（3）故障分析思路及排除方法

首先用检测仪 ISID 对车辆进行快速测试，发现整个娱乐系统的控制模块都是黄色，无法进行通信，并存在图 4-6 所示的故障代码。

根据快测结果，怀疑是 MOST 总线出现了故障，根据图 4-7 所示电路图，并借助 MOST 短接头和手电筒，执行 MOST 总线检测。

依次检查车辆娱乐系统各个控制单元通信状态。断开控制单元的 MOST 光纤插头，观察控制单元内部 MOST 接口处是否发光，如果发光，则说明该控制单元的供电、接地、K-CAN 总线以及控制单元本身无故障。

经过测量可以确定 CIC（汽车信息计算机）、RSE（后座区信息娱乐系统）、DVDC（DVD 转换匣）、KOMBI（组合仪表）控制单元通信正常。而在检测 VM（视频模块）和 CBX-MEDIA（多媒体）时，发现这两个控制单元不发光，如图 4-8 所示。

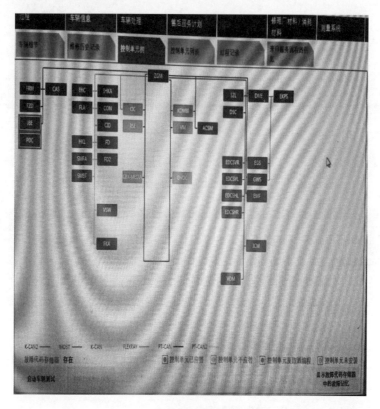

(a) 黄色的控制单元

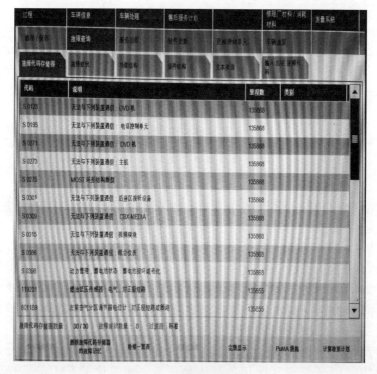

(b) 车辆故障代码

图 4-6　车辆快测界面和故障代码

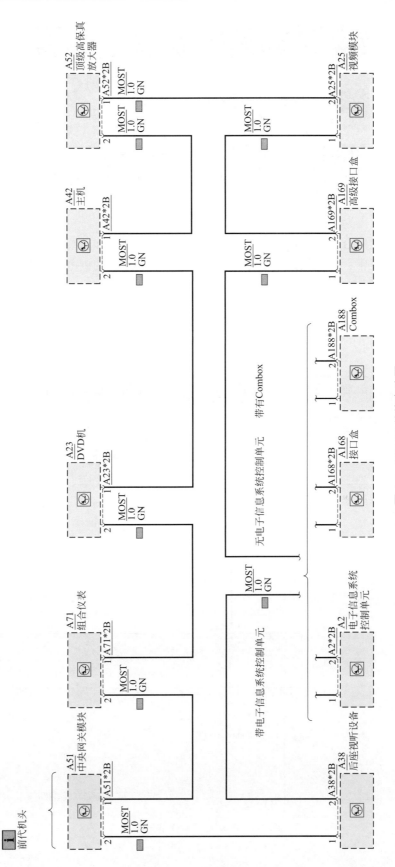

图 4-7　MOST 总线电路图

(a) 故障时MOST接头不发光

(b) 正常时MOST接头发光

图 4-8　控制单元 MOST 总线检查

接下来通过 IMIB 依次检测这两个控制单元的供电、接地和总线。发现控制单元的接地和 K-CAN 总线正常；检查供电电压时，发现这两个控制单元的供电电压不稳定，时而接近 0V，时而又恢复正常 12V 系统电压。

通过查询图 4-9 所示电路图，控制单元 VM 的供电保险丝是 F125；控制单元 CBX-MEDIA 的供电保险丝是 F118。同时，这两个保险丝，都安装在后部保险丝盒内，并且都受 Kl.30B 继电器控制。

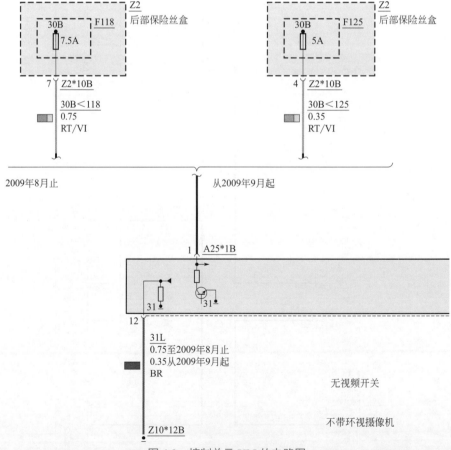

图 4-9　控制单元 VM 的电路图

拆卸检查后部保险丝盒与 Kl.30B 继电器，拆开后发现 Kl.30B 继电器触点严重烧蚀，接触不良，如图 4-10 所示。更新 Kl.30B 继电器后试车检查，CID 显示器、主机和所有控制单元恢复正常工作，故障排除。

（4）故障总结

此故障是典型控制单元供电故障导致的控制单元无通信故障，由于相关视频控制单元无通信，因此导致显示器黑屏无法显示。确认故障现象，是排除故障的前提条件，也是最重要的一步。我们在维修过程中不能盲目地拆装和更换部件。遇到疑难杂症，必须反复试车确认，最好能够模拟出故障现象，找到突破口。MOST 总线是一个环线结构，针对 MOST 总线上多个控制单元无法通

图 4-10　故障的 Kl.30B 继电器

信的故障，我们可以借助 MOST 短接头、强光手电等工具，来大致判断 MOST 环形线路是否有故障。

4.1.2　故障解析

4.1.2.1　结构特点

（1）组合仪表

组合仪表的结构如图 4-11 所示，由 4 个指针式圆形仪表、指示和警告灯、TFT 彩色显示屏、CBS 复位按钮组成。组合仪表可显示车速表、转速表、耗油量表、燃油表、机油温度表、指示和警告灯、显示屏内的模式和挡位等信息。

图 4-11　组合仪表结构

1—双色嵌入式指针；2—FAS 状态显示；3—后座区安全带状态娱乐系统通信反馈；4—耗油量表及变速箱位置手动挡位显示；5—娱乐系统菜单；6—导航路线引导；7—检查控制信息；8—可达里程；9—检查控制；10—复位按钮

在组合仪表中，在圆形仪表下方集成了一块分辨率为 960×160 像素的水平 TFT（薄膜晶体管）显示器。大圆形模拟仪表向下开放。这些圆形仪表通过显示器的图像得以闭合。TFT 显示屏包括 CBS 信息、车载计算机、交通信息、导航显示、娱乐系统列表、行驶模式显示等显示区域，如图 4-12 所示。

图 4-12　TFT 显示器显示

组合仪表系统联网图如图 4-13 所示，接线盒电子装置上的配电器通过总线端 Kl.30F 以及总线端 Kl.30B 为组合仪表供电。接线盒电子装置（JBE）通过总线系统与中央网关模块为组合仪表总线系统提供不同的必要信号。

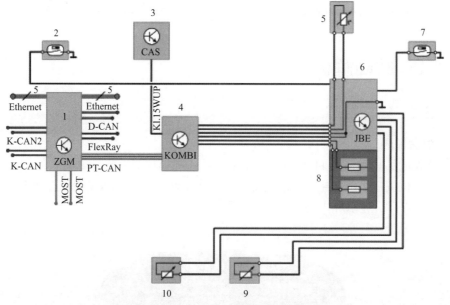

图 4-13　组合仪表系统联网图

1—中央网关模块（ZGM）；2—冷却液位开关；3—便捷登车及启动系统（CAS）；4—组合仪表（KOMBI）；
5—车外温度传感器；6—接线盒电子装置（JBE）；7—清洗液液位开关；8—前部配电器；
9—右侧燃油油位传感器；10—左侧燃油油位传感器

（2）中央信息显示器

中央信息显示器（CID）是导航、收音机、空调、通信等功能界面的图形显示单元。根据车辆装备不同，可能存在 6.5in[●]、7in、8.8in 及 10.25in 等规格的液晶显示器。

中央信息显示器由一块线路板和一个显示器模块组成，其结构如图 4-14 所示。中央信息显示器是一个采用 LCD 和 TFT（LCD 液晶显示器，TFT 薄膜晶体管）组合技术的显示器。CID 通过 LED 提供背景照明。

[●]　1in=25.4mm。

中央信息显示器（CID）通过一条 LVDS（低压差分信号）数据线或 APIX（汽车像素链接）数据导线与主机连接。主机通过此数据线传送全部图像信息。图像信息在 CID 控制单元中处理并在屏幕上显示。

控制器（CON）是中央信息显示器（CID）的中央操作元件。控制器通过 K-CAN 总线与中央信息显示器连接。操作界面的全部过程控制由主机负责。

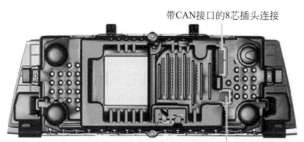

带CAN接口的8芯插头连接

4芯插头连接(连接到LVDS数据导线)

(a) 中央信息显示器后视图

(b) 中央信息显示器前视图

图 4-14　中央信息显示器结构

（3）平视显示系统

平视显示系统（HUD）可通过驾驶员视野范围内的风挡玻璃显示信息，例如导航系统提示或行驶速度，图像看起来就好像自由飘浮在道路上方。平视显示系统相当于一部投影装置，其系统组成如图 4-15 所示。使用红色和绿色两个 LED 灯组作为光源来投射 HUD 信息。通过 TFT 投影显示屏产生图像内容。TFT 投影显示屏相当于一个滤波器，允许或阻止光线通过。由一个图像光学元件确定 HUD 显示图像的形状、距离和尺寸。

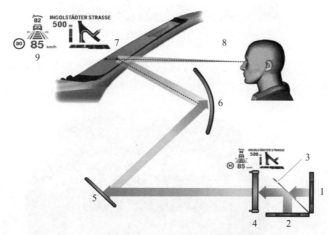

图 4-15　平视显示系统原理

1—绿色 LED 灯组；2—红色 LED 灯组；3—透镜；4—TFT 投影显示屏；5—平面镜；
6—曲面镜；7—风挡玻璃；8—观察者视角；9—投射图像

平视显示系统直接安装在组合仪表后面的仪表板上。平视显示系统由组合仪表（KOMBI）控制。组合仪表（KOMBI）为其供电，并通过 APIX 数据导线向平视显示系统提供图像显示数据。通过中央操作面板接通或关闭图像显示。在平视显示系统上显示的信息取决于车辆装备，可以在中央信息显示器上用控制器选择这些信息。

4.1.2.2　故障分析

根据上述介绍可知，组合仪表可显示各种仪表、指示和警告灯、挡位等信息，在中央信息显示器上可显示导航、收音机、空调、通信等信息。仪表显示系统根据显示故障类型可分信息无法显示、信息显示不完整、信息显示正确等几种。由于仪表显示系统可显示的内容比较多，在处理故障时一定先确认仪表显示系统是否存在故障。比如仪表出现故障报警信息时，并不能说明仪表有故障，只能说明相关系统出现故障，出现了故障报警信息恰恰说明仪表显示系统能够正确显示系统故障报警信息。

对于整个仪表显示系统故障，主要考虑仪表本身故障、中央显示器本身故障以及它们之间的数据连接线故障。对于仪表显示系统部分功能故障，除了系统本身外还要考虑给仪表显示系统提供信号的传感器及信号传输故障。

4.1.2.3　故障诊断方法

（1）仪表系统诊断

通过组合仪表的自检可以简单地目测组合仪表的显示功能是否正常。打开点火开关后，按住组合仪表内的 CBS 复位按钮 10s，在 TFT 示屏内会显示测试功能，如图 4-16 所示。

图 4-16　仪表测试功能选项

选择系统测试功能后，仪表系统会进行自检，短时接通所有指示灯和照明装置。指针式仪表从下部开始向上移动到限位位置，随后返回，如图 4-17 所示。

图 4-17　仪表功能自检显示

除了自检功能，还能通过仪表进行一些其它查看功能，但只有四项测试功能可以自由启用。从第五项测试功能开始，往后的测试功能都处于锁止状态。通过输入底盘编号的数字之和来启用测试功能。仪表的其它功能如表 4-1 所示。

表 4-1　仪表其他测试功能

01—识别	05—当前耗油量	09—BC 平均值	13—读取故障代码	17—检查控制
02—系统测试	06—可达里程耗油量	10—车速表 / 转速表	14—LCD 调光	18—耗油量数值校正系数
03—结束测试	07—燃油表数值	11—显示工作电压	15—调光 /PWM 信号	19—软件复位 /RAM 重新加载
04—启用测试功能	08—冷却液温度、车外温度	12—触发声音信号	16—车况保养	

（2）组合仪表数据流读取

通过读取仪表控制单元中的数据流，如图 4-18 所示，再与传感器测量值进行对比，能够帮助判断仪表相关传感器是否存在故障。如果数据流中传感器数据与测量值相同，则说明传感器没有故障。如果此时仪表显示不正常，则说明故障可能出现在仪表本身。

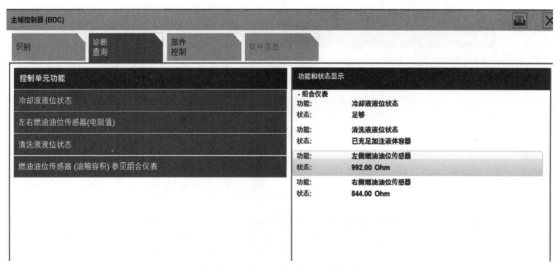

图 4-18　组合仪表数据流读取

（3）组合仪表部件控制

组合仪表部件控制功能能够根据系统要求控制相关仪表功能，如图 4-19 所示。可以根据相关仪表的实际显示情况与系统的控制要求进行对比，如果仪表显示与系统发出的控制显示要求相同，说明相关仪表功能正常。如果不相同，可能是相关仪表故障也可能是仪表控制单元故障。

（4）显示器诊断

显示器的诊断可以通过系统提供的显示器功能检测计划进行隔离，通过该检测计划可以对显示器、相关线路及触摸功能进行检查，如图 4-20 所示。

图 4-19　组合仪表部件控制

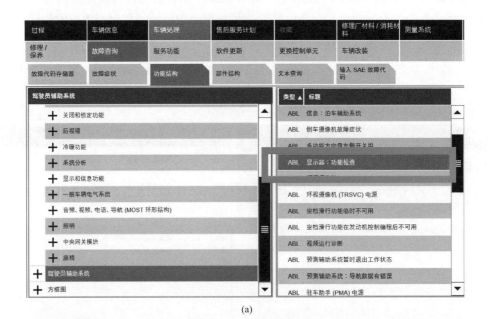

ABL-DIT-AT6581_CID2 - 显示器：功能检查 - V.26

步骤

下列控制单元之间的视频连接正常。

- 主机
- 中央信息显示器

如果存在与其它信号源的图像显示有关的问题，进行视频诊断。

1 DIAGCODE: D6581_CID00000_90_901

(d)

ABL-DIT-AT6581_CID2 - 显示器：功能检查 - V.26

步骤

检测下列部件间的导线：

- 主机
- CID

检查下列可能的故障原因：

- 对正极短路
- 对地短路
- 导线短接
- 断路

导线是否正常？

1 是

2 否

(e)

ABL-DIT-AT6581_CID2 - 显示器：功能检查 - V.26

步骤

检查触摸屏。机头将触摸屏置于诊断模式下。在显示器的左下角显示一个彩色长方形。

- 绿色意味着识别到接近。
- 红色意味着识别到压力。

应观察什么性能？

正确识别到显示器接近和显示器按压。

只是未正确识别到显示器接近。

仅正确检测到一次按压显示器。

显示器接近和显示器按压均未正确识别到。

(f)

ABL-DIT-AT6581_CID2 - 显示器：功能检查 - V.26

步骤

更新下列部件：

- 中央信息显示器

1 DIAGCODE: D6581_CID00000_90_002

(g)

图 4-20　显示器检测计划

（5）控制单元及相关线路诊断

控制单元及相关线路的诊断可以根据相关电路图进行，如图 4-21 所示。对于控制单元，需要根据电路图检查控制单元的供电、接地及总线通信信号是否正常。对于信号线路，需要测量信号线路之间是否存在断路和短路情况，也可以根据图 4-22 所示组合仪表控制单元相关信号端子的说明进行测量，并与功能正常的车辆进行对比判断。

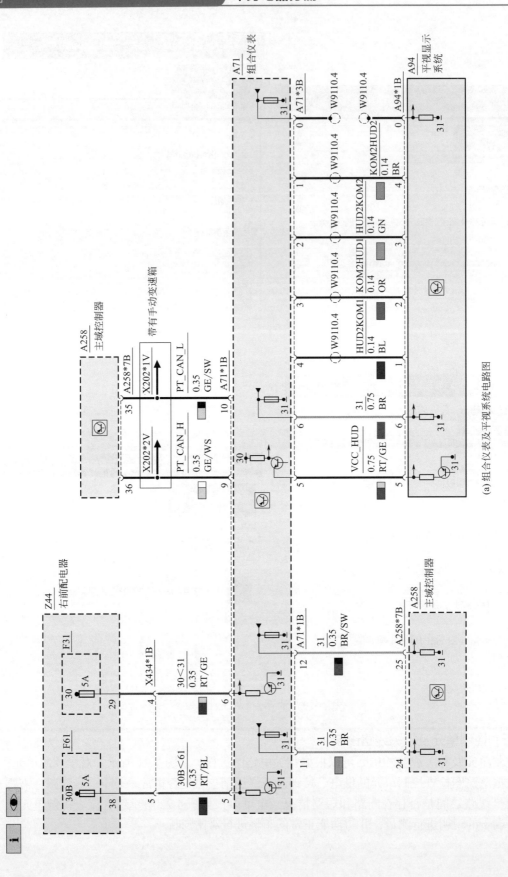

(a) 组合仪表及平视系统电路图

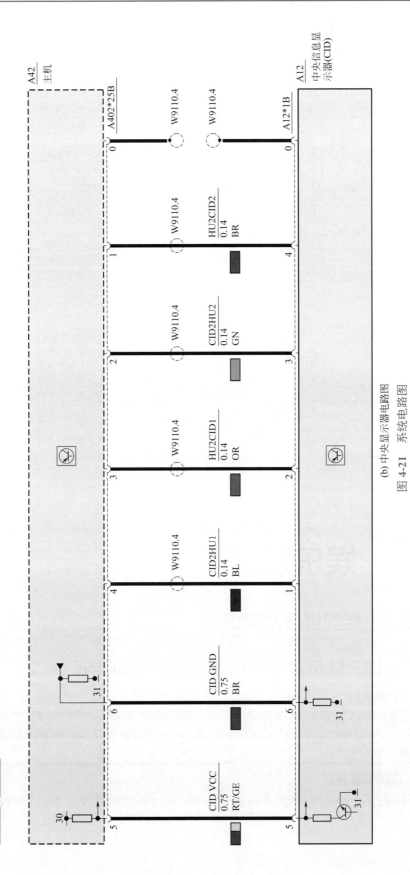

(b) 中央显示器电路图

图 4-21　系统电路图

号码	X-端子，颜色	名称
A71*1B	12-端子，黑色	部件插头 组合仪表
A71*3B	6-端子，深红色	部件插头 组合仪表

(a) 组合仪表插头说明

端子	类型	名称/信号类型	插座/测量说明
1	E/A	以太网数据导线	主域控制器
2	—	未被占用	
3	E	信号 车外温度传感器	主域控制器
4	E	信号 车外温度传感器	主域控制器
5	E	电源 总线端Kl.30B	保险丝F61
6	E	电源 总线端Kl.30	保险丝F31
7	E/A	以太网数据导线	主域控制器
8	—	未被占用	
9	E/A	PT-CAN总线信号	主域控制器
10	E/A	PT-CAN总线信号	主域控制器
11	M	接地	主域控制器
12	M	接地	主域控制器

(b) A71*1B插头上的端子布置

端子	类型	名称/信号类型	插座/测量说明
0	M	屏蔽	平视显示系统
1	E/A	APIX数据导线	平视显示系统
2	E/A	APIX数据导线	平视显示系统
3	E/A	APIX数据导线	平视显示系统
4	E/A	APIX数据导线	平视显示系统
5	A	供电 平视显示系统	平视显示系统
6	M	接地	平视显示系统

(c) A71*3B插头上的端子布置

图4-22　组合仪表端子控制单元端子说明

4.2　娱乐系统

4.2.1　经典维修故障案例

4.2.1.1　E71用USB接口插放音乐时偶尔卡顿

（1）车辆信息

车型	发动机型号	里程/km
E71，X6 xDrive40i	N55	38000

（2）故障现象描述

客户反映：使用手机连接中央扶手内部的USB接口播放音乐时，声音卡顿，时有时无。

故障现象确认：接车后对车辆进行检查，发现用手机连接中央扶手内部的 USB 接口，播放音乐时出现声音断断续续的情况。改用 U 盘插在中央扶手内部的 USB 接口上播放音乐，还是出现声音断断续续的情况。再用 AUX-IN 接口试验，播放音乐还是出现声音断断续续的情况。切换收音机播放没有声音断续现象，切换 CD 机播放也没有声音断续现象。

（3）故障分析思路及排除方法

进行车辆快速测试，无相关故障代码，进行相关检测计划没有实质进展。根据图 4-23 所示电路图，发现 USB 接口先把信号传输给手机底板，手机底板再传输给 COMBOX，COMBOX 把信号传输给主机，主机送给功率放大器，这就是信号传输的过程。

先替换 USB 接口，故障依旧存在。替换手机底板，故障依旧。替换 COMBOX，故障还是依旧存在。替换主机，故障依旧。替换功率放大器，故障依旧。更换手机、手机数据线、U 盘，故障依旧。

查看车辆软件，最近刚做过编程。到这儿维修陷入了僵局，必须重新整理思路。

经过反复试验，发现 U 盘播放声音 30min，故障就消失了，然后锁车 2h，再播放音乐时故障就出现了。

既然零件、软件都没有问题，下一步检查线束，看插头有没有松动、腐蚀或接触不良。这么多线束从那儿入手呢，先从主机线束开始吧。拆卸主机，但是音乐继续播放着，主机拆下来后，用手拽着主机后部线束轻轻晃动，声音卡顿没有影响。准备仔细检查主机线束，感觉主机线束有点短，把主机向外再拽一拽，这一拽声音不卡顿了，反复拽一拽仔细查找，发现 MOST 光缆互相缠绕导致弯曲度过大影响音频传输，如图 4-24 所示。

（4）故障总结

该故障是典型的由信号传输受影响导致的音乐播放卡顿故障，而影响信号传输的原因是线束过度弯曲。从该故障的排除过程上看，主要采用了倒换零件的方法。既然是光缆弯曲度过大所造成的，光缆是单向传输，为什么 CD 光盘和收音机播放音乐时没有卡顿呢？进一步查看电路图，发现此车不带六碟 CD 转换匣，光盘和收音机与主机一体，不需要 MOST 光缆传输音频，所以不受影响。手机将信号通过 USB 接口传输给 COMBOX，COMBOX 通过光缆传输给主机，主机传输给功率放大器，因光缆弯曲过大，导致通过 USB 接口的音频受到影响。

4.2.1.2　F49 主机偶尔死机

（1）车辆信息

车型	发动机型号	里程 /km
F49，X1 sDrive20i	B48	28000

（2）故障现象描述

客户反映：主机会偶尔死机，然后重启。

故障现象确认：接车后进行车辆检查，启动车辆没有出现主机死机情况。询问得知，故障有时候一周一次，有时候一天一次，一般都是开车十几分钟后出现死机现象，故障从半年前开始，并且仅在使用蓝牙听歌的时候故障才出现。

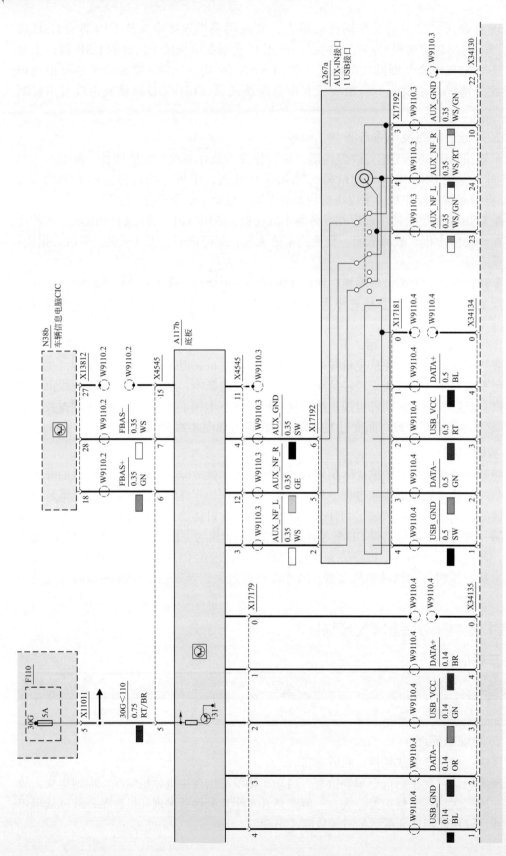

图 4-23　USB 连接电路图

（3）故障分析思路及排除方法

用专用检测仪 ISID 对车辆进行检测，发现存在故障代码"E1C6HU-B03、以太网：通信"。

严格按照 ISTA 要求检查所有 HUB 相关的以太网连接部件，而且测试了供电、搭铁、波形都正常。检查端子插头和总线线路也未发现异常。多次多种路况下试车，也未能试到故障现象。

尝试用手机蓝牙与车辆连接播放音乐，蓝牙连接和音乐播放都正常。

没办法，只好邀请客户一同试车，按照客户平时的开车习惯，听歌习惯，针对性试车。终于在与客户一同试车 15min 的时候，客户首先发现了异常，已经在放下一首歌了，CID 上显示的还是上一首歌的名字。然后又继续放了几首，客户开始使用手机拨打电话，电话声音依旧可以从车辆音响里传出，然后 CID 开始黑屏，但不是全黑，有一点淡淡的光。然后蓝牙断开，主机重启，故障出现了。

图 4-24　过度弯曲的 MOST 线束

图 4-25　客户手机音乐歌单

经反复验证，用客户的手机蓝牙连接车辆播放音乐大概 15min 就会出现上面的故障，而用其他的手机蓝牙连接车辆播放音乐就没有问题，判断问题出现在客户播放的歌曲和软件上，经查看客户用的软件是网易云，音乐歌单如图 4-25 所示，手机版本 IOS 版本 15.1.1。客户说这个歌单大概是半年前创建的，每次连接车辆后都习惯从第一首歌开始播放。经反复尝试，当播放到第 8、9 首时就会出现上述故障，看来是音乐兼容性的问题。接下来将第 8、9 首歌删除，更换成 QQ 音乐后反复试车，故障再出没有出现。

（4）故障总结

该故障是典型的外连接设备软件与主机软件兼容性的问题，处理此类故障时，首先要检查主机软件与连接设备软件是否是最新版本，同时一定要仔细验证故障现象，弄清楚故障出现的规律。如果可能最好找同款车辆进行进一步验证。

4.2.1.3　F02 信息娱乐系统显示器无法显示

（1）车辆信息

车型	发动机型号	里程 /km
F02，740Li	N55	28000

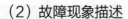

（2）故障现象描述

客户反映：左后部显示器没有图像。

故障现象确认：接车后试车，播放后座区 DVD，发现右后部信息娱乐显示器工作正常，而左后部信息娱乐显示器无信号。

（3）故障诊断与排除

根据故障现象初步判断左后部信息娱乐显示器供电正常，而视频信号存在异常。

使用专用故障检测仪 ISID 对车辆进行检测，读取到故障代码"B7FC34 RSE 至后座区左显示器的连接：无通信"。根据故障代码引导的检测计划和图 4-26 所示电路图首先检查后座区信息娱乐系统（RSE）控制单元与左后部信息娱乐显示器间导线的连接情况。导线连接器连接无松动，端子无变形、移位等；接着测量左后部信息娱乐显示器的供电，为 8.3V（标准范围为 7.5 ～ 9.0V），正常；最后对 RSE 控制单元重新编码 / 设码后试车，故障依旧。

考虑到后座区信息娱乐系统的视频信号为低电压差分信号，无法通过测量信号电压来判断视频信号数据的好坏，决定先测量左后部信息娱乐显示器视频 4 根信号线和屏蔽线的导通性。经测量，发现视频信号线和屏蔽线均无短路、断路现象。诊断至此，怀疑左后部信息娱乐显示器损坏或 RSE 控制单元损坏。

接下来将左后部、右后部信息娱乐显示器对调安装后试车，发现左后部信息娱乐显示器能正常工作，而右后部信息娱乐显示器无信号，这说明左后部信息娱乐显示器正常。右后部、左后部信息娱乐显示器的视频信号均由 RSE 控制单元提供，既然右后部信息娱乐显示器能正常工作，左后部信息娱乐显示器及其相关线路均正常，并且已重新对 RSE 控制单元编程 / 设码，那么可以确定 RSE 控制单元内部为左后部信息娱乐显示器提供视频信号的元件或线路损坏。

更换后座区信息娱乐系统控制单元 RSE 后，对控制单元进行编程后试车，后部视频信号恢复正常，故障排除。

（4）故障总结

此故障是典型的信息娱乐显示系统故障，由于是单侧显示器不工作，所以主要针对单侧显示器的供电和视频线路进行检查，通过对调显示器确定显示器正常后，通过分析，判断出后座信息娱乐显示系统控制单元内部故障。该故障排除思路清晰，所以排除过程也没走什么弯路，对于视频系统中的显示器可以通过对调元件的方法进行隔离，当然也可以通过相应的"视频运行诊断"检测计划来确定故障范围。

4.2.1.4　F35 音响系统不工作

（1）车辆信息

车型	发动机型号	里程 /km
F35，325Li	N20	52000

（2）故障现象描述

客户反映：收音机不工作。

故障现象确认：接车后试车，音响系统可以开启，但是喇叭里面没有声音，收音机无法自动存储电台。

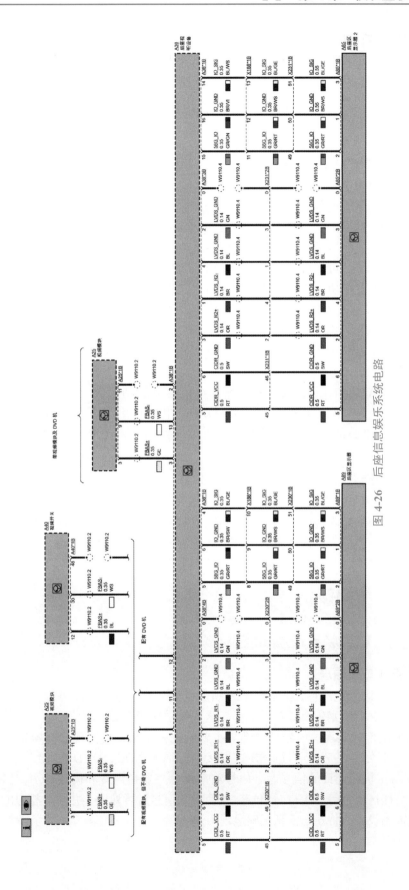

图 4-26　后座信息娱乐系统电路

（3）故障诊断与排除

经检测仪诊断无相关故障。该车配置的是高保真音响系统，有独立的功率放大器。分析可能的原因有主机与功率放大器之间音频线路故障、功率放大器故障、功率放大器与扬声器之间线路故障。查看图 4-27 所示电路图，首先用万用表检查主机到功率放大器之间的线路电压，测量结果如下：

左前：38 端子、30 端子电压有变化；右前：9 端子、17 端子电压有变化；左后：37 端子、29 端子电压有变化；右后：8 端子、16 端子电压有变化。主机音频输出到功率放大器都有电压变化，说明主要输出音频正常。

接下来测量功率放大器供电电压，12.3V 正常。检查功率放大器输出至左侧喇叭 4 端子、3 端子、33 端子、34 端子，无电压输出。此时怀疑功率放大器损坏导致没有声音输出。与同款车辆对换功率放大器后，音响系统还是不出声音。

难道是主机坏了，可主机有音频信号输出。为什么音频信号送给功率放大器，而功率放大器不输出声音？更换功率放大器后故障依旧，到此维修陷入僵局。

再静下心来仔细查看电路图，发现电路图中主机和功率放大器之间有一根 RAD_ON 供电线，测量这根线路时发现这个信号线没有电压输出，对比正常车辆，当音响工作时 RAD_ON 会有 12V 电压，同时这个 RAD_ON 也给择优多相天线模块供电，如图 4-28 所示。

故障车上 RAD_ON 无电压，因此确认主机没有给功率放大器供电，使功率放大器无法正常工作。最后确定主机上没有 RAD_ON 电压输出，更换主机并在编程后试车，音响系统工作正常，故障排除，至于什么原因导致的主机无 RAD_ON 信号输出就不得而知了。

（4）故障总结

该故障是典型的音响娱乐系统故障，导致该车故障的原因是音频的 RAD_ON 信号输出故障。根据该故障的排除过程可知，音响系统正常工作需要的条件包括供电正常、RAD_ON 供电正常、音频信号输入正常和喇叭正常。从此故障排除过程可以看出，对系统控制原理的掌握程度越准确详细，对系统的故障隔离就越快速有效。

4.2.2　故障解析

4.2.2.1　结构特点

（1）系统组成及原理

娱乐系统的组成及工作原理如图 4-29 所示。娱乐系统根据功能可分为音响系统、电话系统、电视系统、后座娱乐及导航系统等，这些娱乐功能主要依靠信号输入部分、信号处理部分和信号输出部分实现。信号处理部分主要指的是主机，是实现这些娱乐功能的主控单元。信号输入部分主要是指通过 USB 数据接口、话筒、CD、DVD 及无线信号（天线、蓝牙、WIFI）与主机相连接的信号源。信号输出部分主要指声音和视频显示，包括音响、中央显示器、后座区电视等。主机对信号输入装置的信息进行处理，并通过相应的软件或处理模块发送给输出设备，将娱乐信息正确呈现出来。

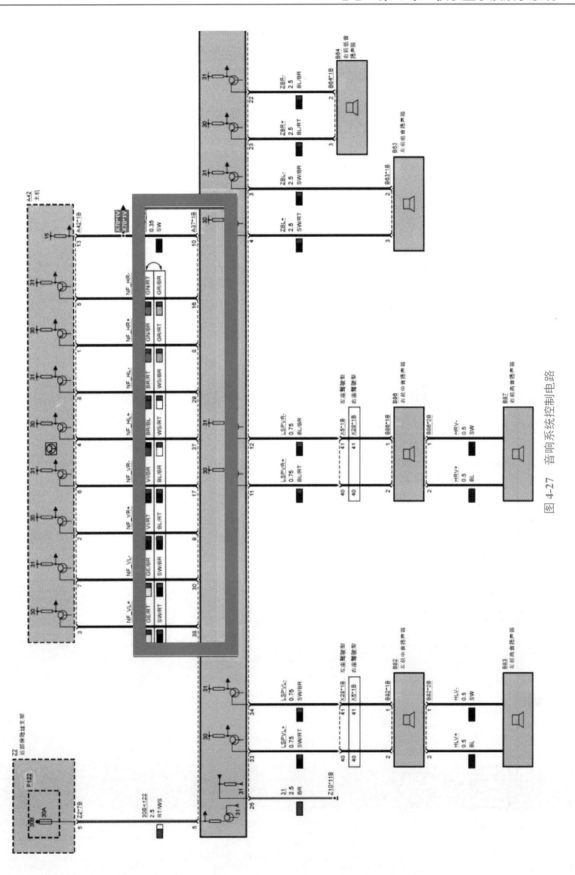

图 4-27　音响系统控制电路

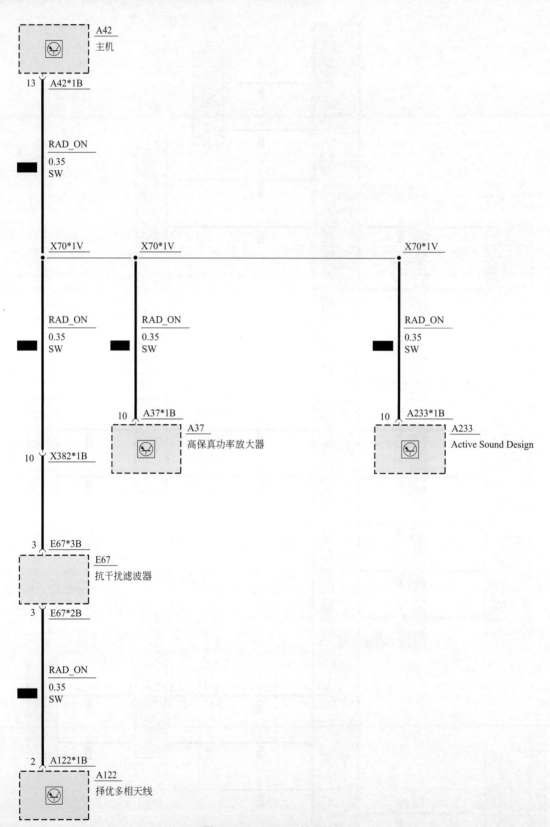

A42
主机

13 A42*1B

RAD_ON
0.35
SW

X70*1V   X70*1V   X70*1V

RAD_ON   RAD_ON   RAD_ON
0.35   0.35   0.35
SW   SW   SW

                10 A37*1B   10 A233*1B

                    A37   A233
                    高保真功率放大器   Active Sound Design

10 X382*1B

3 E67*3B

    E67
    抗干扰滤波器

3 E67*2B

RAD_ON
0.35
SW

2 A122*1B

    A122
    择优多相天线

图 4-28　RAD_ON 信号线路

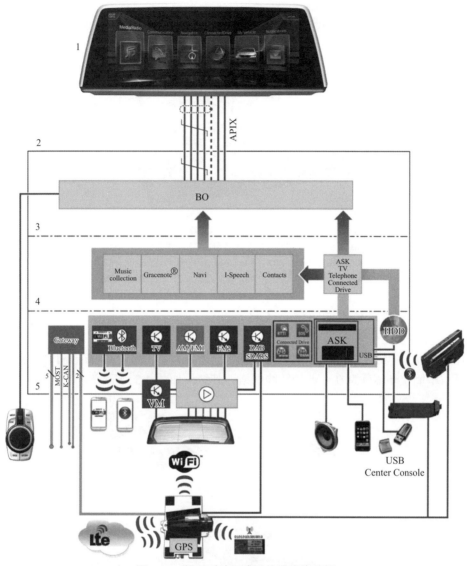

图 4-29　娱乐系统组成及信号传输过程

1—中央信息显示屏；2—HUH 主机；3—操作界面；4—应用程序 / 软件；5—接口 / 硬件连接

（2）主机

根据车辆装备不同，应用在车辆上的主机也不相同，主要有 CIC、HUB/2、HUH/2/3 等类型，目前车辆上采用的 HUB2、HUH2 主机居多，无论哪种类型主机，其结构和基本功能相同，以 HUH 主机为例进行介绍，其结构如图 4-30 所示。

HUH 主机是 K-CAN2 上和 MOST 复合结构中的总线用户，此外，主机通过以太网与中央网关模块和后座区视听设备连接。择优多相天线、数字调谐器（DAB）、卫星调谐器（SDARS）、电话功能（COMBOX 多媒体平台）、WLAN 和蓝牙功能都集成在主机中。

主机通过后部配电器连接在总线端 Kl.30B 上。通过车用像素链接 APIX（automotive pixel link）数据导线传送从主机到中央信息显示器的图像信息，以前通过 LVDS 数据导线进行信息传送。

图 4-30　主机结构

1—标准型主机（HUH）；2—DAB Ⅲ 接口；3—DAB L 连接或 SDARS 连接或者 VICS；4—FM2 天线连接；5—FM/AM
天线接口；6—GPS 连接；7—40 芯插头连接和 MOST 接口；8—12 芯插头连接；9—WLAN 连接；10—以太网连接；
11—USB 接口；12—USB2 连接；13—USB3 连接；14—蓝牙连接；15—中央信息显示器接口（APIX 数据导线）

（3）远程信息处理技术通信盒（TCB）

远程信息处理技术通信盒（TCB）是一个用于电话功能和远程信息处理服务的控制单元。该控制单元是 BMW Connected Drive 功能平台之一。在 BMW Connected Drive 中心具有将驾驶员与车辆及环境联系在一起的智能网络，其结构如图 4-31 所示。

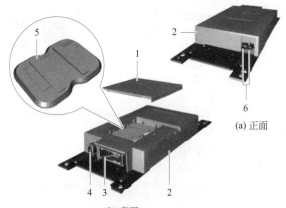

(a) 正面

(b) 背面

图 4-31　远程信息处理技术通信盒

1—蓄电池舱盖板；2—远程信息处理技术通信盒（TCB）；3—26 芯插头连接；4—USB 接口；
5—应急蓄电池；6—GSM 天线接口和应急 GSM 天线接口

远程信息处理技术通信盒（TCB）通过一个 26 芯插头连接与车载网络连接。TCB 由 2 个线路板组成。主板上有用于车辆的所有接口，如供电接口以及 CAN 数据线接口。第 2 个线路板是网络接入设备，从而建立与车内天线的连接。两个线路板通过一个 40 芯插座连接。接线盒中的配电器通过总线端 30F 为 TCB 控制单元供电。

BMW 专业远程信息处理功能包含紧急呼叫、BMW 服务支持、BMW 远程访问服务、BMW 远程售后服务诊断等功能。

（4）功率放大器

功率放大器用于接收主机的音频信号。主机和音频功率放大器之间的音频信号通过 8 条导线直接进行传输，导线连着主机扬声器输出端和音频功率放大器的信号输入端。音频信号以模拟形式从主机传送至功率放大器。模拟信号通过模拟 / 数字转换器数字化。在不影响质量的情况下可以进一步处理，然后通过车辆中的扬声器，以无级调节的音量进行播放。其结构和信号处理流程如图 4-32 所示。

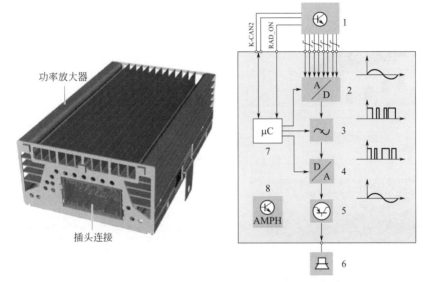

(a) 功率放大器结构　　　　(b) 功率放大器信号处理流程

图 4-32　功率放大器结构及信号处理流程

1—主机；2—模拟 / 数字转换器；3—数码音响处理器；4—数字 / 模拟转换器；
5—功率放大器终端；6—扬声器；7—微控制器；8—高保真功率放大器

（5）天线

天线主要用来接收信号并且可以通过天线将外部设备与车辆进行连接，天线根据安装位置和功能不同主要分为车顶天线、后窗天线和 WLAN 天线。

1）车顶天线

车顶天线结构与线路如图 4-33 所示，车顶天线包括移动电话的电话天线 GSM1（GSM 表示"全球移动通信系统"）、远程信息处理服务的电话天线（GSM2）、GPS 天线（GPS 表示"全球定位系统"）、DAB 波段 L 天线（DAB 表示"数字音频广播"；L 代表频率范围"波段 L"）。

原则上无线电通信服务可分为地面服务和卫星服务。地面无线电通信服务通过地面天线（地面接收用固定天线）传递。属于地面服务的有 DAB 和 GSM，属于卫星服务的有 GPS 和 SDARS。

① GPS 天线。全球定位系统（GPS）通过多颗卫星定位和测量信号延迟来确定车辆位置。GPS 由一根 GPS 天线和一个 GPS 接收器组成。GPS 天线接收卫星信号并传送至 GPS 接收器。GPS 接收器通过三角函数，参考三颗卫星已知的位置来确定车辆位置。然后将此信号传送至导航系统。

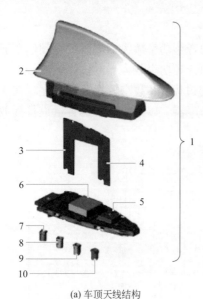

1—车顶天线；2—车顶天线的壳体；3—远程信息处理服务的电话天线(GSM2)；4—移动电话的电话天线(GSM1)；5—欧规的DAB波段L天线或美规的SDARS天线；6—GPS天线；7—电话天线的接口(GSM2)；8—GPS天线的接口；9—电话天线的接口(GSM1)；10—DAB波段L天线(欧规)或SDARS天线(美规)的接口

(a) 车顶天线结构

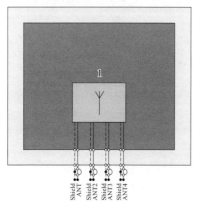

1—车顶天线；ANT—移动电话天线(GSM1)的信号线；ANT2—远程信息处理服务的电话天线(GSM2)信号线；ANT3—GPS天线信号线；ANT4—欧规的DAB波段L天线或美规的SDARS天线信号线

Shield ANT　Shield ANT2　Shield ANT3　Shield ANT4

(b) 车顶天线信号连接

图 4-33　车顶天线的结构与线路

② DAB 波段 L 天线。可接收无线电台的高频数字式无线电信号。可使用多种天线接收数字式无线电信号。车顶天线内安装的 DAB 波段 L 天线，主要用于在人口密集区或大城市接收信号。

③ SDARS 天线。通过 SDARS 可以从卫星上向固定或移动接收站发送无线电节目。通过三颗卫星发送数字高频信号。在有遮蔽物的地方，信号将以陆面形式辐射发出，SDARS 天线接收信号，并提供给 SDARS 控制单元。

④ 移动式无线电网络的电话天线。移动电话（GSM1）和远程信息处理服务（GSM2）的电话天线安装在同一个 U 形塑料架梁上，但位于不同侧，用于接收移动电话信号。

2）后窗天线

根据国家规定和车辆装备，后窗玻璃内安装 3 条 FM 天线（FM1、FM2、FM3）、AM 天线、3 条电视天线（TV1、TV2、TV3）和 DAB 天线，如图 4-34 所示。

FM 天线接收 UKW 波段内的无线电台和交通信息（FM 表示"调频"，UKW 表示"超短波"）。AM 天线接收短波、长波和中波无线电台。电视天线接收模拟或数字电视信号。

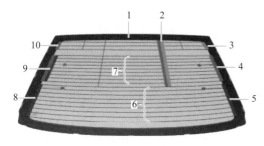

1—带天线的后窗玻璃；2—FM天线(FM1)和DAB天线的信号线；3—择优多相天线(FBD)；4—FM天线(FM3)；5—TV天线(TV2)；6—下部加热区；7—上部加热区；8—TV天线(TV3)；9—FM天线(FM2)和电视天线(TV1)；10—AM天线

(a) 后窗天线结构

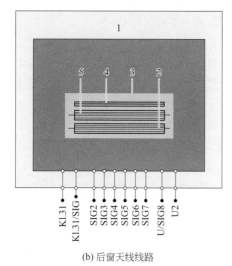

1—带天线的后窗玻璃；2—下部加热区；3—后窗玻璃；4—用于AM天线和择优多相天线的区域；5—上部加热区；SIG2—通过6芯插头连接的FM1天线和DAB天线(波段Ⅲ)的信号；SIG3—通过6芯插头连接的择优多相天线的信号；SIG4—通过6芯插头连接的FM3天线的信号；SIG5—通过6芯插头连接的AM天线的信号；SIG6—通过6芯插头连接的FM2天线和电视天线TV1的信号；SIG7—未占用；Kl.31—从上部加热区至带电视功率放大器的带阻滤波器接地线；Kl.31/SIG—从下部加热区至带电视功率放大器的带阻滤波器的接地线和TV3电视天线信号；U/SIG8—从下部加热区至带电视功率放大器的带阻滤波器的供电导线和TV2电视天线信号；U2—从带电视功率放大器的带阻滤波器的上部加热区供电导线

(b) 后窗天线线路

图 4-34　后窗天线结构及线路

DAB 天线接收无线电台的高频数字信号（DAB：数字音频广播）。收音机接收使用不同 DAB 天线。DAB Ⅲ 用于区域信号接收。天线 DAB L 用于在超大城市和大城市内接收信号。

遥控器的无线电信号由后窗玻璃内的择优多相天线接收，然后转发给遥控接收器。

后窗加热装置的通电导体也作为天线使用。加热区的接头通过带阻滤波器与天线隔离。带阻滤波器安装在后窗加热装置的正极线和接地线上。天线信号也通过这些导线传递至相应带阻滤波器内的电视功率放大器。

3）WLAN 天线

WLAN 天线是数字式数据传输的发射和接收天线，将具备 WLAN 功能的终端设备与车辆连接。通过一个集成的 WLAN 无线热点可以将不同设备（例如智能电话）经由 WLAN 与车辆无线连接。WLAN 天线通过天线导线直接与主机相连。车辆中的 WLAN 连接可通过车辆中的中央信息显示器（CID）退出工作状态。

4）择优多相天线

择优多相天线按工作原理不同可分为查找式择优多相天线和相位式择优多相天线。

① 查找式择优多相天线。与 CHAMP（多媒体平台）或 CIC（汽车信息计算机）相连接的带天线功率放大器的查找式择优多相天线是一个当激活天线上接收到的无线电台的信号质量不佳时自动切换到下一根天线的系统。接收到的无线电台信号经放大，由天线功率放大器通过天线导线转发至主机中的调谐器。

针对扫描差异最多可投入使用 4 根天线。但是天线信号只能由信号质量最佳的天线通过一根信号线发送至主机。

　　带有天线放大器的查找式择优多相天线在主机接通后通过信号 RAD_ON 激活。被放大的信号有 AM 天线和 FM 天线的高频信号，以及电视天线（TV1）和 DAB 天线（频率范围波段Ⅲ）信号。主机中谐调器识别已安装的择优多相天线，生成多相择优选择功能所必需的中频信号和切换电压。此中频信号是当前正在收听的无线电台在一个规定频率上的再现。中频信号由择优多相天线的电子装置分析。如果无线电台通过激活的天线接收的信号质量和场强不足，则会切换到下一个 FM 天线。由于主机的自动干扰抑制，在切换时听不到中断。切换借助直流电压进行。直流电压由主机提供，并在择优多相天线中用于分析。即使有多个信号被同时施加在同轴电缆上，由于频率不同，也不存在相互影响。

　　② 相位式择优多相天线。与 HUB（基础主机）或 HUH（高级主机）相连接的相位式择优多相天线由一个天线功率放大器和主机中的多相择优选择功能构成。接收到的无线电台信号经放大，由天线功率放大器通过两根单独的天线导线转发至主机。在主机中对无线电信号进行数字化处理，接着将两路收音机信号叠加。此时混合无线电信号，使得产生的输出信号表现出良好的信号质量，其质量好于各个输入信号中质量最佳的那个。

　　根据车型系列、车辆装备和国家装备，天线择优选择模块的配备可能有所不同。因此，择优多相天线可能包含 FM 天线、AM 天线、DAB 天线、VICS 天线、TV 天线等信号接口，如图 4-35 所示。择优多相天线通过一个 6 芯插头与车载网络连接，通过导线 RAD_ON 接通择优多相天线并供给直流电压。

（6）扬声器

　　由于一个扬声器无法对可听到的频谱的所有频率进行相同的转换，因此将安装根据频率范围优化的多个扬声器，包括高音扬声器、中音扬声器和低音扬声器。车辆上的扬声器数量取决于安装的扬声器系统，图 4-36 所示为 F02 配备高保真功率放大器系统安装的扬声器。

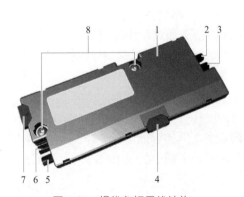

图 4-35　择优多相天线结构

1—择优多相天线；2—DAB 信号（频率范围波段Ⅲ）的信号线；3—电视信号（TV1）的信号线；4—6 芯插头（后窗玻璃中天线的端口）；5—VICS 信号（日规导航系统）的信号线；6—多相择优选择功能的诊断、AM/FM 高频信号和中频信号信号线；7—6 芯插头（供电和局域互联网总线接头）；8—接地端

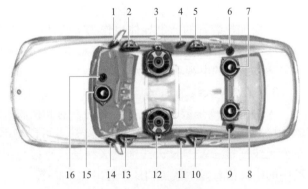

图 4-36　扬声器布置

1—右前高音扬声器；2—右前中音扬声器；3—右前低音扬声器；4—右后高音扬声器；5—右后中音扬声器；6—右后高音扬声器 2；7—右后中音扬声器 2；8—左后中音扬声器 2；9—左后高音扬声器 2；10—左后中音扬声器；11—左后高音扬声器；12—左前低音扬声器；13—左前中音扬声器；14—左前高音扬声器；15—前部中间中音扬声器；16—前部中间高音扬声器

音频数据通过 MOST 总线从主机传送到顶级高保真功率放大器中。音频信号通过绞合的导线由音频功率放大器传送给扬声器。扬声器直径相同时，可以采用不同的膜片、线圈和磁铁材料来使其功效不同，如图 4-37 所示。

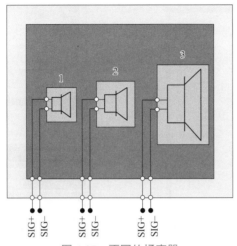

图 4-37　不同的扬声器

1—高音扬声器；2—中音扬声器；3—低音扬声器

低音扬声器由各自的音频输出级驱动。中音和高音扬声器的每个通道都由一个共同的音频输出级驱动，高音扬声器与中音扬声器并联。

高音和中音扬声器与低音扬声器相比有一个较小的膜片。由于质量较小，所以它能更快地振动，因而能发出较高的频率。

低音扬声器由于膜片面积较大，会产生一个较高的声压。必须由音频功率放大器提供较高的驱动功率。所以与中音和高音扬声器相比，低音扬声器设计用于较高功率。

4.2.2.2　故障分析

娱乐系统故障根据故障现象的不同主要可分为外部设备连接故障、音频系统故障、视频系统故障等类型。导致外部设备连接故障的可能原因主要有连接设备软件故障、连接设备硬件故障、车辆设备接口故障、主机软件故障、主机硬件故障及连接线路故障。导致音频系统和视频系统故障的主要原因包括信号接收故障、主机故障、功率放大器故障、扬声器故障、视频模块故障及音频和视频导线故障。无论哪种故障，都可以将故障部位区分为主机本身、与主机相连接的设备及导线、外部设备和无线信号接收几个部分。在处理相关故障时可以根据故障现象和简单的辅助判断方法先确定故障部位大致在哪个范围，然后再对该故障部位的组件进行进一步的隔离。

4.2.2.3　故障诊断方法

（1）与主机连接装置的诊断

通过执行系统提供的"主机连接装置检测计划"可以对与主机连接的 CID、音频操作单元、风扇、USB 接口、连接网络等进行系统诊断与隔离，快速准确确定故障部位，检测计划的具体过程如图 4-38 所示。

ABL-DIT-AT6510_CICVB - 主机 连接的装置 - V.40

步骤

应检测哪项功能?

音频操作单元

CID

风扇

Aux-In

USB 接口

话筒

连接 ZGM/FEM/BDC 的以太网

至远程信息处理控制单元的以太网

退出检测过程。

(a)

ABL-DIT-AT6510_CICVB - 主机 连接的装置 - V.40

步骤

应检测哪项功能?

功能按钮

可编程的按压按钮

音量调节器

可编程的触摸按钮

(b)

ABL-DIT-AT6510_CICVB - 主机 连接的装置 - V.40

步骤

依次显示按钮的状态。一旦发现按动按钮,显示就转到下一个按钮。如果操纵按钮但没有发现按动按钮,则显示可能被取消。

提示!

显示的反应速度明显减慢。必须按住该按钮至少 5 秒,以便可以确认操纵。

等待下列按钮操纵:
可编程按钮号码2
退出显示并继续。

(c)

ABL-DIT-AT6510_CICVB - 主机 连接的装置 - V.40

步骤

显示已被取消。按钮操纵未被记录。
检查下列可能的故障原因:
• 导线或插头连接损坏
• 音频操作面板损坏

(d)

ABL-DIT-AT6510_CICVB - 主机 连接的装置 - V.40

步骤

自动检测 AUX 输入接口时未发现任何故障。
是否存在反映 AUX 输入接口方面的客户投诉?

1 是

2 否

(g)

ABL-DIT-AT6510_CICVB - 主机 连接的装置 - V.40

步骤

正在检查主机与 CID 之间的连接。主机在 CID 上生成了一幅完整的白色或蓝色测试图。
测试图是否无故障地显示?

1 是

2 否

(e)

ABL-DIT-AT6510_CICVB - 主机 连接的装置 - V.40

步骤

基于客户投诉检查主机与 AUX 输入接口之间的下列导线。
检查下列可能的故障原因:
• 插头未嵌入或未插入
• 断路
• 对正极短路、对地短路或者导线之间短路
• 线脚 Pin 弯折或折断

是否能确定某个故障?

1 是

2 否

(h)

ABL-DIT-AT6510_CICVB - 主机 连接的装置 - V.40

步骤

风扇已被控制。此时未发现任何故障。

(f)

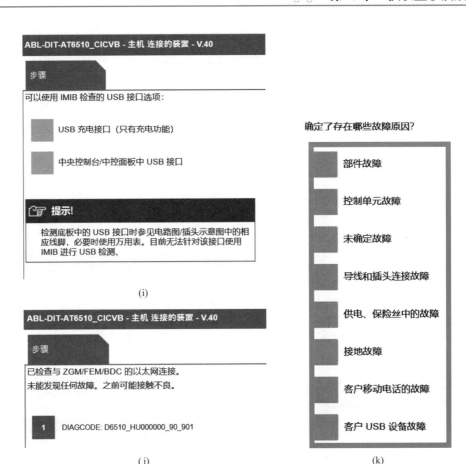

图 4-38 与主机连接装置的检测计划

(2) 接收天线检查

天线的检查可以根据系统提供的"收音机接收 ABL"检测计划进行检查，此检测计划可以判断天线连接状态、信号强度、信号干扰源、功率放大器及天线与功率放大器之间的线路连接有无故障。检测计划的具体过程如图 4-39 所示。

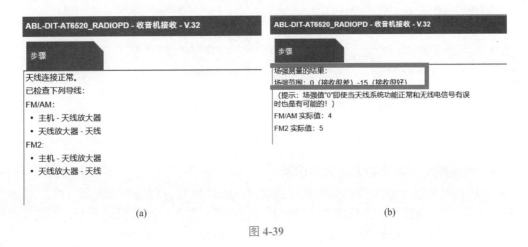

图 4-39

ABL-DIT-AT6520_RADIOPD - 收音机接收 - V.32

步骤

未能确定天线系统有电气损坏。

下列导线/部件已检查。

- 主机与天线放大器的连接
- 天线放大器与天线的连接
- 场强测量

存在收音机接收不畅的客户投诉或收音机接收当前受阻？

1 是

2 否

(c)

ABL-DIT-AT6520_RADIOPD - 收音机接收 - V.32

步骤

可能由于下列原因造成收音机接收差：

- 后窗玻璃加热装置的带阻滤波器损坏。
- 附加制动信号灯的抗干扰滤波器损坏。

(e)

ABL-DIT-AT6520_RADIOPD - 收音机接收 - V.32

步骤

检查下列可能的故障原因：

- 拔下后窗玻璃加热装置的供电，以排除损坏的带阻滤波器。
- 拔下附加制动信号灯的过滤器，以排除损坏的附加制动信号灯。

是否能确定某个故障？

1 是

2 否

(f)

ABL-DIT-AT6520_RADIOPD - 收音机接收 - V.32

步骤

收音机接收故障例如可能由以下外部设备引起：

- 12 V 插座上的充电器
- 发射接收系统：例如蓝牙、短波、无线电、红外线

车辆内是否连接了外部设备？

1 是

2 否

(d)

ABL-DIT-AT6520_RADIOPD - 收音机接收 - V.32

步骤

检查下列可能的故障原因：

- 后窗玻璃加热装置的电热丝损坏
- 天线放大器
- 主机

(g)

ABL-DIT-AT6520_RADIOPD - 收音机接收 - V.32

步骤

确定了存在哪些故障原因？

1 无法确定故障原因。
D6520_ANTDIV00_90_901

2 后窗玻璃损坏
D5130_00000000_09_002

3 主机损坏
D6510_HU000000_90_002

4 天线放大器损坏
D6520_ANTDIV00_90_002

5 天线损坏
D6520_00000000_05_002

(h)

图 4-39　收音机接收检测计划

（3）语音输出和音频功率放大器诊断

对于扬声器及功率放大器的诊断可以通过"语音输出和音频功率放大器 ABL"检测计划进行诊断隔离。此检测计划依次自动控制所有扬声器，控制持续时间约为 3s，根据扬声器的状态，可以判断扬声器是否存在故障。检测计划具体过程如图 4-40 所示。

图 4-40　语音输出和音频功率放大器检测计划

（4）外部终端设备连接诊断

外部终端设备连接、话筒及远程信息处理单元的诊断可以通过"电讯系统检测 ABL"这个检测计划进行有效隔离，具体过程如图 4-41 所示。

当终端设备移动电话不能通过蓝牙与车辆连接，或者在通过蓝牙进行音频播放时失败，以及在通话期间移动电话和主机之间的蓝牙连接断开等蓝牙问题时，要先解决移动设备或车辆的软件问题，可以按下列方法处理。

① 检查车辆中是否安装有用户初始化后的最新版软件。

② 更新终端设备的所有软件。

③ 将电话重启或者将终端设备的蓄电池取下，等待至少 1min 并重新装上蓄电池。

④ 删除车辆中的蓝牙连接，"已知设备"列表中不得再包含该电话。

⑤ 删除移动电话中的蓝牙连接。

⑥ 将电话重新连接到车辆。此时激活车辆中所有必要的配置（电话、音频等），注意终端设备上的提示。在联系人姓名和地址中或者在电话名称中不要使用任何特殊字符或者符号。

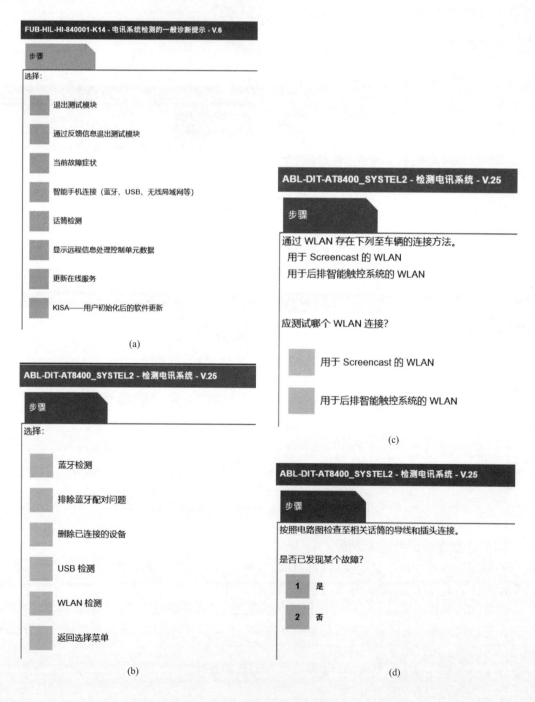

(a)

(b)

(c)

(d)

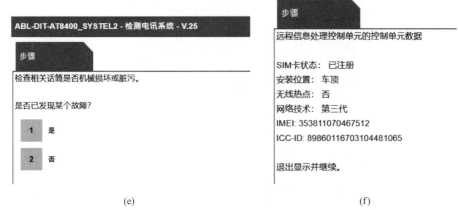

(e)　　　　　　　　　　　　(f)

图 4-41　电讯系统检测计划

(5) USB 接口诊断

用专用测量设备 IMIB 对 USB 接口进行测试，能够全面检测 USB 接口故障。测试时将专用的 USB 导线与车辆的 USB 接口连接，测试过程可分为媒体测试和负荷测试。

① 负荷测试。可以测试 USB 接口处的负载电流和电压，在测试期间，USB 连接的负载电流逐步升高，同时测量 USB 连接的电压，这些值将在 IMIB 显示器中用图像显示出来并记录在显示范围内，具体过程如图 4-42 所示。

红线表示 IMIB 要求的电流，绿线表示在负载提升过程中的电压走势，在图像中当负载电流为 500mA 时，USB 电压为 4.92V，系统要求电压需要达到 4.75V 以上。

② 媒体测试。IMIB 可使用经由 USB 的不同媒体文件，在车辆中通过控制器在菜单 CD/多媒体中进行选择。如果 IMIB 与车辆连接成功，在车辆的显示器中将作为连接设备显示名称为 IMIB SOUND 的 IMIB。IMIB SOUND 必须通过控制器选择，以便显示和播放音乐文件。检查车辆中的音量调节。车辆多媒菜单中共有 3 种媒体文件和带内容的子目录 SubDir。为了找到子目录，先选择 IMIB SOUND，然后选择搜寻目录。该测试持续约 3min 并在 IMIB 显示器的绿色条旁显示检测进度。另外必须在 3min 之内把车辆内的音乐文件播放完，具体过程如图 4-43 所示。

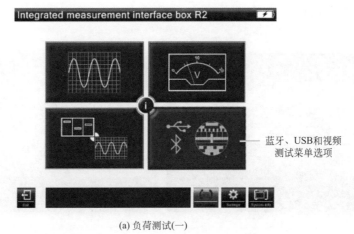

蓝牙、USB和视频测试菜单选项

(a) 负荷测试(一)

图 4-42

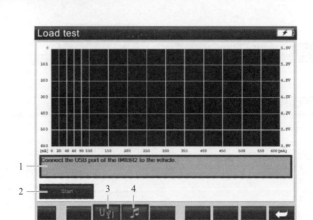

(b) 负荷测试(二)

1—注解栏；2—启动按钮；3—负荷测试按钮；4—媒体测试按钮

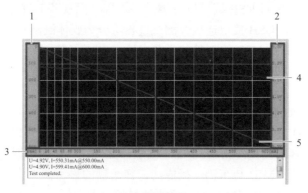

(c) 负荷测试(三)

1—从USB连接中输出的负载电流；2—从USB连接中输出的电压；3—IMIB要求的
负载电流；4—电压走势(绿色线)；5—电流曲线(红线)

图 4-42 USB 负荷测试

　　测试结束后车辆与 IMIB 间的数据连接也会自动停止，IMIB 将不再作为 IMIB SOUND
在车辆的显示器中显示。

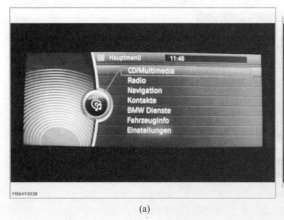

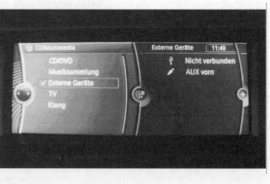

(a) | (b)

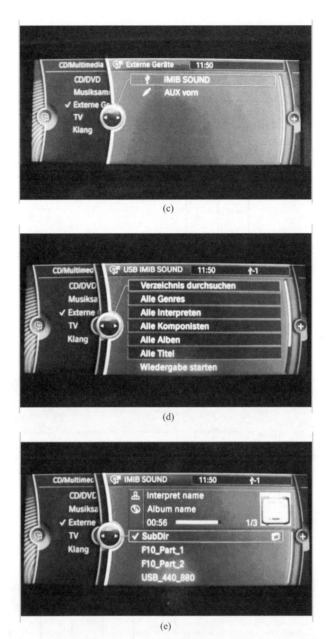

图 4-43　USB 媒体测试

（6）主机诊断

主机是娱乐系统的主控单元，主机出现故障会影响整个娱乐系统功能。主机复位重启是主机故障的主要表现形式，可通过短暂的功能中断（电话功能、音频播放、显示器黑屏又重启、无法接收电视信号）发现复位。对于主机故障，要先考虑软件问题，最好能够将软件编程至最新版本。对于主机硬件及线路的诊断可以用上面所讲的方法及图 4-44 所示的电路图先隔离与主机直接或通过无线（蓝牙或 WLAN）连接的娱乐设备及导线。如果外围设备没有故障，接下来可以根据图 4-45 所示的电路图检查主机供电、接地及总线连接，如果这些都进行了排查没有发现故障，则可以判断主机损坏，可直接更换。

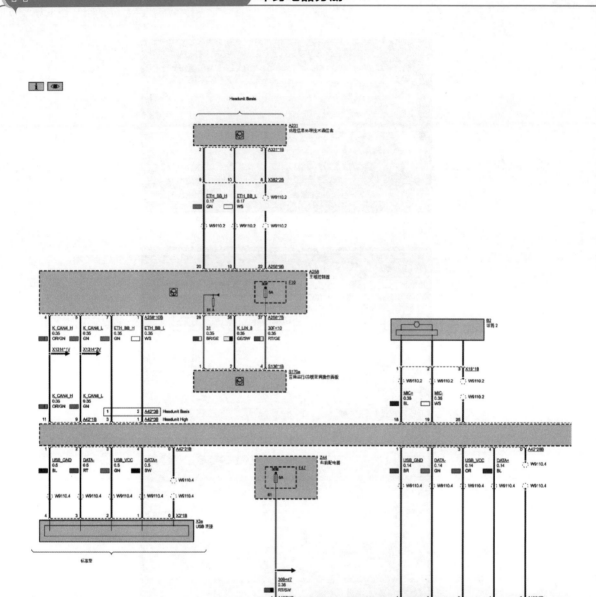

图 4-44 主机外部

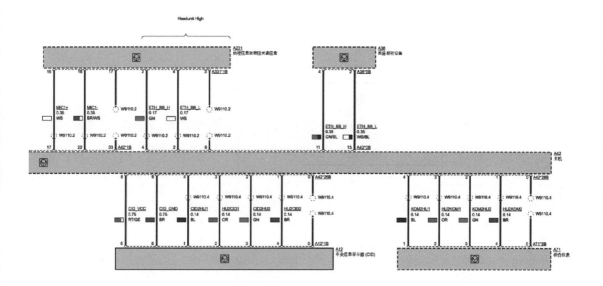

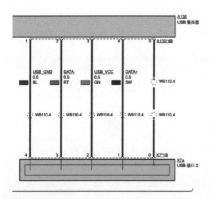

设备连接电路

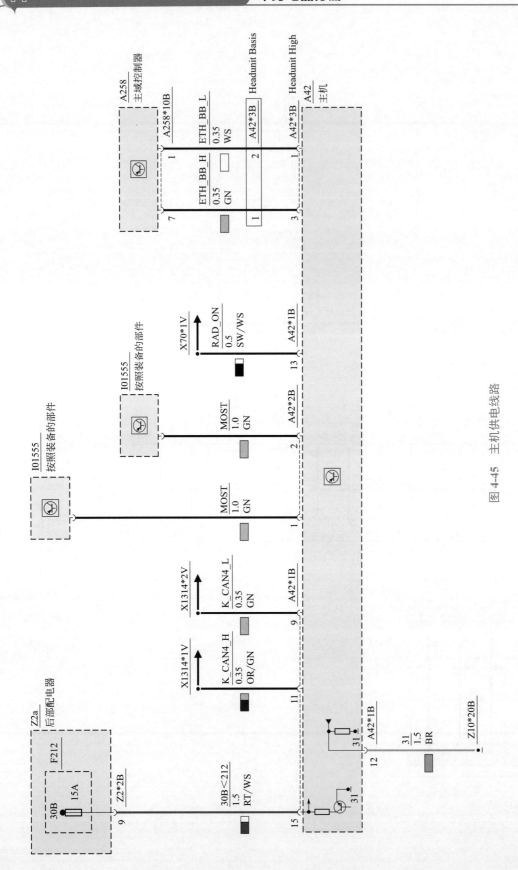

图 4-45　主机供电线路

第5章

驾驶辅助系统和空调系统

5.1 驾驶辅助系统

5.1.1 经典维修故障案例

5.1.1.1 F18 倒车雷达传感器报警

（1）车辆信息

车型	发动机型号	里程/km
F18，530Li	N20	18000

（2）故障现象描述

客户反映：后部倒车雷达传感器有时误报警。

故障现象确认：接车后对车辆进行测试，偶尔会发现车辆存在左后中部的倒车雷达传感器误报警现象。

（3）故障分析思路及排除方法

首先用专用检测仪 ISID 对车辆进行检测，没有发现相关的故障代码。查询车辆维修记录，发现车辆左后尾杠发生过小事故，拆装尾杠检查 PDC（倒车雷达）传感器的插头和导线，未发现异常。对调左后中部的倒车雷达传感器，试车故障没有转移。根据图 5-1 所示的电路图，测量左后中部倒车雷达传感器到接线盒电子装置（JBE）的线路，约 0.6Ω，线路正常，没有对地短路。

传感器对调过了，故障没转移，说明传感器没有故障。线路也测量了，不存在短路故障。那剩下的就只有接线盒电子装置了。在更换接线盒电子装置之前，先将接线盒电子装置 A34*6B 的端子 1 与端子 2 对调，结果故障转移到右后中部，说明左后中部传感器线路有故障，决定先更换线束，如图 5-2 所示。

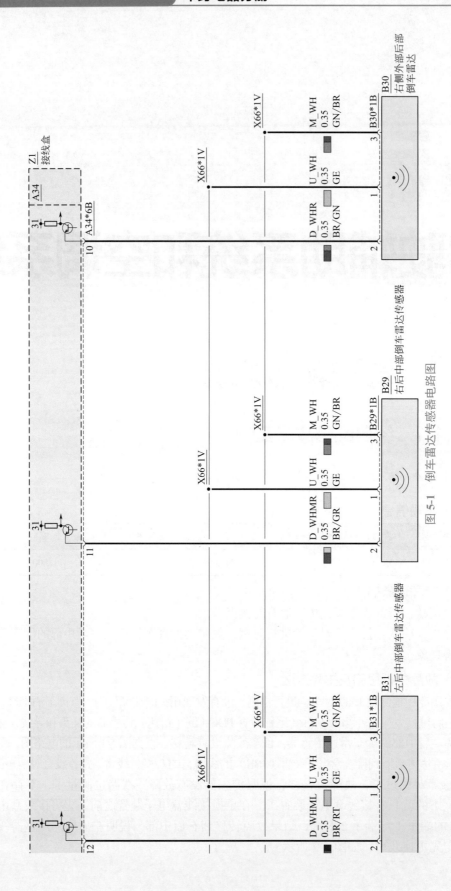

图 5-1 倒车雷达传感器电路图

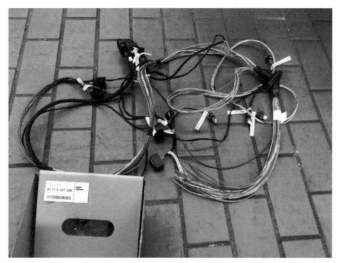

图 5-2　更换 PDC 线束

更换左后中部倒车雷达传感器线束后，试车时没试到故障现象，将车辆交给客户。但客户开走后不久故障就又出现了。

此时诊断陷入了困境，明明更换线束后故障消失了，怎么客户开走后故障又出现了呢？决定和客户去试一下车，试车过程中，发现了一个规律：故障一般都是在车辆温度升高后，在掉头或方向转得较大并且急加油到 2000 多转时出现，左后中部的倒车雷达就会误报两声。

是否有什么东西干扰传感器呢？难道是尾气？试车过程中，引导尾气往下排，故障现象消失。找同款车测试，都有类似的现象。

查找相关技术资料得知可能是下列情况引起假障碍物识别：剧烈加速时的废气流、低车外温度时的废气流、排气管处障碍物、车辆发动机炽热时的热气团进入泊车辅助系统的探测区域。

根据以上资料，发现这种情况是正常的，不必进行任何维修。与客户解释并进行简单处理后将车辆交给客户。

（4）故障总结

此故障属于驾驶辅助系统传感器受车辆其它功能干扰而产生的错误报警，不属于车辆故障。驾驶辅助系统传感器容易受天气、烟雾、障碍物等外界因素的影响，出现误报警情况。在处理此类客户投诉时一定仔细试车，检查清楚到底是错误报警还是系统确实存在故障。同时，处理此类故障时，还需要注意多查阅技术资料。

5.1.1.2　F07 巡航失效

（1）车辆信息

车型	发动机型号	里程 /km
F07，535i	N55	53000

（2）故障现象描述

客户反映：车辆行驶时定速巡航失效，碰撞警告功能失效。

故障现象确认：接车后试车，不启用定速巡航功能时无故障提示，当启用定速巡航功能时，仪表提示无法启用定速巡航功能。

（3）故障分析思路及排除方法

首先用 ISID 对车辆进行快速测试，发现存在以下故障代码：

48003B ICM，ACC 传感器报告故障。

482136 ACC 传感器失调。

482130 ACC 传感器试运行。

根据以上故障代码，结合故障现象分析，导致该故障的可能原因有 ACC（自适应巡航系统控制）传感器故障、ACC 传感器试运行数据丢失、ACC 传感器至 ICM 之间的 S-CAN 总线故障等，这些故障使所有以定速巡航为基础的辅助功能失效。

根据检测计划提示，首先对 ACC 传感器进行试运行，所有步骤严格按照要求执行，问题是多次尝试运行都无法成功，反复对车辆进行检查，对匹配工具进行检查，均未发现问题。于是怀疑 ACC 传感器线路或者 ACC 传感器损坏。

接下来根据图 5-3 所示的电路图开始检查 ACC 传感器线束。首先 ACC 传感器供电不用考虑，因为模块通信正常。于是检查测量 S-CAN 总线，总线如果存在电阻，或者有不明显的故障时，可能会影响试运行结果，于是测量总线电压，S-CAN-H 为 3V，S-CAN-L 为 2V，正常。测量 ACC 传感器至 ICM 之间线路连接情况，无短路、断路、接触电阻等故障，确认线路上不存在问题。

经过以上检查，问题就已经明了了，问题就出在 ACC 传感器本身，于是订货进行更换。

更换后，编程，进行 ACC 传感器试运行，但结果还是不能成功试运行。这时有点头疼了，传感器换了但是车辆故障没有解决。只好又走了一次试运行程序，这时看到匹配不成功的提示为"检查 ACC 传感器支架是否变形"，决定拆卸 ACC 传感器前部挡板进行检查。目测似乎没啥问题，但又看到保险杠内杠上贴着零件标签，如图 5-4 所示，怀疑车辆进行了改装。

查看维修记录，发现此车前部有两次大的事故，都更换了内杠，这就更怀疑 ACC 传感器支架变形了。于是拆卸前部保险杠，拆卸保险杠之后，发现 ACC 传感器支架严重变形，由于没有专用的测量仪，所以在手机上下载一个测量水平的软件，对 ACC 传感器进行测量，如图 5-5 所示，相差 8° 多，所以 ACC 传感器校准不成功，真正的故障终于找到了。

当时没有新的支架，但又要解决问题，于是一边人工调整支架，一边测量，直到将 3 面的水平和垂直度调整到 0°，调整后再次对 ACC 传感器进行试运行，结果运行成功，故障排除。

（4）故障总结

此故障是由 ACC 传感器安装支架变形导致的 ACC 传感器角度误差超过标准，从而造成自适应巡航系统功能失效。对于带有 ACC 传感器的车型，在发生前部碰撞事故以后，一定要检查 ACC 传感器安装支架是否受影响变形。ACC 传感器安装后要求垂直和水平还有前后垂直角度均为 0°，如果没有专用校准支架的工具，利用手机下载水平测量软件就可以解决角度测量问题。

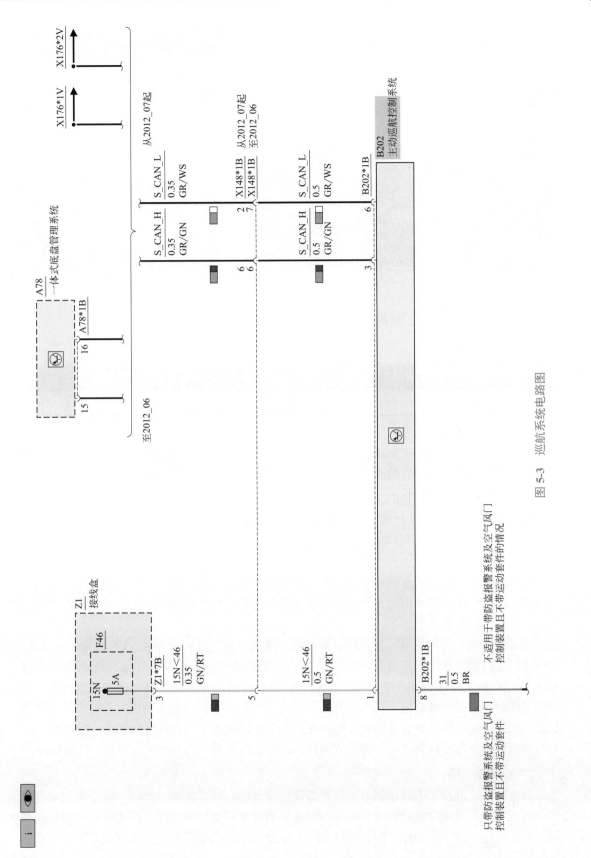

图 5-3 巡航系统电路图

图 5-4　ACC 传感器支架

图 5-5　支架变形测量

5.1.1.3　F15 夜视系统报警

（1）车辆信息

车型	发动机型号	里程 /km
F15，X5 xDrive35i	N55	50000

（2）故障现象描述

客户反映：该车辆每次启动着车后夜视系统报警，显示夜视系统失效。

故障现象确认：接车后检查车辆，发现客户投诉属实，车辆故障确实存在。

（3）故障分析思路及排除方法

接车后首先连接 ISID 对车辆进行诊断检测，发现存在故障代码 "NVE 800495 NVE：防盗保护，组件分配错误"。故障类型为当前存在，查看故障的细节描述，可能的故障原因包括：夜视系统许可代码缺少、夜视控制单元故障、BDC 故障。

夜视摄像机安装在前保险杠上方左侧装饰格栅后方，夜视摄像机不属于控制单元，因为夜视摄像机通常用于军事用途，出于安全性考虑只在特定场合中使用，因此更换新夜视摄像机后有许用密码才能使用。

选择故障执行检测计划，分析判断为 NVE（夜视系统）控制单元或 NVE 摄像机已更新，尝试使用相应的开通代码开通 NVE 系统。查询车辆的维修记录，没有更换 NVE 控制单元或 NVE 摄像机的记录。询问车主，车主告知车辆购买时由于左侧装饰格表面有轻微瑕疵，与试驾车辆对调过左侧装饰格。再去检查公司的试驾车辆，发现这辆车的夜视系统也处于失效状态。最后证实对调左侧装饰格时，连同安装在左侧装饰格上的夜视摄像机也一起更换了。

对调两辆车的夜视摄像机，删除故障代码，测试夜视系统，功能恢复正常，故障排除。

（4）故障总结

此故障是由倒换了不同车辆上的夜视摄像机导致的夜视功能失效故障。由于夜视系统组件相对较少，当出现功能异常时，可根据相关检测计划判断故障部件。因为夜视摄像机通常用于军事用途，出于安全性考虑只在特定场合中使用，因此更换新夜视摄像机后需要许用密码才能使用，因此不同车辆上的夜视摄像机不能互倒使用。

5.1.1.4　E71 环视系统报警

（1）车辆信息

车型	发动机型号	里程 /km
E71、X6 xDrive40i	N55	30000

（2）故障现象描述

客户反映：启用倒车或者侧视摄像机画面时，中央信息显示摄像画面抖动非常厉害，并且很不清晰，仪表和中央信息显示器显示侧视摄像机有故障。

故障现象确认：接车后对车辆进行检查，故障现象与客户描述的一样，仪表和中央信息显示器中摄像机故障报警的图像还在显示。

（3）故障分析思路及排除方法

首选连接专用检测仪 ISID 对车辆进行诊断测试，发现存在如下故障内容：

00AB68 TRSVC：FBAS 输出端，短路或断开的导线。

00AB47 TOP VIEW 不可用。

00AB48 REAR VIEW 不可用。

故障码中存储的"00AB47 TOP VIEW 不可用"表示车辆的侧视摄像机不能用。"00AB48 REAR VIEW 不可用"表示后摄像机不可用，两个故障的说明一致。

查询相关资料得知，根据车辆配置不同，车辆中可能装有多个不同摄像机构成不同的视觉辅助系统。这些视觉辅助系统功能都通过不同的通过一个共用控制模块 TRSVC（环视摄像机）来实现。外后视镜摄像机、倒车摄像机通过中央控制台操纵装置上的一个按钮激活。摄像机图像通过中央信息显示器（CID）中的分区显示屏幕进行显示。倒车摄像机和两个外后视镜摄像机通过局域互联网总线和 LVDS 数据导线与 TRSVC 控制模块连接。通过 FBAS 导线将信号转发到视频开关（VSW），接着转发到车辆信息控制模块（CIC）。CIC 将图像数据通过 LVDS 数据导线发送至中央信息显示器（CID），在 CID 内图像数据得以显示。

故障代码的说明中保养措施分析故障原因有环视摄像机 TRSVC 故障和 CIC 故障，建议执行视频诊断。

接下来执行视频诊断检测计划，确定安装的视频组件：主机、视频模块、环视摄像机。选择环视摄像机生成测试图，正常 TRSVC 摄像图像将每隔 10s 在中央信息显示屏显示一次，但此时显示屏上没有侧视图。视频诊断测试结果显示 TRSVC 故障。

最终确定为 TRSVC 控制模块故障，更换 TRSVC 控制模块，对车辆进行编程设码，故障排除。

（4）故障总结

此故障是典型的由环视摄像机 TRSVC 控制单元故障导致的环视系统故障。借助视频诊断可以检查信号源的所有输出端和汇点的所有输入端。信号源可以是夜视系统、全景摄像机、视频模块等。汇点可以是主机、视频开关、后座区视听设备。视频诊断可自动进行，借助视频诊断能够生成测试图、显示安装系列、显示有故障的组件。

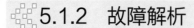

5.1.2 故障解析

5.1.2.1 结构特点

驾驶辅助系统功能较多，根据车辆装备不同，可能配备的驾驶辅助功能也不相同。按照驾驶辅助系统功能不同可分为主动安全防碰撞驾驶辅助和车辆导向驾驶辅助两大方向。无论是哪种驾驶辅助系统，都是以距离传感器和摄像机作为信号采集传感器来识别车辆与周边环境及车辆的相互位置，以达到辅助驾驶员驾驶车辆的目的。

（1）驾驶辅助系统功能

1）车辆导向辅助功能

① 泊车辅助功能。帮助驾驶员寻找泊车位以及驶入泊车空位，可沿纵向和横向驶入泊车空位，并在驶入泊车位时主动提供帮助。该系统通过超声波传感器探测车位信息，最多可安装12个超声波传感器，在以最高36km/h的行驶速度行驶时，系统会测量可能的泊车空位。如果识别到一个有足够长度和宽度的泊车空位，那么，在中央信息显示器中的停车界面打开的情况下，会将此显示给驾驶员。通过持续按压泊车辅助按键在驶入泊车位时倒车摄像机主动提供支持，并引导转向直至车辆泊车入位。如采用带纵向控制和横向控制的驻车助手，该系统主动接管车辆横向控制和纵向控制。驾驶员在泊车过程中通过中央信息显示器上的操作提示获得支持。驾驶员在整个泊车过程中仍然负有责任。系统会就2m范围内的障碍物对驾驶员发出视觉和听觉警告。

② 主动速度调节功能。由驾驶员规定的设定速度，以及必要时预先选择的前方车辆跟随距离，车辆可按设定要求自动保持设置状态。可调节的最小设置速度为30km/h，最大设置速度为210km/h。前部远距离雷达传感器和KAFAS（基于摄像机的驾驶员辅助系统）摄像头提供前方车辆信息。当激活主动速度调节时将同时激活动态稳定控制系统（DSC）。当前方车辆突然从其专用行驶轨迹上拐出时，主动速度调节有可能不会维持所调整的距离。在这种情况下，主动速度调节要求驾驶员进行干预，进行制动或避让。

2）防碰撞驾驶辅助功能

① 车道偏离报警功能。车道上有车道标记，由KAFAS摄像头对车道信息正确检测，并在驾驶员无意中离开行驶轨迹时进行警告。如果驾驶员在没有设置转向显示的情况下无意中驶过行驶轨迹标线或路边，则在背离行驶轨迹标线前立即以振动转向盘的形式对司机发出触觉警告。此外，如有可能，还会通过主动干预转向操作将车辆引导回自己的行驶轨迹。借助近距离侧面雷达传感器和前部远距离雷达传感器额外监控车辆旁的区域。只有当自己车辆旁或前面的空间足够时，才能开始主动干预转向操作。

② 变道警告功能。当远处的车辆从后面快速接近本车或者有车辆在盲点时，此时车辆换道可能导致事故，变道警告功能可以就这种交通状况发出警告。车辆后方区域由两个后方近距离雷达传感器监控。当检测到车辆和系统启用时，将会通过外后视镜中的黄色三角警告标识告知驾驶员。如果在警告启用时操作转向盘，则外后视镜会高强度闪烁并通过转向盘振动来对危险情况进行提醒。

③ 带制动功能的避让辅助。可以提前识别车辆与前面车辆将要发生追尾、与行人或骑手发生碰撞、与交叉路口车辆发生碰撞等情况，在发出警告的前提下，早在驾驶员操作制动

踏板之前，通过自动控制系统提前介入工作，由此缩短操作制动踏板后的制动距离，以避免碰撞的发生。如果驾驶员的制动减速不足，则由系统完成所需的制动减速。如果驾驶员没有反应，则系统会在发生危险时启动紧急制动，根据情况最高达到全力制动。

该系统借助 KAFAS 摄像头、前部远距离雷达传感器以及前侧近距离雷达传感器识别具有碰撞危险的物体。主要根据前部雷达传感器测量发布相应警告级别（预警或紧急警告）。KAFAS 摄像头的数据用于静止物体的可信度测试。

④ 后部横穿警告辅助功能。协助驾驶员在可能与横穿车辆或物体发生碰撞时发出警告。例如驾驶员在将要打开车门离开车辆、倒车驶出泊车位，交通视野不佳的情况下，如果有移动物体以不小于 10km/h、不超过 54km/h 的速度从侧方接近驾驶车辆且即将在最多 2s 内造成碰撞，则会发出视觉与声音报警。当识别到驾驶员将要打开车门时，会延迟打开车门。

3）视觉辅助功能

① 全景摄像机辅助。通过前部摄像机、右侧外后视镜摄像机、倒车摄像机、左侧外后视镜摄像机和一个控制单元（TRSVC 控制单元）组成了各种基于摄像机的驾驶员辅助系统。摄像机可针对视图定位，如图 5-6 所示，可显示摄像机的不同摄像区域。

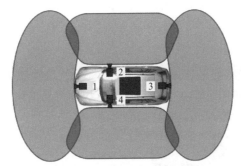

图 5-6　不同摄像机显示区域
1—前部摄像机；2—右侧外后视镜摄像机；3—倒车摄像机；4—左侧外后视镜摄像机

② 交通标志识别功能。此功能通过基于摄像机的驾驶员辅助系统（KAFAS）识别当前有效的车速限制标志，并通过"车速限制器助手"功能将当前识别到的车速限制作为设置速度应用于主动速度调节系统。当车速限制发生改变时，驾驶员收到将重新识别到的速度限制作为设置速度应用到当前激活功能的建议。

③ 夜视辅助系统。是一个用于夜间视觉辅助的驾驶员辅助系统，能够给夜间驾驶带来更高的安全性，利用夜视辅助系统可以在夜间和大雾天气中看清行驶中的道路。可识别 70 ～ 150m 范围内的物体，作用距离与天气情况有关。

夜视辅助系统是基于远红外线原理工作的。通过夜视摄像机对物体发出的热辐射进行识别。通过夜视控制单元的运算，自动识别图像中的人和动物。分析距离和运动方向后，借助图标警告驾驶员注意危险的人或动物，表示警告的图标显示于组合仪表中，必要时显示在平视显示系统中。

（2）驾驶辅助系统操作单元按钮

驾驶辅助系统由一个整合的操作单元按钮进行操作，如图 5-7 和图 5-8 所示。该按钮与操作单元集成在一起，按钮信息通过 LIN 总线传给相关驾驶辅助系统控制单元。按下驾驶辅助系统操作单元按钮时，在中央信息显示器上会显示一个菜单，可以进行设置。短按驾驶辅助系统操作单元按钮时，LED亮橘黄色，多个驾驶辅助系统根据个性化设置不同，对单个驾驶辅助系统进行关闭。重新按下驾驶辅助系统操作单元按钮时所有辅助系统打开，LED亮绿色。长按驾驶辅助系统操作单元按钮时，LED熄灭时所有辅助系统关闭。

图5-7　驾驶辅助系统操作单元按钮结构
1—带警示闪烁开关的驾驶辅助系统操作单元；
2—6芯插头连接；3—驾驶辅助系统
操作单元按钮；4—警示闪烁开关按钮

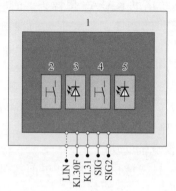

图5-8　驾驶辅助系统操作单元按钮线路图
1—驾驶辅助系统操作面板；2—驾驶辅助系统操作单元
按钮；3—驾驶辅助系统操作单元按钮的功能照明灯；
4—警示闪烁开关；5—警示闪烁开关的功能照明灯

（3）距离传感器

① 超声波传感器。安装在前保险杠和后保险杠上，可在感知范围内对目标进行距离测量。前后保险杠内的超声波传感器在电气和几何形状方面都是相同的，其结构如图5-9所示。超声波传感器有一个较小的膜片，该膜片均已上漆。

(a) 超声波传感器外部结构

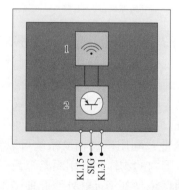

(b) 超声波传感器线路

图5-9　超声波传感器结构
1—超声波传感器；2—3芯插头连接；3—去耦元件

超声波传感器在其电子装置中有一个可设码和可编程的内存。这样，便能有目的地对回声接收的灵敏度施加影响。因此，超声波传感器可跨车型使用。所有超声波传感器都有自己的电子装置。前后超声波传感器都有一个共同的电源和接地端。

超声波传感器工作原理如图5-10所示。每个超声波传感器都有一套自己的电子装置以及自己的一根数据导线，由控制单元通过总线端 Kl.15 供电。超声波传感器被控制单元置于组合收发模式或纯接收模式。在组合收发模式下，一个保险杠内的超声波传感器首先依次发出一个超声波脉冲。然后，超声波传感器将接收由感知范围内的一个目标所反射回来的回声脉冲。该回声脉冲将在超声波传感器内放大，并作为数字信号传输至控制单元。控制单元根据回声脉冲所需时间计算出目标的距离。在接收模式中，超声波传感器将接收相邻超声波传感器所发出的回声脉冲。控制单元能够对最多 3 个超声波传感器的信号进行分析。通过多个超声波传感器的信号分析，计算出车辆和目标之间的最小距离。

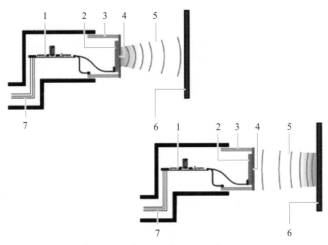

图 5-10　超声波传感器工作原理

1—电子模块；2—压电陶瓷；3—去耦元件；4—膜片；5—超声波；6—障碍物；7—插头连接

② 雷达传感器。根据测量距离不同，分为远距离雷达传感器和近距离雷达传感器。前部远距离雷达传感器可以识别到最远距离不超过 200m 的前方车辆，基本上不受天气影响，ACC 传感器就是远距离雷达传感器，其结构如图 5-11 所示。前部雷达传感器通过总线与车载网络相连。通过总线端 15N 为前部雷达传感器供电。

(a) 雷达传感器结构

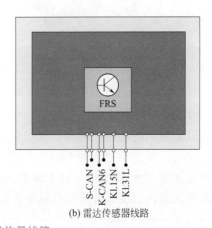

(b) 雷达传感器线路

图 5-11　雷达传感器结构及线路

1—固定支座；2—插头；3—水平调节螺钉；4—壳体 / 雷达天线罩；5—垂直调节螺钉；6—固定支架

（4）环视摄像机

根据安装位置不同，摄像机分为前部摄像机、后部摄像机和侧面摄像机。前部摄像机集成在 KAFAS 控制单元内，其结构如图 5-12 所示。前部摄像机的感知范围最大为 100m，感知水平角度约为 190°，感知垂直角度约为 130°。立体摄像机具有最多 3 个透镜，由此可以拍摄三维图像。摄像机拍摄的光亮点、光色和光强度都由 KAFAS 控制单元进行分析。

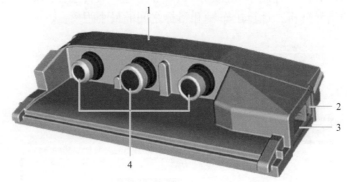

图 5-12　带立体摄像机的前部摄像机
1—KAFAS 控制单元；2—2 芯插头连接（摄像机加热装置）；3—10 芯插头连接；4—3 个透镜

外后视镜摄像机安装在外后视镜下部，可在中央信息显示器中显示车门区域及旁边车道的图像，从而提前识别到达到外后视镜高度的障碍物。

倒车摄像机安装在后行李厢上，可在倒车泊车和调度时提供支持，可将车辆后方区域的图像显示在中央信息显示器上。

（5）夜视摄像机

夜视摄像机安装在左侧装饰格栅后方，其结构如图 5-13 所示。夜视摄像机由一个供热防护窗、一个镜头和热成像传感器构成，夜视摄像机通过一根 LVDS 数据导线连接到电子夜视装置。雨水、灰尘、雪或冰都可能影响摄像机的正常运行。当车外温度很低时，摄像机会自动加热。清洁大灯时，摄像机也会一同被清洁。

图 5-13　夜视摄像机结构
1—夜视摄像机；2—4 芯 LVDS 插头连接；
3—保护玻璃（后面是镜头）

（6）控制单元

驾驶辅助系统功能比较多，有些功能可以由集成的控制单元完成，有些功能由独立的控制单元完成，根据车型装配不同控制单元的数据也不同，主要包括夜视系统控制单元 NVE、环视系统控制单元 TRVSC、驻车辅助系统控制单元 PMA、自适应巡航系统控制单元等，这些控制单元通过总线系统与车载网络连接起来一起完成相应的驾驶辅助功能。

5.1.2.2　故障分析

驾驶辅助功能主要的故障形式是驾驶辅助系统报警，即相关的功能失效。导致驾驶辅助系统功能报警的原因主要包括以下三个方面。

一是相关传感器受使用条件影响导致系统功能受到限制，例如超声波传感器可能受大雾、大雨或大雪等天气因素及发动机尾气等因素的影响。

二是相关传感器安装位置不正确导致系统功能受限，例如摄像机和雷达传感器安装支架变形及传感器被遮蔽。

三是系统相关部件或线路存在故障，例如传感器故障等。

因此在处理驾驶辅助系统故障时，一定要由简到繁，先排查前两个方面因素的影响，然后再进行相关部件的隔离。对于系统部件的故障，主要是对相关传感器和线路进行隔离，最后再确定控制单元问题。

5.1.2.3　故障诊断方法

（1）雷达传感器校准

传感器校准需要借助检测仪完成，以 ACC 传感器为例，调整 ACC 传感器时连接 BMW 诊断系统并在诊断中选择"服务功能 ACC"—"ACC 定速控制校准"—"试运行 ACC 传感器"。安装图 5-14 所示的调节装置专用工具，根据装置的安装和操作说明操作。传感器校准时车辆必须停在水平、平坦的平面上，不得倾斜。

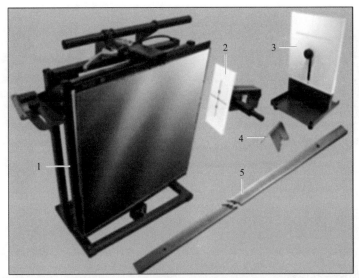

图 5-14　定速控制系统的整套调节装置

1—整套后视镜；2—轮胎激光器；3—分瓣光圈；4—控制角铁（用于导轨的首次安装）；5—导轨

调整装置安装时注意的场地要求，如图 5-15 所示。工作位置的大小要求为 360cm×660cm，后视镜后部的灵活区域至少是 80cm，后视镜到车辆的距离是 80cm，后视镜到 ACC 传感器的距离是 100cm。

校准传感器时会通过检测仪输出一个修正角，如果修正角超出范围，可通过图 5-16 所示的方法旋转 ACC 传感器支架对修正角进行调整，修正角的最大范围为 ±1°。沿顺时针方向旋转 ACC 传感器支架可输出负修正角，沿逆时针方向旋转 ACC 传感器支架输出正修正角。

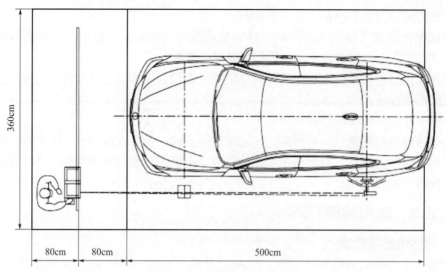

图 5-15　调整装置安装场地要求

　　如果通过调整装置无法将角度调整至规定位置，说明传感器支架或车身存在变形。传感器支架是否存在变形可以利用水准仪对传感器支架进行检查，如图 5-17 所示。如有必要，更换支架。

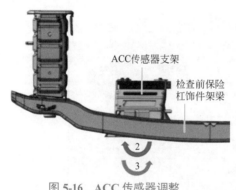

图 5-16　ACC 传感器调整

图 5-17　ACC 传感器支架校准
1—传感器支架；2—直角尺；3—水准仪

（2）超声波传感器诊断

　　超声波传感器信号会受到恶劣天气、压缩空气驱动的设备、高压喷射器、运转的机器产生的噪声、电磁波等干扰源影响，当出现故障时要先排查有无这些干扰源。如果排除了干扰源的影响，接下来可以通过超声波传感器检测计划对超声波传感器进行诊断，通过检测计划能够对所选择超声波传感器的功能、电流及线路进行检查。

　　在前部和侧向超声波传感器的功能检查中不允许在小于 1m 的间距内有障碍物。在后超声波传感器的功能检查中不允许在小于 2m 的间距内有障碍物。具体诊断方法如图 5-18 所示。

（3）摄像机诊断

　　借助视频诊断和环视摄像机诊断检测计划可以对所有摄像机进行诊断。视频诊断能够生成测试图、显示安装系列、显示有故障的组件及处理有故障的组件的故障。具体方法如

图 5-19 所示。

ABL-DIT-AT6621_15UI_USS - 驻车辅助装置：超声波传感器 - V.17

步骤

选择：

- 执行超声波传感器功能检查
- 检查超声波传感器电源
- 检测导线和插头连接
- 退出测试模块

☞ 提示！

只有当泊车辅助系统的故障记录没有故障状态"目前存在"时，才能执行功能检查。只要目前存在泊车辅助系统故障记录，控制单元就禁用泊车功能。

(a)

ABL-DIT-AT6621_15UI_USS - 驻车辅助装置：超声波传感器 - V.17

步骤

确保车辆周围没有障碍物和干扰源。

选择：

- 清除障碍物和干扰源。重复功能测试。
- 环境中没有障碍物和干扰源。
  继续测试过程

(c)

ABL-DIT-AT6621_15UI_USS - 驻车辅助装置：超声波传感器 - V.17

步骤

应检测哪个超声波传感器？

- 后部左外超声波传感器
- 左后中部超声波传感器
- 右后中部超声波传感器
- 后部右外超声波传感器
- 前部左外超声波传感器
- 前部左中超声波传感器
- 前部右中超声波传感器
- 前部右外超声波传感器

(b)

ABL-DIT-AT6621_15UI_USS - 驻车辅助装置：超声波传感器 - V.17

步骤

检测下列超声波传感器：

- 后部左外超声波传感器

此时将障碍物移到超声波传感器上指定的测量范围内。相应地显示当前的状态。允许最大 10 cm 的偏差。

测量范围：

- 20 cm 截止 120 cm
- 将所有高于或低于测量范围的数值都校正至极限值！

应特别注意以下值：

- 253 cm 或 511 cm：障碍物在测量范围之外
- 254 cm：超声波传感器未安装或泊车辅助系统未启动
- 255 cm：无效的测量值

后部左外超声波传感器

20		120
		22 cm

☞ 提示！

对于带有挂车挂钩的车辆，后部测量范围约为 40 cm 至 120 cm。

退出显示并继续。

(d)

图 5-18

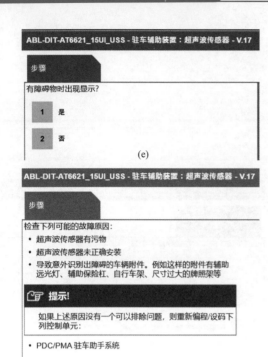

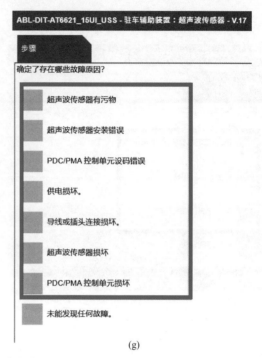

图 5-18 超声波传感器诊断

（4）雷达传感器诊断

雷达传感器的故障有雷达传感器受到污染（如传感器的天线上覆有一层冰、雪或污泥）、雷达信号处理受到外部干扰（如其它汽车制造商使用的雷达传感器可能会对传感器的信号分析造成干扰）、临时故障（通信故障、电压过高或过低、传感器温度过高）、控制单元故障。控制单元故障，只能通过更换损坏的传感器来排除。更换近程传感器时，必须通过诊断系统进行试运行。试运行期间系统将安装位置、安装角度记录在新安装的传感器内。对于临时故障，可以根据图 5-20 所示雷达传感器线路对传感器的供电、接地、总线进行测量并判断。

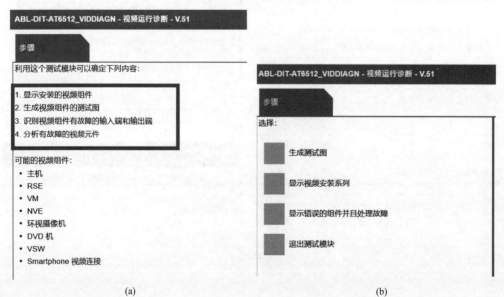

ABL-DIT-AT6512_VIDDIAGN - 视频运行诊断 - V.51

步骤

此处只列出也能生成测试图的控制单元。请选择一个控制单
元：

主机

环视摄像机

☞ 提示！

无论安装在前部和 / 或后部都会显示某些控制单元。

(c)

ABL-DIT-AT6512_VIDDIAGN - 视频运行诊断 - V.51

步骤

请稍后，并注意 CID。显示测试图约 10 s。
对于大多数控制单元来说，显示白色测试图 ...

(d)

ABL-DIT-AT6512_VIDDIAGN - 视频运行诊断 - V.51

步骤

请等待并注意 CID，TRSVC 摄像机图像将每 10 s 依次显示一
次...

(e)

ABL-DIT-AT6512_VIDDIAGN - 视频运行诊断 - V.51

步骤

能否显示测试图？

1　是

2　否

(f)

ABL-DIT-AT6653_ICAMF15 - 环视摄像机 - V.23

步骤

应检查哪些摄像机？

倒车摄像机

故障数据显示

退出测试模块

(g)

ABL-DIT-AT6653_ICAMF15 - 环视摄像机 - V.23

步骤

下列内容已读取：
自动校准：所选的摄像机已完全校准。
摄像头连接状态：摄像机连接正常。
摄像头状态：未识别到故障。

(h)

ABL-DIT-AT6653_ICAMF15 - 环视摄像机 - V.23

步骤

确定了存在哪些故障原因？

倒车摄像机 损坏。

控制单元损坏。

导线或插头连接损坏。

无法确定故障原因。

☞ 提示！

假如控制单元插头不正常，则必须更新控制单元。如果相
关摄像机插头不正常，则必须更换相关摄像机。

相关摄像头：倒车摄像机

(j)

ABL-DIT-AT6653_ICAMF15 - 环视摄像机 - V.23

步骤

检查下列事项：
· 倒车摄像机和控制单元之间的导线。
· 倒车摄像机和控制单元上的插头。

☞ 提示！

线脚 Pin 不允许具有下列特性：

· 锈蚀
· 已断裂
· 弯曲
· 氧化

用"继续"继续测试模块。

(i)

图 5-19　摄像机诊断

端子	类型	名称/信号类型	插座/测量说明
1	E	电源 总线端Kl.15	保险丝F46
2	—	未被占用	
3	E/A	S-CAN总线信号	一体式底盘管理系统
4	—	未被占用	
5	—	未被占用	
6	E/A	S-CAN总线信号	一体式底盘管理系统
7	—	未被占用	
8	M	接地	接地点

图 5-20　雷达传感器线路

（5）控制单元诊断

驾驶辅助系统控制单元及相关线路的诊断与其它系统控制单元诊断一样，可以根据相关电路图进行测量。对于控制单元，需要根据电路图检查控制单元的供电、接地及总线通信信号是否正常。对于信号线路，需要测量信号线路之间是否存在断路和短路情况，也可以根据控制单元相关信号端子的说明进行测量，并与其他功能正常的车辆进行对比判断。

5.2 空调系统

5.2.1 经典维修故障案例

5.2.1.1 F35 空调系统间歇性制冷效果差

（1）车辆信息

车型	发动机型号	里程 /km
F35, 320Li	N20	35000

（2）故障现象描述

客户反映：车辆在行驶初期空调系统正常，能够提供要求的凉度，制冷效果正常。行驶一段时间后，空调系统出风量逐渐减小，直到完全没有风吹出。

故障现象确认：经检查，客户描述情况属实，车辆在冷车状态下启动发动机并激活空调系统、空调系统能工作正常，大约上路行驶 30min 后，空调系统出风口的出风量逐渐减少，直到完全没有风吹出，检查鼓风机运转的情况，能够听到鼓风机电机的运转声音。关闭发动机，等待一会（大约 30min）再重新启动发动机，激活空调系统，故障现象消失，持续一段时间后故障反复出现。

（3）故障分析思路及排除方法

从故障症状来看，制冷管路冰堵的可能性很大，怀疑因为低压管路冰堵造成蒸发器温度过低产生结冰现象，导致空气无法流过蒸发器。进行路试，对故障症状反复确认，大约正常行驶了 30min 后出风口风量逐渐减小至完全没有风吹出。停车检查，发现制冷剂管路的低压管路部分外壁结霜，说明确实是由冰堵造成的。回厂进行全面检查，因为冷凝器的位置比较隐蔽，拆装比较麻烦，为了稳妥起见，首先使用内窥镜检查蒸发器的状态，结果发现蒸发器的外表面已经结满了厚厚的一层冰霜，如图 5-21 所示。

对空调系统蒸发器的工作原理和故障原因进行分析：正常情况下蒸发器是不能结霜的。结霜后影响传热，增加热阻，降低制冷效果和风量，所以蒸发器不能结霜。

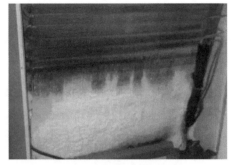

图 5-21　蒸发器结冰现象

蒸发器结霜现象的原因主要有以下几个方面：膨胀阀的调节度过小，低压压力过低；系统制冷剂过少，蒸发压力过低；内循环滤网堵塞；温控（或温度传感器）失灵，压缩机不停机或因温度传感器信号不准确导致压缩机工作不正常；变排量压缩机的控制阀（压力调节阀）失灵，压缩机一直处在全容量工作状态，致使低压压力过低而蒸发器结霜。当然，低压压力的高低还受环境温度和驾驶室温度的影响。

接下来对故障现象进行以下相关的诊断：

① 首先使用制冷剂加注设备对制冷剂循环系统压力进行检查，高压 14bar❶，低压 2bar，结果正常。

② 使用专用检测仪 ISID 对车辆空调系统进行诊断，没有故障码信息。查看数据流，发现当蒸发器开始结冰时，变排量压缩机的功率没有降低，制冷功率由开始的 80% 一直保持不变，蒸发器结冰现象依然存在。

压缩机功率不能够调节说明压缩机、相关温度传感器及控制模块（IHKA）输出控制信号存在问题。

③ 使用专用检测设备 ISID 进入空调系统"部件控制功能"对压缩机功率进行控制操作，按照系统提示进行操作，压缩机的功率能够在 ISID 的驱动下正常调节制冷功率。退出"部件控制功能"后压缩机又进入功率不调整状态，说明压缩机本身没有故障，空调模块没有问题。应该是输入端的传感器或其他原因导致的故障。如果没有专用设备，可以使用电流钳测量车辆不同制冷要求下的调压阀的电流值来寻找具体的故障点，在系统压力值正常情况下，压缩机功率范围内的工作电流标准值为 0.26 ～ 0.92A。

④ 首先检查蒸发器温度传感器，蒸发器温度传感器用于记录蒸发器上冷却空气出口温度，防止蒸发器结冰。蒸发器温度的标准值为 2 ～ 8℃。标准值取决于车外温度、通风温度和制冷剂压力。蒸发器温度传感器直接与冷暖空调控制单元（IHKA）连接。如果蒸发器温度降到标准值（2℃）以下，则冷暖空调控制单元关闭空调压缩机能够避免蒸发器结冰。

⑤ 从车辆上拆卸下蒸发器温度传感器，测量供电电压，为 5V 正常，接地线正常。查询维修资料（ISTA），找到本车型的蒸发器温度传感器的标准温度 - 电阻曲线图，如图 5-22 所示。

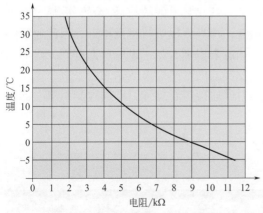

图 5-22　蒸发器温度传感器特性曲线

❶　1bar=10^5Pa。

⑥ 根据蒸发器温度传感器特性曲线可知当温度为 30℃时蒸发器温度传感器的电阻值约为 2000Ω，传感器特性为负温度系数传感器（NTC）。使用万用表测量传感器在 30℃时的电阻值为 20009Ω，20℃电阻值为 30050Ω，正常。

重新安装上蒸发器温度传感器准备进行下一步检查。

⑦ 在安装过程中不经意间发现蒸发器温度传感器安装位置处有细小的缝隙，会不会是因为这个缝隙的存在导致热的空气进入到传感器的周围，使蒸发器温度传感器的信号值高于蒸发器的实际温度值，空调模块（IHKA）接收到略高的温度信号就会按照这个信号控制压缩机工作呢？

⑧ 找来一片薄的海绵垫片，使用双面胶将海绵垫片均匀地粘贴到传感器的安装接口处，如图 5-23 所示，消除了传感器和安装底板的细小缝隙，安装完效果如图 5-24 所示。

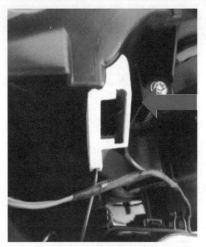
图 5-23 安装海绵垫片

图 5-24 安装传感器

⑨ 重新进行试车，空调系统工作正常，没有再出现蒸发器结冰的现象，出风口的出风量也正常，故障彻底排除。

（4）故障总结

该故障是典型的蒸发器温度传感器信号错误导致的蒸发器结冰故障。蒸发器的结冰多是由于制冷系统调节出现了故障。蒸发器除了结冰故障，其它常见的故障是泄漏、散热表面脏污和内部管路堵塞。由于蒸发器安装在空气分配箱内，很难直接进行目视检查，因此通常都需要进行拆装检查。对于泄漏问题，可以利用出风味道来识别，如果出风口混有冷冻机油的味道，说明蒸发器泄漏。然而这些方法无法判断蒸发器的内部热交换效率是否正常，也就是无法判断内部制冷剂的相变过程。因此还要结合热力学原理进行检测，即通过测量蒸发器入口端温度、出口端温度和压力值分析判断故障原因。

5.2.1.2 G38 空调系统制冷不正常

（1）车辆信息

车型	发动机型号	里程 /km
G38，5301Li	B48	40000

（2）故障现象描述

客户反映：空调系统制冷效果不太好，尤其是天气很热的时候。

故障现象确认：启动发动机预热至正常温度，激活空调系统，检查空调制冷效果，环境温度为 32℃时，在车内设置最大制冷需求，此时检查车内出风口温度，明显不凉，使用温度计测量为 25℃，并且发现空调压缩机离合器会间歇性地接通和断开。车主描述的故障现象真实存在。

（3）故障分析思路及排除方法

从故障症状来看，按照检修空调故障的基本步骤，需要首选确认制冷剂的压力以及制冷剂加注量的多少、是否存在故障码等。

连接制冷剂加注设备测量系统压力为 21bar 左右，偏高；读取空调系统故障码，存在"空调压缩机因系统压力过高而断开"的故障码。

根据空调结构特点，检查了低温冷却液液位高度，当打开低温冷却液储油罐盖时发现内部压力比较大，温度比较高（正常情况下不会超过 70℃），怀疑出现这种现象有可能是之前添加了冷却液后没有按照要求进行系统排气操作。接下来按标准进行低温冷却循环系统的排气操作：

① 连接充电器，避免因电压过低影响排气过程。

② 打开点火开关，打开近光灯和双闪警告灯，关闭驾驶员侧车门。

③ 在空调操作面板上将温度设置成最高，将风扇调整到最小挡位。

④ 将加速踏板踩到底，并保持 15s，激活低温循环水泵，启动排气程序。

⑤ 大约 11min 后，自动排气程序将自动停止。低温冷却循环回路排气结束。

⑥ 检查冷却液液面高度，如不符合要求需调整。

执行完低温冷却液循环系统排气程序后，重新检查空调系统压力为 12bar；删除故障码后没有重现；测量出风口温度值 12℃，正常。在后续的电话回访中得知该故障没有再现，故障彻底排除。

（4）故障总结

该故障是典型的由冷凝器散热不良导致的空调系统管路压力异常故障，引起冷凝器散热不良的根本原因是装配 B 系列发动机的空调系统采用了专用水冷系统对冷凝器进行冷却。如果水冷系统存在故障，会导致空调系统工作异常。采用该种"水冷"冷凝器系统的空调压力值为 10 ~ 13bar 左右，比传统的"风冷"冷凝器系统结构的压力值略低，需要在诊断维修过程中加以注意，避免误判。低温冷却液加注时要采取真空加注方法进行，加注完毕后按照标准程序进行排气操作，否则会影响制冷效果。

5.2.1.3　F25 空调系统主驾驶正常，副驾驶位置不出暖风

（1）车辆信息

车型	发动机型号	里程 /km
F25，X3 sDrive20i 系	N20	59000

（2）故障现象描述

客户反映：车辆在室外温度比较低的时候，开暖风时右边副驾驶一侧出风口不出热风，

左右两侧明显有温度差。

故障现象确认：启动发动机预热至正常温度，激活空调系统，首先检查空调制冷效果，在温度需求为 16℃时，驾驶员侧和副驾驶侧的出风口温度都比较低，而且基本一致，制冷正常；将温度需求调整到 28℃时，驾驶员一侧出风口吹出的是热风，正常；副驾驶一侧出风口吹出风的温度明显不够，接近自然风的温度。车主描述的空调系统故障真实存在，需要进一步查修。

（3）故障分析思路及排除方法

该车空调系统的取暖功能是由位于仪表内部风箱处的混合风门开度来实现的。该故障很有可能是风门电机或风门出现问题导致的。接下来根据分析的结果进行故障诊断，首先按照标准诊断流程对车辆进行故障码读取。

连接专用检测仪 ISID 读取车辆故障码，发现有大部分空调方面的故障码，还有空调面板未应答故障，全部是当前不存在的。由于客户的车在外改装过可调悬挂，之前拆过空调面板等好多部件，却又没删码。删码后只剩下"电池老化""CID 无通信故障"两个故障码，与空调系统无关可以先忽略。

进入到空调系统的诊断界面，执行风门的相关检测计划"风门马达重新定址"和"风门马达试运行"（图中和引用中称作风门马达，其余部分称作风门电机）的两个文件，设备界面显示顺利通过该操作，如图 5-25 所示。风门电机定址成功说明风门电机不存在电气范围的故障。

![风门马达重新定址界面]

ABL_DIT-AS6450_25ADRES - 空气分配风门马达重新定址

步骤

风门马达定址已成功进行。

退出服务功能，按下：继续

图 5-25　风门电机定址成功界面

重新检查了左右侧的混合风门电机数据流、出风口温度传感器相关数据，如图 5-26 所示，说明风门电机、空调模块、控制信号均正常。

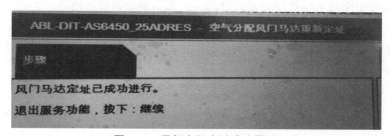

-高级型风门马达	
功能：	右侧混合风门标准值
状态：	0.00 %
功能：	右侧混合空气风门实际值
状态：	0.00 %
功能：	左侧混合风门标准值
状态：	0.00 %
功能：	左侧混合空气风门实际值
状态：	0.00 %

-高级型风门马达	
功能：	右侧混合风门标准值
状态：	100.00 %
功能：	右侧混合空气风门实际值
状态：	100.00 %
功能：	左侧混合风门标准值
状态：	100.00 %
功能：	左侧混合空气风门实际值
状态：	100.00 %

(a) 制冷(16℃)时风门电机数据　　　　　　(b) 制冷(28℃)时风门电机数据

图 5-26　风门电机数据流

重新思考故障现象特点及可能的原因，暖风水箱只有一个，但是为什么还会出现冷热不均的现象呢？该车混合风门有两个，混合风门电机已经检查过了没有问题，会不会是风门翻板脱落或卡滞的机械故障呢？

只好拆卸混合风门进行进一步检查，该工作量比较大，需要拆卸仪表台和许多附属部件。

当拆卸仪表台时，使用万用表的温度测量功能分别测量了暖风水箱的驾驶员侧和副驾驶侧的温度，发现异常，同一个暖风水箱驾驶员侧温度为 56.8℃，而副驾驶侧温度为 37.5℃，如图 5-27 所示。暖水箱只有一个进口、一个出口，一个物体存在温度差，内部应该是部分堵塞了。

图 5-27　暖风水箱温度测量

拆卸下暖风水箱，倒出冷却液，发现冷却液颜色已变成深褐色，如图 5-28 所示，并且内部存有大量胶状沉淀物质。

使用大量清水冲洗干净暖风水箱内部，重新加入符合车辆标准型号的冷却液，然后进行试车，故障消除。

（4）故障总结

此故障是典型的由热交换器损坏导致的空调温度调节异常故障。由于不同车型的温度调节方式不同，需要对不同车型的结构有相对深入的了解，这样才能在诊断故障时做到有的放矢，快速找到故障部位。目前宝马在市场上的主流车型分为水阀调整

图 5-28　暖风水箱内部胶状物质

温度和混合风门调整温度两种形式，需要加以区别。有些万用表具有温度测量功能，能够测量不宜接触到的位置，对于排查故障有一定的帮助，可以加以利用。

5.2.1.4　F18 空调系统不制冷且出暖风

（1）车辆信息

车型	发动机型号	里程 /km
宝马 5 系 F18/530li	N55	150000

（2）故障现象描述

客户反映：车辆在发动机启动初期空调系统正常，能够提供要求的凉度，制冷效果正常。行驶一段时间后，空调的制冷效果逐渐变差，最后出风口不出凉风，完全是热风。

故障现象确认：检查车辆空调状态，车辆在冷车状态下启动发动机并激活空调系统，制冷工作正常，出风量和出风口温度均符合要求。发动机运转大约 5min 后，在 16℃ 的制冷要求下，空调系统出风口的出风温度逐渐变热，直至出热风。关闭发动机，等待大约 2h，再重新启动发动机，激活空调系统，故障现象消失，发动机运转一段时间后故障又再次出现。

（3）故障分析思路及排除方法

查询相关技术资料得知该车的空调系统温度调节是以水阀控制为基础的，其水阀结构如图 5-29 所示。

水阀在该车辆上的连接方案如图 5-30 所示，其在空调系统制冷工作过程中是关闭的，在制热过程中是打开的，具体的开度由空调模块 IHKA 根据多个传感器的数据控制。

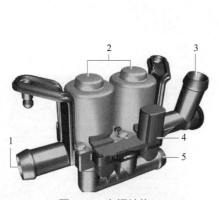

图 5-29 水阀结构
1—左侧加热进水管路；2—电磁阀；3—右侧加热进水管路；
4—电气插头连接；5—热水入口

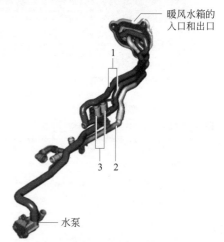

图 5-30 水阀连接
1—左右侧加热进水管路；2—左右侧加热回水管路；
3—电磁阀

从故障症状来看，该车空调不制冷并且在发动机热机后出暖风的情况，结合该车的空调系统结构特点，怀疑是暖风水阀故障导致的。

首先使用专用检测仪 ISID 读取车辆故障代码，没有相关水阀和空调系统的故障代码，正常。

通过检测仪执行"部件控制"功能，选择"水阀"并点击"激活"按钮，系统显示"正在驱动水阀"，并且在车辆上发动机舱内水阀处能够听见"嗒嗒"的声音，该现象表明水阀内部线圈正常，模块驱动信号正常。

虽然水阀控制信号和水阀本身没有问题，但会不会是水阀因为关闭不严导致热水仍然进入暖风热交换器才造成的该故障？

接下来在水阀关闭的情况下，用手摸水阀下部的入水管和上部的两根出水管，温度都是很热的基本上没有温差，进一步怀疑是水阀关闭故障。

根据水阀连接的结构特点，找来一把大力钳子，夹住水阀下部的入水管（水泵至水阀的那根），切断热水的流动，确保没有热水进入暖风热交换器。在这种状态下检查空调制冷情况，结果能够恢复正常，说明水阀确实关闭不严。

更换新水阀后试车，空调功能恢复正常，彻底排除故障。

（4）故障总结

该故障是比较典型的由水阀关闭不严导致的空调温度调节异常故障，此故障案例中，水阀没有完全损坏，还能够进行工作，但是其工作性能不正常。常规水阀的检查可以使用检测仪进行故障码读取和"执行部件驱动"的方法进行，如果以上两种方式都没有发现故障原因，可以根据结构特点测量一下各段管路的温度值并进行故障分析，能够比较快地找到故障原因。还要注意的是要熟悉水阀的控制逻辑，空调模块根据传感器数据和驾驶者的温度要求通过占空比信号控制水阀的开度，以此达到温度调节的目的。

另外出现此类故障的车辆一般行驶里程比较多，防冻液没有及时更换或者添加了不同类型的防冻液导致管路中和水阀处形成水垢，最终导致水阀关闭不严造成了该故障。

5.2.2　故障解析

5.2.2.1　结构特点

（1）系统组成

宝马车辆采用自动空调控制系统，其系统组成如图 5-31 所示。自动空调系统允许驾驶员、前乘客和后座区乘客通过操作面板和控制单元从五个不同强度等级中独立选择各自所需的调节温度和自动空气分布，如图 5-32 所示。为了达到自动调节温度和风量的目的，自动空调系统采用了多个温度传感器对系统温度进行监控。为了确保进行高效的空气调节，空调系统的暖风和空调器配备了多个步进电机。后座区脚部空间通道内的 PTC 加热元件可提高后座区乘客的热空气温度。后座区乘客可以通过后座区中部通风格栅上的分层调节器调节后座区中部出风口以及 B 柱出风口处的空气温度。

（2）制冷系统组成及工作原理

制冷系统利用制冷剂在制冷管路中的物态变化实现制冷。制冷剂在制冷管路中的循环是在压缩机的驱动下完成的。在制冷剂循环回路中蒸发器与冷凝器功能基本相似，就是一个热交换器。被压缩机压缩后的高压的液态制冷剂通过膨胀阀进入蒸发器，由于膨胀阀的雾化作用，使液态的冷媒变成雾状，雾状的冷媒在低压条件下转变为气态。在转变的过程中会吸热，所以此时蒸发器是凉的，风通过后就变成凉风，达到了制冷的目的。吸收热量的制冷剂经过冷凝器后将吸收的热量散到空气中，制冷剂在制冷管路中的状态如图 5-33 所示。

（3）供暖系统工作原理

汽车上空调供暖系统是利用冷却系统高温冷却液实现供暖的。目前宝马车辆对于暖风温度的调节控制主要采取混合风门调节和水阀调节两种方案。

混合风门由混合风门电机控制其开度位置，混合风门的开度位置决定了冷风和热风的混合程度，以此来完成出风口温度的配比。其温度混合的基本工作原理如图 5-34 所示。

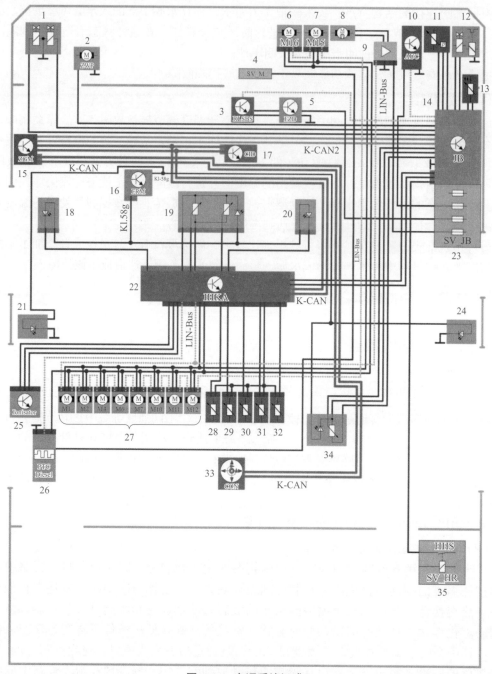

图 5-31 空调系统组成

1—为左侧/右侧暖风热交换器提供冷却液的双节拍阀；2—电动辅助冷却液泵；3—晴雨/光照/水雾传感器；4—用于暖风和空调器内 PTC 辅助加热器的发动机室供电；5—车顶功能中心；6—新鲜空气伺服电机；7—循环空气伺服电机；8—新鲜空气/循环空气鼓风机电机；9—鼓风机电机输出级；10—空气自动循环控制的 AUC 传感器；11—空调系统制冷剂循环回路高压压力传感器；12—空调压缩机；13—车外温度传感器；14—接线盒电子装置；15—中央网关模块；16—脚部空间模块；17—中央信息显示屏；18—左侧侧面格栅照明装置；19—前部中间格栅照明装置；20—右侧侧面格栅照明装置；21—左侧 B 柱格栅照明装置；22—暖风和空调系统操作面板和带有车内温度传感器的控制单元；23—前部配电盒；24—右侧 B 柱格栅照明装置；25—暖风和空调器上的离子灭菌器；26—暖风和空调器内的前部 PTC 辅助加热器；27—自动空气分布步进电机；28—左前中部通风温度传感器；29—右前中部通风温度传感器；30—左侧暖风热交换器温度传感器；31—右侧暖风热交换器温度传感器；32—蒸发器温度传感器；33—控制器；34—后座区中部格栅分层电位器和旋转式调节器照明装置；35—右后配电盒

图 5-32　空气和温度调节

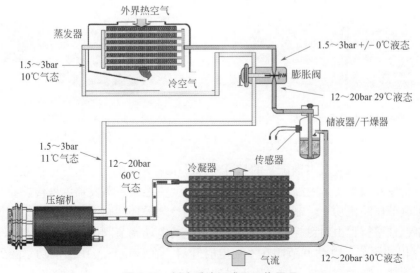

图 5-33　制冷系统组成及工作原理

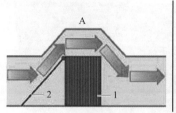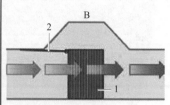

图 5-34　风门控制温度调节

1—暖风水箱；2—风门翻板；A—制冷需求；B—制热需求

控制单元控制水阀开度的大小以此控制进入暖水箱的高温冷却液的流量，最终达到控制出风口温度的目的，其原理如图 5-35 所示。当需要制冷时，控制单元接收到制冷需求信号，结合传感器的数据，减小水阀的开度直至完全关闭，此时暖水箱内没有热的冷却液流过，外界的自然空气首先流过蒸发器并在蒸发器中降低了温度，然后再流过不热的暖水箱，最后从出风口吹出的就是相对凉的风；而当需要制热时，控制单元会根据制冷需求和传感器数据控制水阀开度，使热的冷却液流入暖水箱，暖水箱被加热，外界的自然空气首先流过蒸发器（此时因为压缩机不工作，蒸发器为环境温度），然后流过已经加热的暖水箱，最后从出风口吹出的就是相对热的风。

（4）空调压缩机

空调压缩机结构如图 5-36 所示。空调压缩机由发动机通过传动带驱动，通过电磁离合器接通和断开。

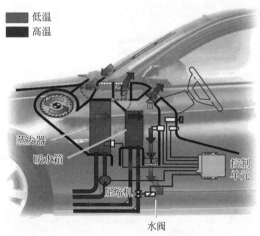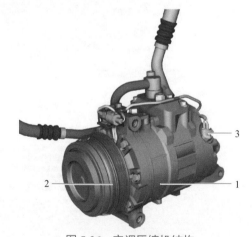

图 5-35　水阀温度调节　　　　　　　图 5-36　空调压缩机结构

　　　　　　　　　　　　　　　1—空调压缩机；2—空调压缩机电磁离合器；3—电动调节阀

宝马汽车的空调系统大多数配备的是可变排量压缩机，在工作过程中压缩机调节阀会根据各种温度传感器数据（车内温度传感器、车外温度传感器、蒸发器温度传感器）及驾驶员的制冷需求调节压缩机功率。制冷剂的输送量和制冷剂循环回路所需的压力由空调压缩机中的柱塞控制，柱塞行程由斜盘控制，空调压缩机上的电动调节阀影响斜盘上力的平衡并因此影响工作容积的调节。电动调节阀在不通电时开启，在该位置，压缩机功率降到接近 0%，将减少燃油消耗。冷暖空调打开时，压缩机功率可在 0% ~ 100% 内无级调节。

可变排量压缩机工作原理如图 5-37 所示。

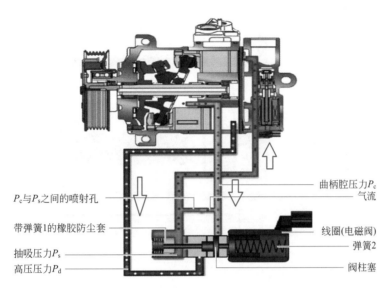

P_c 与 P_s 之间的喷射孔

带弹簧1的橡胶防尘套

抽吸压力 P_s

高压压力 P_d

曲柄腔压力 P_c

气流

线圈(电磁阀)

弹簧2

阀柱塞

(a) 可变排量压缩机高功率工作过程

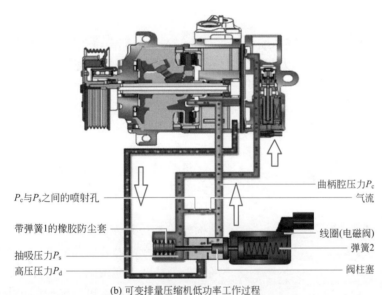

P_c 与 P_s 之间的喷射孔

带弹簧1的橡胶防尘套

抽吸压力 P_s

高压压力 P_d

曲柄腔压力 P_c

气流

线圈(电磁阀)

弹簧2

阀柱塞

(b) 可变排量压缩机低功率工作过程

图 5-37　可变排量压缩机工作过程

电磁离合器中线圈的热保险丝当空调压缩机卡住时起保护作用。如果电磁离合器上的热负荷达到规定温度（189℃），热保险丝会做出响应，电磁离合器供电中断。热保险丝不可重新使用，不能作为单个部件更换。

（5）冷凝器

冷凝器是空调系统的一个热交换装置，通常采用风冷方式进行冷却，在采用 B 系列发动机的宝马车辆上冷凝器由风冷方式变成了由冷却液冷却的所谓的"水冷"方式。其系统结构如图 5-38 所示。

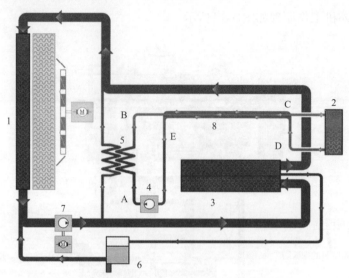

图 5-38 空调"水冷"系统组成及制冷剂状态图

1—低温冷却系统散热器；2—空调系统蒸发器；3—间接增压空气冷却器；4—制冷压缩机；5—冷却液
和制冷剂热交换器；6—制冷剂储液罐；7—电动冷却液泵；8—内部热交换器（管）A—热交换器
入口温度 +85℃；B—热交换器出口温度 +55℃；C—内部热交换器（管）出口温度 +45℃；
D—蒸发器出口制冷剂温度 +5℃；E—内部热交换器（管）出口制冷剂温度 +15℃

在这种结构下，经过空调压缩机压缩过的气态制冷剂温度为 +85℃左右，压力为 15bar 左右，需要冷凝到 55℃以下以使制冷剂全部液化，此过程的温度变化与发动机缸体温度变化的差异较大，因此需要单独的冷却系统，该系统称为低温冷却系统。低温冷却系统通过一个单独的功率可调节的电动冷却液泵来调节空调系统的冷却功率，采用该种冷却方式的优点是能够更加精确地控制制冷剂的冷凝温度，以提高空调的制冷效率。

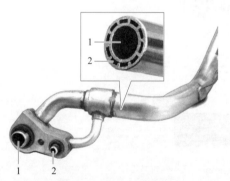

图 5-39 制冷剂管管路

1—高温高压制冷剂管路；2—低温低压制冷剂管路

该空调系统制冷剂循环回路中使用了一个新型管路部件即带有内部热交换功能的制冷剂管路，这根特殊软管被设计成内外两个不相连通的空间，其结构如图 5-39 所示。

该种制冷剂循环回路能够使制冷剂的压力和温度的控制精度更加精确，作为冷却液循环动力源的电子水泵的旋转速度可由电控单元根据温度和压力传感器的输入数据进行实时调节。同时该种类型冷凝器位于发动机舱的内部，相对于位于车辆前部格栅处的冷凝器类型，其工作环境较好，能够有效减少因空气中存在的污染物导致冷凝器脏污而散热不良，进而影响空调系统制冷效果的情况。

（6）空气循环路径

空调系统空气循环路径如图 5-40 所示，空气通过内循环和外循环两条路径进行循环，所有的空气都需要经过两个空调滤芯过滤，然后通过出风口进入到车内。

有些车型在空气循环路径中还安装了空气净化装置，如图 5-41 所示。空气净化装置将对进入蒸发器之前的空气进行净化处理。空气净化装置是个电离装置，在电离装置中有一块用硬化玻璃嵌套的陶瓷板。在电极上，通过电子控制装置加上了一个约为 3kV 的交流电压，通过在装置内部加上一个高电压，对空气进行部分电离。其后续反应将产生过氧化氢。过氧化氢将通过化学反应，对蒸发器和空调的其他部件进行全面灭菌。空调控制单元通过一个按脉冲宽度调制的信号（PWM 信号）控制电离装置。

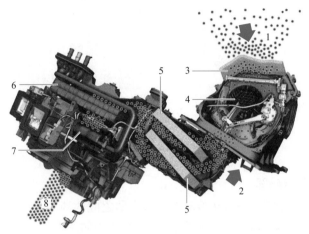

图 5-40　空气循环路径

1—新鲜空气通过粗滤器吸入暖风和空调鼓风机；2—循环空气进气装置；3—鼓风机电机壳体内的粗滤器；
4—暖风和空调系统的鼓风机；5—滤清器壳体内的两个组合过滤器；6—蒸发器；
7—暖风热交换器；8—空气流向空气通道和车内空间

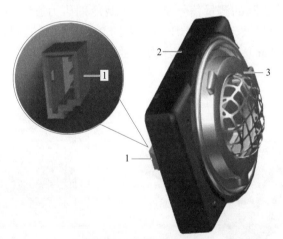

图 5-41　空气净化装置

1—插头连接；2—壳体；3—臭氧发生器

（7）温度传感器

为了实现空调系统精确的温度控制，在系统中装了大量的温度传感器，包括通风温度传感器、暖风热交换器温度传感器、蒸发器温度传感器、车内和车外温度传感器等。

空调系统温度传感器与发动机冷却系统温度传感器类似，是一个热敏电阻或 NTC 电阻。可通过热敏电阻将"温度"变量转变成电气系统可以分析的"电阻"变量。其结构和特性曲线如图 5-42 所示，不同温度传感器的特性曲线会略有不同。

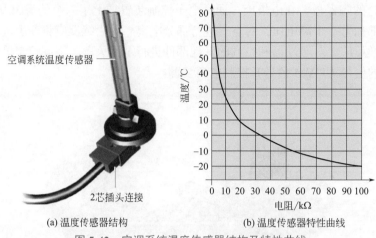

(a) 温度传感器结构   (b) 温度传感器特性曲线

图 5-42   空调系统温度传感器结构及特性曲线

(8) 制冷剂压力传感器

空调的制冷剂压力传感器安装在冷凝器和蒸发器之间的高压管路内，通过感压元件分析制冷剂循环回路高压管路中存在的制冷剂压力，其结构如图 5-43 所示。空调运行时，制冷剂压力由制冷剂压力传感器检测并在空调控制单元中分析。根据传感器信号，在制冷剂压力过高时通过冷暖空调控制单元调节或关闭空调压缩机。根据制冷剂压力，通过空调控制单元检测风扇挡位，并将风扇挡位通过总线传输至发动机控制单元。

制冷剂压力传感器实际的测量信号是一个受制冷剂压力影响的线性传感器输出电压。制冷剂压力传感器的信号波动取决于压力。大约 0.4 ~ 4.6V 的测量范围对应大约 10kPa（0.1bar）~ 3.5MPa（35bar）的压力。该压力信号再被转换为数字信号并通过总线发送给冷暖空调控制单元。

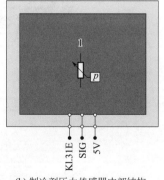

(a) 制冷剂压力传感器外部结构   (b) 制冷剂压力传感器内部结构

图 5-43   制冷剂压力传感器结构

1—制冷剂压力传感器；Kl.31E—总线端 Kl.31E 电子接地线；SIG—信号线；5V—供电电压

(9) 空气风门电机

为了实现对出风量和出风位置的自动控制，空调系统中安装有多个空气风门电机，如图 5-44 所示。空调控制单元可以通过控制空气风门电机，实现对风门开启角度的精确控制，从而实现出风口气流中冷暖空气比例的精确调节。根据车辆空调系统配置不同，控制风门的步进电机数量也不同。

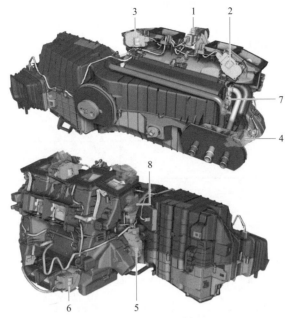

图 5-44 风门电机安装位置

1—除霜风门电机；2—左侧外部通风风门电机；3—左侧中部通风风门电机；4—右侧中部通风风门电机；5—右侧外部通风风门电机；6—左前脚部空间风门电机；7—右前脚部空间风门电机；8—左侧后座区脚部空间风门电机

风门电机主要由分区风门电机、电子模块（带有集成式开关电路）、变速箱和壳体组成，如图 5-45 所示。

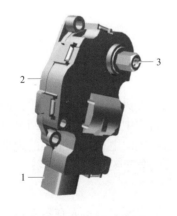
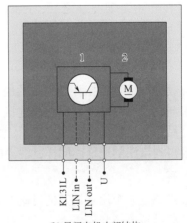

(a) 风门电机外部结构

1—4芯插头连接；2—分区风门电机；
3—变速箱输出端

(b) 风门电机内部结构

1—电子模块；2—风门电机；Kl.31L—接地；
LIN in—LIN总线输入；LIN out—LIN总
线输出；U—供电

图 5-45 风门电机结构

风门电机通过 LIN 总线与空调控制单元通信，风门电机串联在 LIN 总线上，如图 5-46 所示。冷暖空调中的风门电机都是相同的，其区别仅在于所编程的地址，每个风门电机都有一个特定的地址，该地址确定风门电机在系统网络内具体接受哪项功能。冷暖空调控制单元也可以通过该地址获悉所收到的故障信息来自哪一个风门电机。

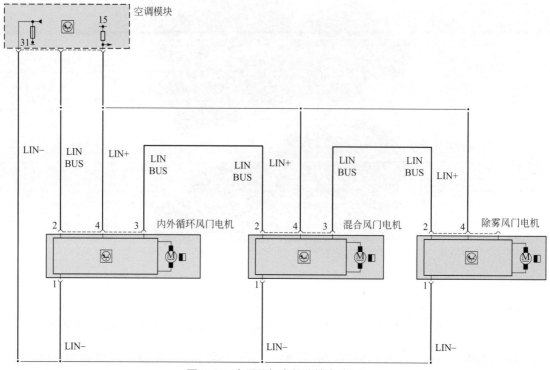

图 5-46　空调风门电机连接电路图

　　风门电机在开始自动寻址之后，冷暖空调控制单元就会将第一个地址编程给拓扑结构中串联的最后一个风门电机。然后将第二个地址编程给拓扑结构中倒数第二个风门电机，以此类推，直至设定好所有地址。因此风门电机在线束中的安装位置决定了风门电机的地址。

　　如果是自动分配地址，拓扑结构中的最后一个风门电机没有连接到冷暖空调控制单元的电线束，或未与它建立局域互联网总线连接，则拓扑结构中倒数第二个风门电机将会被错误地识别为拓扑结构的最后一个风门电机。因此将会给该风门电机写入错误的地址。其余风门电机同样也会得到错误的地址。同样，混淆插头之后也会导致错误寻址。

（10）水阀

　　自动恒温空调是一个用水调节的冷暖空调。在冷暖空调中，首先在蒸发器上冷却和干燥空气流，接着通过暖风热交换器将空气流加热至所需的温度。对于自动恒温空调，由于暖风热交换器具有左右分区功能，因此安装一个双水阀。双水阀根据需要计量用于左侧和右侧暖风热交换器的冷却液流量。这样就确定了用于加热车厢内部的空气温度。

　　双水阀结构如图 5-47 所示，水阀是以电磁方式工作的，空调控制单元按规定的、符合需要的脉冲比控制双水阀的打开和关闭，通过双水阀精确调节通往暖风热交换器的冷却液，在断电状态下双水阀位于开启位置。

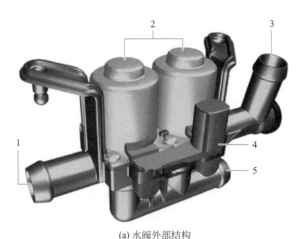

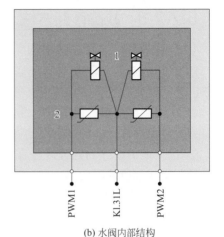

(a) 水阀外部结构
1—左侧加热进水管路(连接至暖风热交换器)；2—电磁阀；
3—右侧加热进水管路(连接至暖风热交换器)；
4—3芯插头连接；5—入口

(b) 水阀内部结构
1—电磁阀；2—与电压相关的电阻器；
Kl.31L—功率管接地；
PWM1，PWM2—按脉冲宽度调制的信号

图 5-47　水阀结构

5.2.2.2　故障分析

由于空调系统主要是实现制冷和取暖两项重要功能，因此空调系统出现的故障也是制冷和取暖功能故障。

空调制冷系统主要故障表现为空调系统不制冷或间歇不制冷。造成故障的原因主要包括以下几个方面：

一是压缩机本身故障导致系统不制冷，主要是压缩机离合器内部线圈短路或调压阀故障所致。

二是循环回路系统压力不正常，过低压力的制冷剂不能够按设计要求完成制冷剂循环过程中的膨胀—蒸发—吸热，导致制冷效果不好或者达到制冷需求的时间过长；同样过高的制冷剂压力会使系统温度随之升高，当压力值超过 30bar 时，空调控制单元会控制并切断电磁离合器，使压缩机停止工作，造成系统不制冷。

三是相关的环境温度传感器、蒸发器温度传感器等元件故障导致信号不能够正常传递到空调控制单元，导致控制单元不激活压缩机或输出错误的控制信号，使制冷效果变差。

四是冷凝器的散热效果不良导致制冷剂高压压力高于正常值，制冷剂在冷凝器内不能完全液化，导致其在蒸发器内蒸发后的吸热能力变差，制冷效果不好。

空调取暖系统的故障表现为暖风不热或者取暖效果不好，造成故障的主要原因包括以下几个方面。

一是暖水阀故障。水阀本身关闭不严或水阀控制信号错误都会造成暖风不热问题。

二是安装在仪表台内部的混合风门电机机械损坏，导致混合风门翻板不能够关闭和打开，无法进行温度调节。

三是风门电机未定址成功，未成功定址（设码）的电机不能够正确接收 LIN 线信号，也无法完成调节温度的动作。

四是暖风热交换器故障，如果暖风水箱出现泄漏或堵塞现象也会造成制热效果差的问题。

5.2.2.3 故障诊断方法

（1）制冷系统维修注意事项

① 在制冷剂循环回路上进行维修工作时要戴上防护眼镜、戴耐油防护手套，做好个人防护。

② 在制冷剂循环回路上进行维修工作时，需要按规定回收制冷剂，制冷剂具有吸湿性，因此只允许保存在合适的不透气的密封容器中。

③ 按当地的废弃物处理规定存放并处理排出的冷冻油，冷冻油不要存放在明火、高温物体或强氧化物质的附近。

④ 避免直接接触制冷剂，皮肤接触后要立即用大量水冲洗。眼睛接触时要立即用大量水冲洗至少 15min，并及时就医。

（2）空调系统功率检测

人体对温度的感知与环境温度有一定的关联，所以当遇到客户投诉空调效果不好，通过检查却没有发现异常时，可以通过空调系统功率检测判断空调系统性能是否存在异常。

① 进行空调功率检测的条件。连接专用检测仪 ISID，读取故障代码，在故障代码存储器中应无空调系统相关故障；将带有单独显示元件的温度计安装在头枕上，并且在车辆外部能够观察到温度计示数；在环境温度达到 18℃ 或以上的合适环境下进行检测，车辆温度应该大致和环境温度相符；发动机必须暖机；不允许打开 ECO PRO 节能模式。

② 加热车厢内部。关闭所有车窗和车门；设定空气循环系统功能；选择脚部空间空气分配模式和除霜；在空调菜单（CID）空气分配器选项卡中为驾驶员和前排乘客脚部空间选择 100%，并为驾驶员选择除霜 100%；调节最大温度及最大风扇挡；启动发动机，此时"空调按钮"不激活。

③ 冷却车厢内部。当车厢内部温度达到 45℃ 时，通过"空调按钮"打开空调压缩机；在安装了 MAX-AC 按钮的车辆中通过激活 MAX-AC 开启最大制冷能力；在未安装 MAX-AC 按钮的车辆中通过调节到最小温度、最大风扇设置、分层最冷（4 个蓝色块）、仅打开通风、关闭剩余折叠（仅中间新鲜空气格栅的左侧和右侧出风口）设定最大制冷能力。

④ 效果判断。5min 后，用温度计同时测量两侧通风温度（新鲜空气格栅中间左侧和右侧）。如果空调效果正常，温度计的温度不大于 16℃，左侧和右侧的温差不能高于 2℃。

如果没有达到上述温度规定中的一条，则需用空调充注设备抽吸冷暖空调，测量抽吸制冷剂的量并与额定加注量进行比较（额定加注量在车辆铭牌上有标注）。

如果存在允许的制冷剂损失，则用额定加注量加注制冷剂循环回路。

如果存在不允许的较大制冷剂损失，则可能是由空调管路不密封导致，需检查制冷剂循环回路的密封性。排除制冷剂循环回路不密封问题后，用额定加注量加注。

（3）压缩机诊断

在判断可变排量压缩机工作状态是否正常时，首先检查传动带是否断裂和松弛，若传动带过松就会打滑影响动力传动；然后检查压缩机内部是否存在异响和噪声。以上基本检查没有异常时接下来就要检查压缩机本身是否存在问题了。

① 首先要检查压缩机电磁离合器是否损坏，可以使用万用表测量线圈电阻是否短路或

断路来判断离合器状态。

② 然后检查调压阀的状态，一般情况下可以使用电流钳测量调压阀的电流值，测量过程中需要一边改变压缩机功率一边测量工作电流，其电流标准范围为 0.26～0.92A，过高或过低均不正常，需要进一步检修。

在检查可变排量压缩机的调压阀时，不可以对可变排量调压阀进行人为通电，其原因是可变排量调压阀的控制是占空比控制方式（PWM），人为通电无法控制调压阀开度，而且会产生故障码甚至损坏压缩机。可以使用专用检测仪 ISID 查看系统数据流或进入"部件控制"启动部件控制功能，检查其状态；也可以使用万用表测量调压阀的电阻值和工作电流值判断其是否损坏。

（4）系统压力诊断

当怀疑系统压力值不正常时，可以将压力表连接到车辆上的高低压维修加注孔上进行压力测量，也可以使用宝马专用检测仪 ISID 读取压力值的数据流进行判断。正常条件下低压系统的压力值为 2bar 左右，高压部分为 15bar 左右。如果压力不在规定范围，需要检查空调系统制冷剂量、空调压缩机及空调系统部件是否存在泄漏或堵塞情况。

（5）传感器诊断

空调系统的温度和压力传感器检查与发动机控制系统中的传感器检查一样，首先通过检测仪进行相关故障码的读取确定故障范围，然后读取传感器相关数据流，同时用测量设备对系统实际的温度和压力值进行测量并与数据流进行对比，基本上可以判断传感器是否存在故障。除此之外还要重点检查其安装位置是否正确，检查传感器周围是否存在较大的缝隙，因为缝隙会影响传感器周围的温度，从而造成信号不准确导致制冷不良。

（6）热交换器检查

空调系统的冷凝器、蒸发器、暖风水箱都是热交换器，此类装置主要的故障是泄漏、堵塞及散热片变形。对于发动机前部的冷凝器可以拆下冷凝器前面的进气格栅，仔细检查冷凝器是否因车辆运行环境差导致脏污或存在异物（树叶、柳絮等）影响散热，若存在可以使用水枪进行清洗；还要检查冷凝器的安装情况，是否存在因轻微碰撞事故导致的冷凝器本身并没有损坏但是发生了位移与发动机水箱接触导致散热不好的现象。对于比较隐蔽的蒸发器和暖风水箱则需要拆除仪表板等相关饰板才能对其外观进行检查。

对于热交换器外观不可见的微小泄漏检查，可以通过对热交换器内部进行打压，然后将其放入水中进行检。

对于热交换器堵塞的情况，通常可以通过测量热交换器进出口的温度进行判断，也可以对热交换器不同部位进行温度测量对比判断。

（7）水阀诊断

水阀是否存在故障可以先进行故障码读取，如果水阀存在内部线圈故障的话将会以故障码的形式显示，如果不存在故障码则检查水阀的控制信号是否正常。

可以使用专用检测仪 ISID 的"部件控制"功能控制水阀使其动作，在动作的同时监听水阀是否存在"嗒嗒"的动作声音。

可以使用万用表测量控制导线信号，使用万用表可以测量出大约 6～11.5V 的电压值，使用示波器可以测出相应的占空比信号。

（8）混合风门电机诊断

首先目视检查混合风门电机安装位置是否正常，是否存在卡滞或关闭不严现象。另外可以使用宝马专用检测仪 ISID 对混合风门电机进行重新定址（设码），定址成功后要试运行混合风门电机，只有定址和试运行都成功后才能排除混合风门电机的因素。

（9）控制单元检查

空调控制单元是空调系统的核心部件，在对其它相关部件及线路检查没有发现故障时，需要对其进行检查。与其它系统控制单元的检查方法一样，可以根据空调系统控制单元的电路图和端子布置图对怀疑的部分进行测量，如图 5-48 所示。先排除供电和通信故障，再排除线路故障，最后再确定控制单元内部故障。

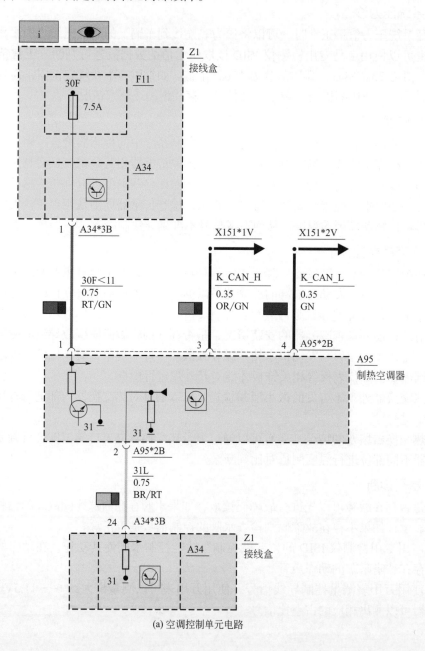

(a) 空调控制单元电路

端子	类型	名称/信号类型	插座/测量说明
1	A	供电	风门电机连接器
2	E	接地	风门电机连接器
3	E/A	局域互联网总线信号	前部电控辅助加热器
4	E/A	局域互联网总线信号	总线连接
5	—	未被占用	
6	A	控制 电离器	电离器 至 2010_08
7	A	供电 电离器	电离器 至 2010_08
8	E	接地 电离器	电离器 至 2010_08
9	E	传感器接地	接地连接器
10	E	信号 蒸发器温度传感器	蒸发器温度传感器
11	E	信号 左侧暖风热交换器温度传感器	左侧暖风热交换器温度传感器
12	E	信号 右侧暖风热交换器温度传感器	右侧暖风热交换器温度传感器
13	E	信号 左前通风温度传感器	左前通风温度传感器
14	E	信号 右前通风温度传感器	右前通风温度传感器
15	—	未被占用	
16	—	未被占用	
17	—	未被占用	
18	—	未被占用	

A95*1B插头上的端子布置

端子	类型	名称/信号类型	插座/测量说明
1	E	供电 制热空调器	接线盒
2	M	接地	电子装置接线盒
3	E/A	K-CAN总线信号	总线连接
4	E/A	K-CAN总线信号	总线连接
5	—	未被占用	
6	E	接地	左前通风格栅 非6系
7	—	未被占用	
8	—	未被占用	
9	E	接地	右前通风格栅 非6系
10	—	未被占用	
11	E	接地	前部中部通风格栅
12	A	供电 空气分区调节器	前部中部通风格栅
13	—	未被占用	
14	—	未被占用	
15	E	信号 左侧空气分区调节器	前部中部通风格栅 7系
16	E	信号 右侧空气分区调节器	前部中部通风格栅
17	—	未被占用	
18	E/A	局域互联网总线信号	电子装置接线盒

A95*2B插头上的端子布置

(b) 空调控制单元端子布置

图 5-48　空调系统控制单元电路和端子布置

第**6**章

安全气囊系统和总线系统

6.1 安全气囊系统

6.1.1 经典维修故障案例

6.1.1.1 F15 气囊灯亮

（1）车辆信息

车型	发动机型号	里程 /km
F15，X5 xDrive35i	N55	28000

（2）故障现象描述

客户反映：气囊灯报警。

故障现象确认：接车后检查，车辆启动后气囊报警灯一直点亮，客户投诉现象确实存在。

（3）故障分析思路及排除方法

跟安全气囊系统相关的组件及控制单元或与安全气囊系统相关联的系统出现故障都会导致安全气囊灯报警。首先连接专用检测仪 ISID 对车辆进行诊断，读取到的故障代码如图 6-1 所示。

图 6-1　故障代码

执行相应的检测计划 ABL，根据检测计划的提示检查图 6-2 所示的驾驶员安全带拉紧装置及相关线路，把驾驶员侧座椅饰板拆掉，检查 B46 驾驶员安全带拉紧装置。

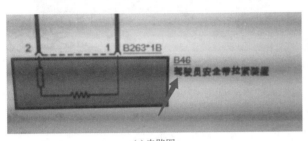

(a) 电路图　　　　　　　　　　　　　　　(b) 安全带拉紧装置

图 6-2　安全带拉紧装置电路图及实物

按照图 6-3 所示检测计划，拆卸左前座椅饰板，拆下座椅安全带的拉紧装置，测量电阻为 2.4Ω，检测仪提示标准电阻为 3Ω，说明没有短路。

图 6-3　安全带拉紧装置标准电阻

既然没有短路，电脑为什么提示我们电阻过小？带着这个疑问，我们再次执行检测计划，提示更换"驾驶员侧收卷拉紧装置"。通过仔细查询电路图发现还有另外一个拉紧装置，如图 6-4 所示。

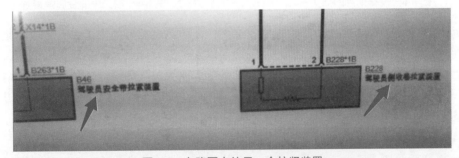

图 6-4　电路图中的另一个拉紧装置

是不是另外这个拉紧装置有问题呢？那么，这个部件在什么位置呢？根据电路图得知另一个拉紧装置在左前 B 柱位置处，如图 6-5 所示。

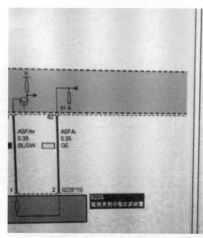
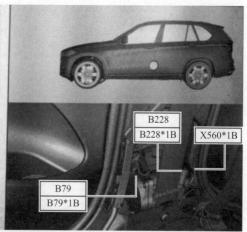

图 6-5　另一个拉紧装置安装位置

拆下左前 B 柱饰板，准备测量收卷拉紧装置的插头，发现插头没有插紧，如图 6-6 所示。难道就是插头松动导致的？还是这个拉紧装置损坏了？

为了打消疑虑，我们测量这个部件的电阻，是 0.8Ω。标准电阻是 3Ω，难道是这个装置本身电阻不对，需要更换拉紧装置？带着疑问仔细检查发现，此插头带 2 个黄色的金属弹簧铜片，当拔下插头时，2 个金属片直接短接了 2 个端子，如图 6-7 所示。

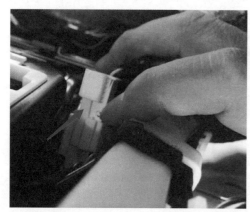

图 6-6　没有插紧的插头

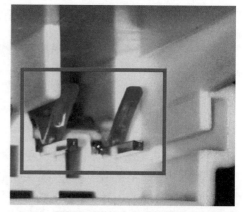

图 6-7　插头中的金属弹簧片

重新调整黄色塑料压片，插紧插头后，试车，故障竟然意外消失了，看来故障是由插头没有插牢固导致的，那为什么没插紧的插头会导致安全气囊灯点亮呢？后来查询相关资料得知，气囊设计人员，为了防止插头插错或者误接电源而导致气囊爆炸，特意设计的短路弹簧片。ACSM 控制单元会时刻检测每个引爆装置的电阻，如果电阻小于 3Ω 就报电阻过小，如果大于 3Ω 就报电阻过大。

（4）故障总结

该故障是典型的由线束故障导致的安全气囊报警灯点亮故障，由于影响安全气囊系统故障的组件比较多，因此，在诊断时最好能够通过检测仪的帮助先确定故障代码，然后仔细认真执行故障代码生成的检测计划，这样能够快速准确地排除故障。诊断过程中，不要只看故障代码，检测计划里面测量的部件也要看，并且测量的部件要和电路图一一对应，要根据实际情况，全面排查。在检测时如果发现测量的数值不对，要多问自己几个为什么，要想一想"数值为什么不对""是不是测量的位置不对"等问题，这样更有助于彻底排除故障。

6.1.1.2　G05 气囊灯报警

（1）车辆信息

车型	发动机型号	里程 /km
G05，X5 xDrive30i	B48	14000

（2）故障现象描述

客户反映：安全气囊系统报警灯长亮。

故障现象确认：接车后检查，安全气囊系统报警灯确实长亮。

（3）故障分析思路及排除方法

首先用专用检测仪 ISID 对车辆进行检测，发现有"930A71 左前行人保护传感器：通信故障"代码且无法清除，如图 6-8 所示。

ACSM5	ACSM-05-ACSM	0x803185	PDC：无法激活	882	否
ACSM5	ACSM-05-ACSM	0x930A71	左前行人保护传感器：通信故障	882	是
ACSM5	ACSM-05-ACSM	0x930A81	右前行人保护传感器：通信故障	882	否
ACSM5	ACSM-05-ACSM	0xC95400	信息(车外温度，0x2CA)非最新，接收器ACSM，发射器KOMBI	882	否
DME8FF_R	DME-86T0-DME	0x10B105	车外温度传感器信息，信号：有错误	882	否
DME8FF_R	DME-86T0-DME	0x10B106	车外温度传感器信息：对正极短路	882	否
FAS_G11	SM-04-FA	0x802A1E	SMFA：因发动机起动而无法进行座椅调整	9	未知
FLM02_L	FLM-02-LINKS	0x8059F0	激光灯电子模块：通过激光灯电子模块的通信故障：识别到通过激光灯电子模块的通信故障	882	否
FLM02_R	FLM-02-RECHTS	0x805B70	激光灯电子模块：识别到通过卫星式控制单元的通信故障	882	否
FZD_G11	FZD-35-FZD	0x801A4A	防盗报警系统：倾斜报警传感器和车内防盗监控传感器禁用	672	否
HU_MGU	HU-MGU_01-HU	0xB7F89E	HU-H：后端证书无效	371	未知
IB_G05	IB-CT01-BRS	0xD3542C	信号(车外温度，252.1.4) 无效，KOMBI 发射器	882	未知
IHKA_G05	IHKA-PR02-IHKA	0xE71417	信号(车外温度，0x2CA) 无效，KOMBI 发射器	882	否
KAFAS04	KAFAS-04MID-KAFAS	0x800ABF	KAFAS 摄像头：视野范围暂时受干扰	882	否

图 6-8　故障代码

执行故障代码提示的检测计划，结果建议更换左前行人保护传感器，如图 6-9 所示。

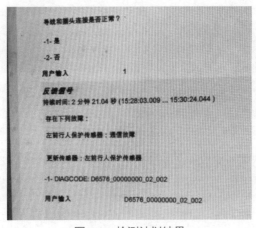

图 6-9　检测计划结果

因客户着急用车，就先订货，按 ETK 订购"行人保护传感器 PTS"。配件到货后通知客户来更换。结果更换后故障仍然存在，故障代码仍是"左前行人保护传感器：通信故障"。故障没有解决，难道新订的配件有问题？

仔细查看图 6-10 所示的系统电路图，发现电路图中安全气囊前部传感器中有 3 个行人保护传感器 B161、B162、B163，2 个压力传感器 B349、B350，2 个安全气囊传感器 B51、B45。检测计划提示的有故障的传感器并不是我们更换的行人保护传感器，而是安装在前保险杠左侧边上，代码为 B161 的传感器。

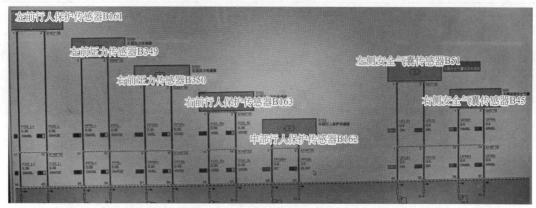

图 6-10 安全气囊传感器电路图

按以前经验此传感器应该是前部加速度传感器，正常只有美规车辆才有，欧规车辆都是没有的。但此车辆上确实安装了此传感器。此次报故障的为左前行人保护传感器，在功能描述中前部 3 个行人保护传感器零件号一样，安装在前部保险杠左中右位置。

根据 ETK 显示，只有 4 号传感器是 3 个相同的零件号，于是再次订购一个 4 号行人保护传感器。4 号传感器货到了后发现根本安装不上去。拆下旧件与新件对比发现传感器零件号不一样，外观安装定位点不一样，如图 6-11 所示。

通过零件号查询得知，订购的尾号为 520 的配件不是故障配件，故障配件是尾号为 604 的传感器，同为安全气囊传感器电路图中零件，左右共 2 个，如图 6-12 所示。

图 6-11 传感器外观对比

图 6-12 传感器零件号对比

为了确认是否为传感器故障，将左右两个传感器对调测试，对调安装并清除故障代码后仍然报左前行人保护传感器通信故障且无法清除，可以判定不是传感器问题。那么最有可能是插头或导线有问题。

于是再次回头进行基础导线的插头检测，经检测，真的发现问题了。在左前行人保护传感器插头 X149*1B 处发现一个端子弯曲了，如图 6-13 所示。拆下弯曲的端子并修复，重新连接后对车辆进行快测，结果故障代码成功清除，多次测试车辆恢复正常。

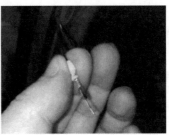

图 6-13　故障部位

（4）故障总结

此故障是典型的由插头端子导致的气囊报警灯点亮故障，造成该故障的原因应该是技师在拆装插头时方法不对，采用蛮力操作，导致插头端子弯曲。此故障的排除过程也比较曲折，没有进行详细的线路检查就进行换件，在订购零件时由于没有仔细对比，对新车型上采用的新的安全气囊系统传感器结构及产品信息不熟悉，ETK 零件名称、ISTA 电路图和检测计划中零件名称、车上实际安装配件名称号码不统一又导致这个故障多次订件维修。因此，在面对新问题又不确定时，可以通过旧件确认零件号，通过左右对换或断开插头时产生的故障代码确认故障传感器是哪一个。

6.1.2　故障解析

6.1.2.1　结构特点

（1）系统组成

安全气囊系统的组成如图 6-14 所示，主要由碰撞传感器、安全气囊控制单元（ACSM）、气体发生器、安全带收紧装置等组成。安全气囊控制单元分析传感器的加速度数据（纵向和横向加速度），并借此确定碰撞方向和事故严重程度。通过大量的试验为所有可能类型的事故确定了触发阈值，得出了不同乘员保护系统（安全气囊、安全带拉紧装置等）的触发阈值。发生碰撞时，安全气囊控制单元决定是否需要触发和必须引爆哪些气体发生器（安全带拉紧器、安全气囊、防撞式主动式头枕等）。安全气囊控制单元也触发安全蓄电池接线柱。当乘员保护系统触发时，安全气囊控制单元向其它控制单元发送一个信息。根据事故严重程度，相应控制单元执行规定功能。例如打开中控锁、接通危险报警灯、接通车内照明装置、停用燃油泵、关闭驻车暖风、自动紧急呼叫等。

在乘员保护系统触发时，规定的数据被写入安全气囊控制单元一个不可删除的存储器中。这些数据与事故研究有关（不涉及售后服务）。存储器最多只能写入 3 个碰撞信号，当存储器被写入 3 个碰撞信号后安全气囊指示灯亮起，此时必须更换安全气囊控制单元。

在安全气囊控制单元中安装了一个引爆电容器，如果在发生碰撞时供电中断，则此引爆电容器用作安全气囊控制单元的后备电源。

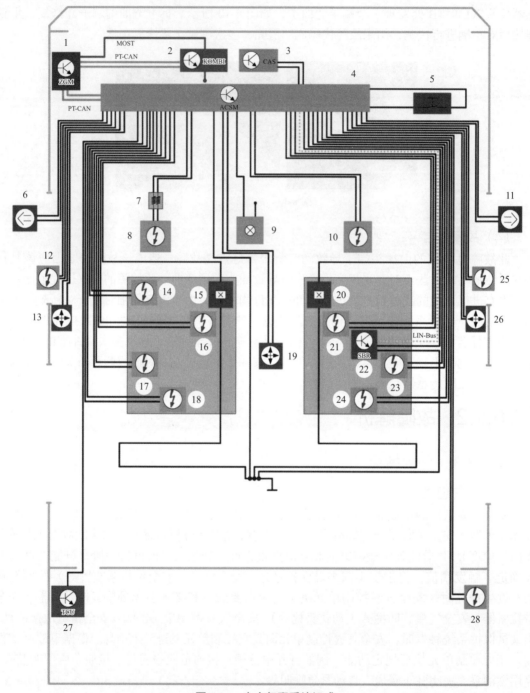

图 6-14　安全气囊系统组成

1—中央网关模块；2—组合仪表；3—便捷登车及启动系统；4—碰撞和安全模块；5—安全气囊开关；6—左前车门安全气囊传感器；7—安全气囊卷簧；8—驾驶员侧前部安全气囊；9—前乘客安全气囊关闭指示灯；10—前乘客侧前部安全气囊；11—右前车门安全气囊传感器；12—左侧头部安全气囊；13—左侧 B 柱安全气囊传感器；14—驾驶员侧端部固定式拉紧器；15—驾驶员安全带触点；16—驾驶员安全带拉紧器；17—驾驶员侧侧面安全气囊；18—驾驶员侧主动式头枕；19—中央传感器；20—前乘客安全带触点；21—前乘客安全带拉紧器；22—座椅占用识别装置；23—前乘客侧侧面安全气囊；24—前乘客侧主动式头枕；25—右侧头部安全气囊；26—右侧 B 柱安全气囊传感器；27—用于紧急呼叫功能的远程通信系统控制单元；28—安全型蓄电池接线柱

（2）碰撞传感器

安全气囊系统通过碰撞传感器识别车辆的碰撞程度，根据车型不同，车辆中可能会安装左侧安全气囊前传感器和右侧安全气囊前传感器、左前车门安全气囊传感器和右前车门安全气囊传感器、左侧 B 柱安全气囊传感器和右侧 B 柱安全气囊传感器、ICM 控制单元内用于碰撞识别的纵向加速度传感器和横向加速度传感器、ICM 控制单元内的垂直加速传感器、ICM 控制单元内的侧倾比率传感器等。安全气囊碰撞传感器由纵向加速传感器、横向加速度传感器和电子单元组成，如图 6-15 所示。传感器用于探测加速度和减速度，可通过传感器信号的极性识别碰撞侧。只有当 2 个相互独立的传感器识别到相应的阈值时，才能触发乘员保护系统。

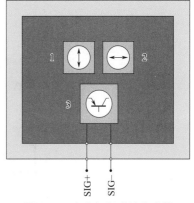

图 6-15　安全气囊碰撞传感器
1—纵向加速传感器；2—横向加速度传感器；
3—电子单元；SIG——信号线（-）
SIG+—信号线（+）及供电电压

（3）安全气囊总成

根据车辆配置不同，车辆中可能会安装驾驶员侧 / 前乘客侧前部安全气囊、驾驶员 / 前乘客侧膝部安全气囊、头部安全气囊等多个安全气囊组件。安全气囊及引爆器结构如图 6-16 所示，主要由安全气囊引爆装置、气体发生器和气袋组成。引爆装置由安全气囊控制单元决定是否引爆其内部的火药，当火药被引爆后，会触发气体发生器，其内部化学物质快速产生大量气体瞬间将气袋充满，以实现对车上人员碰撞后的保护。

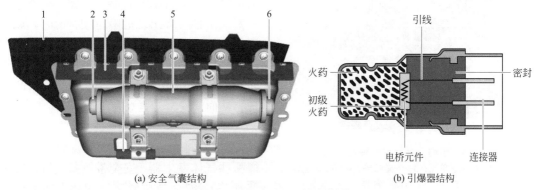

(a) 安全气囊结构　　　　　　(b) 引爆器结构

图 6-16　安全气囊及引爆器结构
1—安全气囊盖板；2—第一级引爆器；3—安全气囊壳体；4—主动式排气阀的执行机构；
5—气体发生器；6—第二级引爆器

采用带有燃爆式主动排气阀的安全气囊还可以在发生碰撞事故时针对身材矮小或乘坐位置靠近转向盘的乘员调节安全气囊的硬度。

气囊控制单元根据碰撞严重程度、安全带状态和座椅位置决定是否启用排气阀，其结构原理如图 6-17 所示。排气阀是集成在气囊内的一个流出口，通过一个固定带封住。固定带端部在一个圆柱缸内，圆柱缸内装有一个刀片。触发时，燃爆式执行机构推动圆柱缸内的刀片移动并切断固定带。气囊内部压力使流出口向外打开，气体流出改变安全气囊硬度。

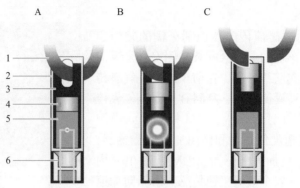

图 6-17　燃爆式主动排气阀的结构原理

A—排气阀通过固定带封住；B—引爆器引爆，刀片移出；C—刀片切断固定带，排气阀打开；
1—固定带；2—壳体；3—圆柱缸；4—带有刀片的活塞；5—引爆器；6—引爆器接口

（4）安全带拉紧装置

安全带通常不是完全绷紧绕在身体上的。安全带游隙可保证乘员有足够的移动舒适性。在发生碰撞时，安全带拉紧装置能够在发生碰撞时将乘员的肩部区域牢固地固定在座椅上，实现对乘员的有效保护。

电动安全带收卷装置结构如图 6-18 所示，主要包括一个电机、一个减速器单元和一个联轴器，电动安全带收卷装置通过联轴器连接安全带自动收卷器。驾驶员或前乘客系好安全带时或出现危险行驶状况时，就会启用电机并使驱动轴和蜗杆传动机构一起移动。蜗杆传动机构使带有联轴器的从动齿轮转动，安全带收卷在安全带轴上，因此变短，从而使安全带紧贴在乘员身上。

图 6-18　电动安全带收卷装置结构

1—电机；2—减速器单元；3—安全带轴；4—联轴器壳体；
5—安全带自动收卷器

在出现碰撞后，碰撞安全模块（ACSM）将决定是否需要触发以及必须引爆哪些气体发生器（安全带拉紧装置、安全气囊等）。安全带拉紧装置的触发阈值低于安全气囊。因此根据事故严重程度，安全气囊控制单元也可能只触发安全带拉紧装置。

（5）安全气囊控制单元

安全气囊控制单元（ACSM）的结构如图 6-19 所示。其任务是持续评估所有传感器信号，以便从中识别出碰撞情况。安全气囊控制单元根据传感器信号及其评估结果识别出碰撞方向和碰撞强度，决定是否触发安全气囊系统执行机构对乘员进行保护。安全气囊控制单元可以采用集成传感器或外置式传感器。

安全气囊控制单元（ACSM）通过两个插头与车载网络连接。CAS 或前部车身电子模块（FEM）或车身域控制器（BDC）通过总线端 30B 和总线端 Kl.15WUP 向安全气囊控制单元（ACSM）供电。

(a) 安全气囊控制模块外部结构

1—安全气囊控制单元；2—104芯插头插接室；
3—20芯插头插接室

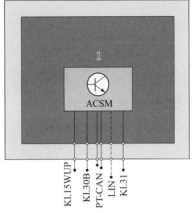

(b) 安全气囊控制单元线路

1—安全气囊控制单元(ACSM)；Kl.15WUP—唤醒线；
Kl.30B—供电总线端；PT-CAN—动力总线；
LIN—LIN总线；Kl.31—接地总线端

图6-19 安全气囊控制单元结构

安全气囊控制单元可以对系统自身进行监控并以安全气囊警告灯熄灭的方式表示系统处于准备状态。在点火开关接通后，安全气囊控制单元开始一次自检。在这段时间内安全气囊指示灯亮起（约3～5s）。当安全系统已经准备就绪时，安全气囊指示灯熄灭。

如果安全气囊控制单元在运行期间出现故障，其会将故障存储在故障代码存储器内，以便诊断时读取。安全气囊控制单元识别出发生碰撞时，会将具体情况以总线电码的形式提供给总线网络内的其它设备。随后各控制单元根据碰撞严重程度执行各自功能。

（6）行人保护系统

行人保护系统是由一个或多个行人保护传感器、控制单元和执行器共同组成的系统。行人保护系统的功能是在车前盖范围识别行人和轿车之间的事故情况并根据预先设定的边界条件选择性激活这一系统。

① 行人保护传感器。对于行人保护系统，根据车型不同可以装配1个行人保护传感器（光缆）、2个行人保护传感器（光缆和加速传感器）和3个行人保护传感器（加速传感器）的行人保护系统。

光缆行人保护传感器结构如图6-20所示，在保险杠中安装一个光波导体，这个光波导体是行人保护传感器的组成部分。传感器将在保险杠的一侧光缆中发出光，在保险杠的另一端通过存储磁带再次返回至传感器。

通过对光缆施加有效力，光缆结构发生变形，从而缓和光缆中的光。有效力与光缓冲成比例。这样就会通过不同的光缓冲（取决于反光物体的质量和刚度）产生一个独特的信号。该信号将在传感器的电子分析装置中被收集，并通过一根数据线传输至安全气囊控制单元。

配备加速传感器的行人保护系统在保险杠内安装了多个行人保护传感器，如图6-21所示。除了右侧行人保护传感器之外，还有中部行人保护传感器和左侧行人保护传感器。所有传感器都是相同部件。加速传感器所获取的加速度值将转换成数字信号并传送给安全气囊碰撞模块。

配备光缆和加速传感器的行人保护系统在保险杠上安装有一根光纤和一个加速度传感器，加速度传感器居中安装在保险杠上。

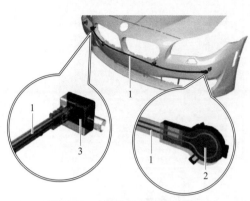
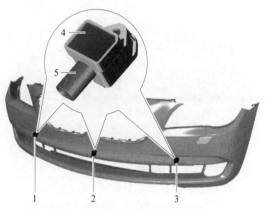

图 6-20　光缆行人保护传感器
1—光缆行人保护传感器；2—存储磁带；3—电子单元

图 6-21　加速式行人保护传感器
1—右侧行人保护传感器；2—中部行人保护传感器；
3—左侧行人保护传感器；4—行人保护传感器；
5—2 芯插头连接

　　② 执行器。每当行人保护系统记录到行人的碰撞时，安全气囊模块（ACSM）都会触发所有行人保护执行器。随后将通过弹力使前部和后部车前盖抬起数毫米。这样就增大了车前盖内部加强板和发动机上安装件以及车身之间的间隙。由于存在这个扩大的间隙，发生头部碰撞时车前盖的可用可变形区域增大。此外，车前盖的刚性连接由于执行器中的弹簧变成了弹性连接。因此可以改善头部撞到车前盖上时的能量释放。

　　燃爆式执行器结构如图 6-22 所示，其内部包含一个引爆装置，通过它的驱动混合气解锁盖板中的两个锁止销。解除联锁以后，盖板以及车前盖通过执行器中的弹力在几毫秒内抬起数毫米。

(a) 前部行人保护执行器

(b) 后部行人保护执行器

1—左前车前盖锁及集成式左前行人保护执行器；2—车前盖触点
开关的插头连接；3—燃爆式部件的插头连接；4—爆燃式部件
(包括引爆装置、驱动混合气以及带有机械解除联锁触发销的柱塞)

1—左后车前盖铰链；2—左后行人保护作动器；
3—冷凝水排放装置；4—燃爆式部件(包含引爆装置、
驱动混合气和触发锁止销的机械机构)

图 6-22　行人保护执行器结构

6.1.2.2　故障解析

　　安全气囊系统常见的故障类型就是安全气囊灯报警。由以上介绍可知，安全气囊系统主要由相关碰撞传感器、执行器、控制单元及相互之间连接的线束组成。当安全气囊系统出现故障后，就会触发安全系统故障报警灯，而安全气囊系统所有组件及线路故障都会导致报警灯点亮。因此对于安全气囊系统诊断来说，虽然故障现象都是安全气囊报警灯点亮，但导致安全气囊报警灯点亮的因素有很多，需要对系统所有部件及线束都能进行有效隔离，才能快速排除系统故障。而这些故障中，线路故障是所有故障中最为常见的，因此在进行故障隔离时，一定要仔细检查系统线路，避免走弯路。

同时由于安全系统的特殊性，在进行相关维修诊断操作时，必须要遵守相关的安全规定，否则会导致气囊装置误触发，造成不必要的伤害与损失。

6.1.2.3　故障诊断方法

（1）安全气囊维修注意事项

在对安全气囊系统进行维修诊断工作时，必须遵守下列注事项，否则可能造成不必要的人员及车辆伤害：

① 安全气囊只允许经过培训的专业人员进行检测和安装。

② 在安全气囊系统部件上进行工作时，必须先断开车辆电池，覆盖好蓄电池负极，并且脱开通往气体发生器导线的插头连接。

③ 断开车辆电池时必须遵守规定的等候时间（1993 年 9 月以前生产的车辆等待 30min，1993 年 9 月以后生产的车辆等待 1min）。如果临时中断工作，必须妥善放置任何已拆下的带气体发生器的部件，以防他人意外与之接触。

④ 安全气囊系统任何单个部件都不允许维修，原则上应予以更新。

⑤ 绝对不能用清洁剂或油脂处理安全气囊系统部件。

⑥ 不要把安全气囊系统部件暴露在高于 75℃ 的温度中。

⑦ 安全气囊系统的部件，如果从 0.5m 以上的高度掉下就不允许再安装在车辆内。

⑧ 新的安全气囊系统部件要在安装之前将其从原包装中取出。在进行安装前对壳体、插头及安全气囊系统等部件进行目视检查，必要时予以更换。

⑨ 安全气囊系统的部件只允许在安装状态下，并且只能用诊断系统进行电气检查。

⑩ 放置安全气囊模块时只允许软垫的一面朝上，绝对不允许把气体发生器的引爆装置指向人。否则可能在引爆气体发生器时，气体发生器被向上抛出。

⑪ 安全气囊部件与气体发生器不允许在拆下状态下点火，必须由专门的清除企业妥善处理。

⑫ 使用电焊机进行校正和焊接工作时，要断开车辆电池并罩住负极接线柱。

⑬ 在拆卸已引爆的安全气囊模块时，必须避免任何皮肤接触，应戴手套。一旦接触到皮肤，需用水清洗。

（2）传感器诊断

安全气囊相关碰撞传感器无法通过测量进行判断，可根据故障代码提示对其进行相应的线路测量，如果排除线路故障，则可以判断为传感器故障。对于传感器安装在控制单元内的安全气囊，需要连同控制单元一起更换。安全气囊其它开关输入信号和传感器可以借助读取安全气囊控制单元内的数据流进行故障判断，如图 6-23 所示。

（3）执行器诊断

对安全气囊引爆装置的诊断，可以通过系统提供的检测计划对其电阻值进行检查，也可以通过专用适配器（图 6-24）及 IMIB 测量设备对其电阻进行测量，测量时断开气囊控制单元和气体发生器之间的插头连接，电阻标准值：1.6 ～ 5.6Ω。测量时一定要用专用测量设备对电阻进行测量，否则存在触发安全气囊的危险。对于驾驶员安全气囊，卷簧上的触点不好是导致引爆电路电阻过大的主要原因，因此对于驾驶员安全气囊系统必须通过旋转转向盘的方法仔细检测卷簧的通过性。

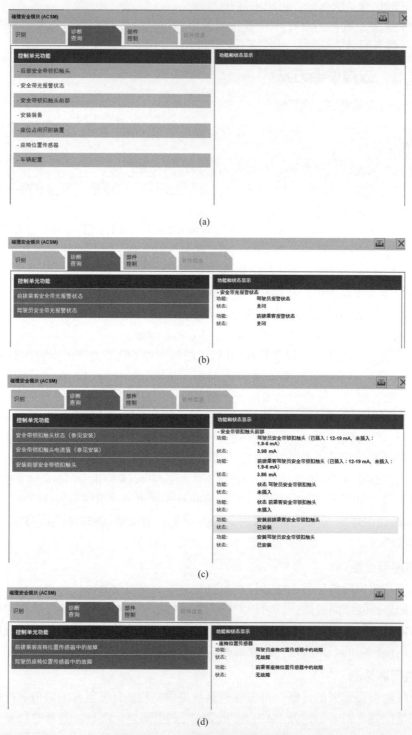

图 6-23　安全气囊系统传感器数据流

图 6-24　安全气囊引爆器诊断适配器

(4) 安全带收紧装置诊断

对安全带收紧装置的诊断可以通过安全带电动卷轴收紧装置检测计划对其进行检查，具体过程如图 6-25 所示。

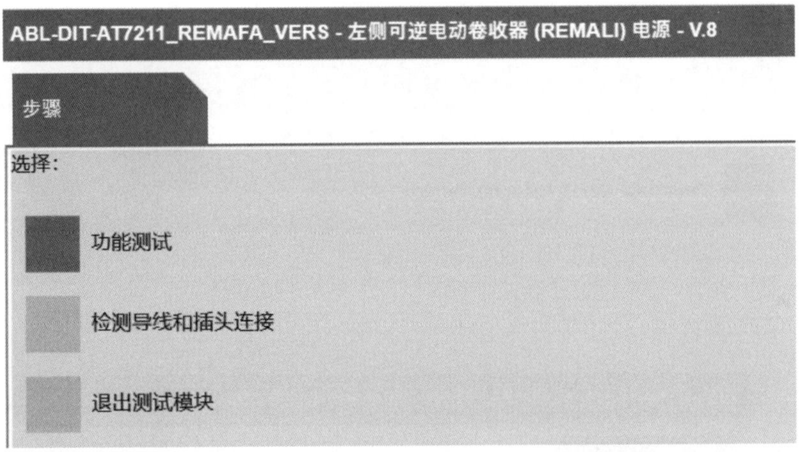

ABL-DIT-AT7211_REMAFA_VERS - 左侧可逆电动卷收器 (REMALI) 电源 - V.8

步骤

选择：

功能测试

检测导线和插头连接

退出测试模块

(a)

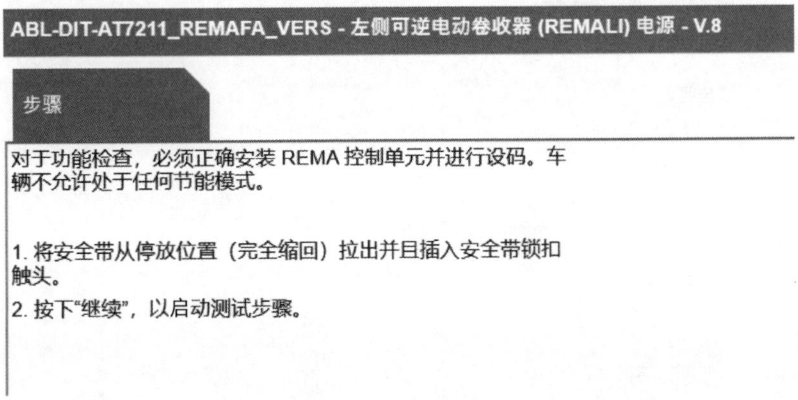

ABL-DIT-AT7211_REMAFA_VERS - 左侧可逆电动卷收器 (REMALI) 电源 - V.8

步骤

对于功能检查，必须正确安装 REMA 控制单元并进行设码。车辆不允许处于任何节能模式。

1. 将安全带从停放位置（完全缩回）拉出并且插入安全带锁扣触头。
2. 按下"继续"，以启动测试步骤。

(b)

图 6-25

221

ABL-DIT-AT7211_REMAFA_VERS - 左侧可逆电动卷收器 (REMALI) 电源 - V.8

步骤

退出测试步骤。

打开安全带锁扣触头，并将安全带放回停放位置（完全缩回）。

按下"继续"，以分析测试步骤。

(c)

ABL-DIT-AT7211_REMAFA_VERS - 左侧可逆电动卷收器 (REMALI) 电源 - V.8

步骤

测试步骤已成功执行。

组件无故障。.

| 1 | DIAGCODE: D7211_REMA0000_90_900 |

(d)

ABL-DIT-AT7211_REMAFA_VERS - 左侧可逆电动卷收器 (REMALI) 电源 - V.8

步骤

检测导线和插头连接.

信号名：
- 30 （或 30B）
- 31 （或 31L）

导线和插头连接（包括保险丝）正常吗？

| 1 | 是 |
| 2 | 否 |

(e)

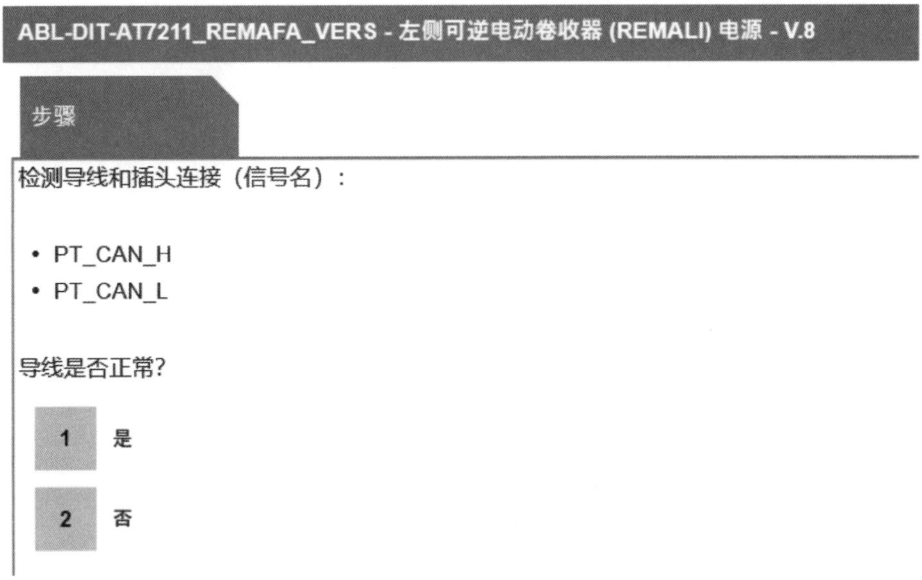

ABL-DIT-AT7211_REMAFA_VERS - 左侧可逆电动卷收器 (REMALI) 电源 - V.8

步骤

检测导线和插头连接（信号名）：

- PT_CAN_H
- PT_CAN_L

导线是否正常?

| 1 | 是 |

| 2 | 否 |

(f)

ABL-DIT-AT7211_REMAFA_VERS - 左侧可逆电动卷收器 (REMALI) 电源 - V.8

步骤

更新下列控制单元：

- REMALI

| 1 | DIAGCODE: D7211_REMA0000_90_002 |

(g)

图 6-25　安全带电动卷轴收紧装置检测计划

（5）控制单元诊断

对控制单元的诊断可以根据图 6-26 所示的电路图对控制单元进行供电和总线通信测量，也可以通过系统提供的控制单元供电系统检测计划提示步骤进行测量，如图 6-27 所示。对于控制单元的线束诊断，也可以参考相关电路图对线路的断路、短路及虚接故障进行测量判断，最好借助专用适配器进行测量。

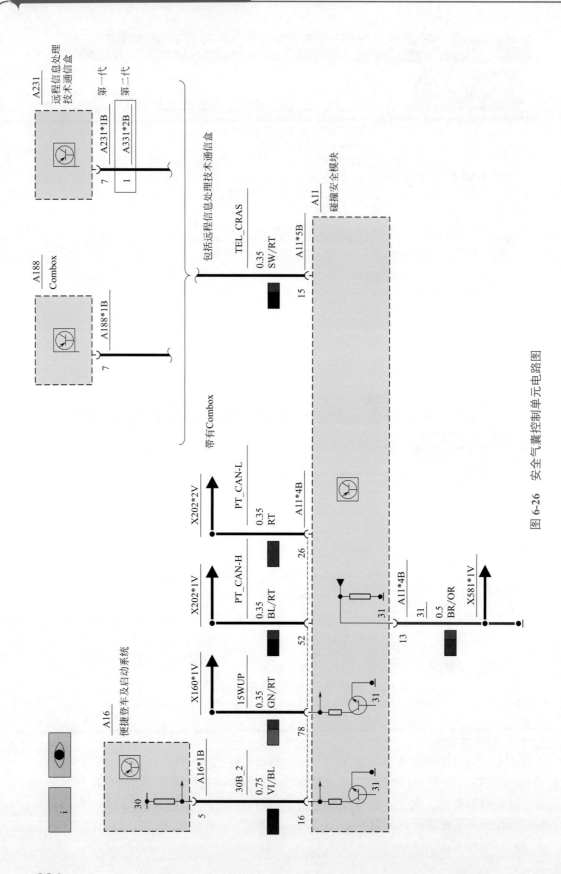

图6-26 安全气囊控制单元电路图

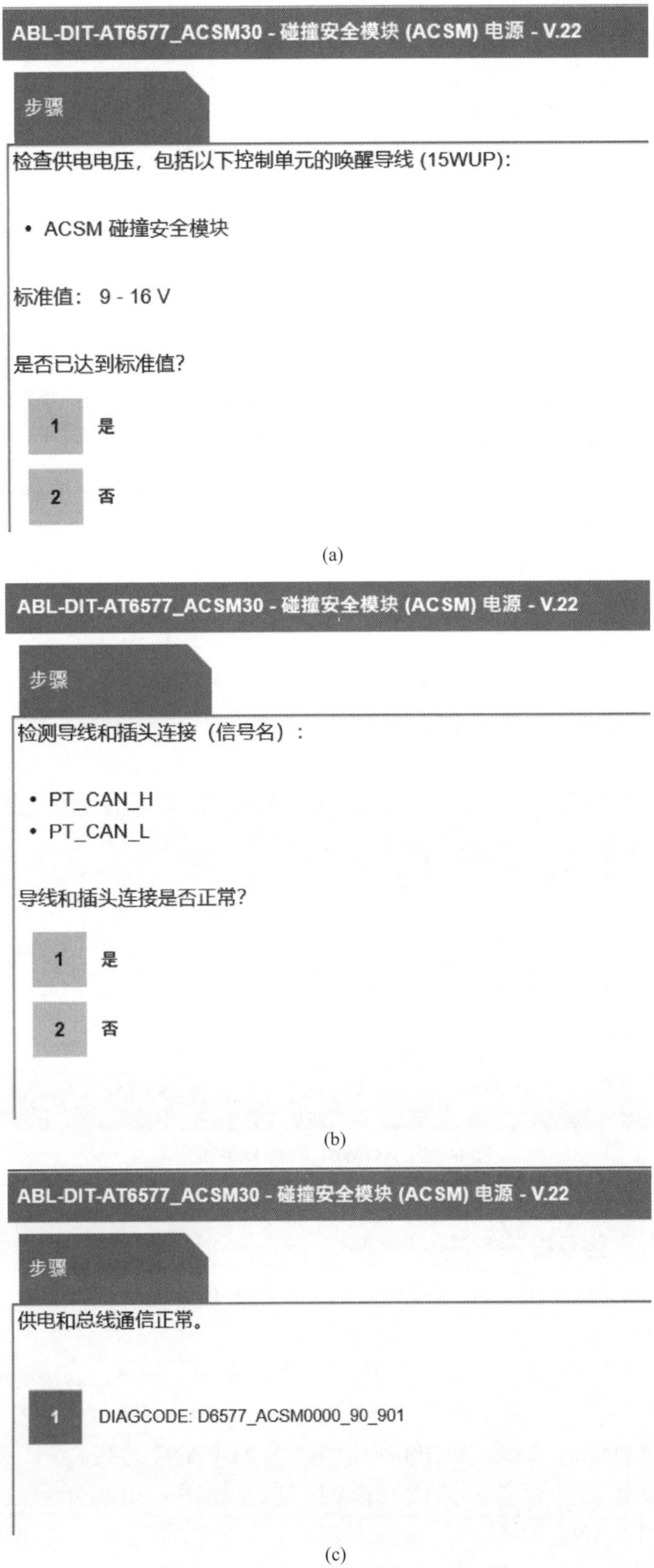

ABL-DIT-AT6577_ACSM30 - 碰撞安全模块 (ACSM) 电源 - V.22

步骤

检查供电电压，包括以下控制单元的唤醒导线 (15WUP)：

- ACSM 碰撞安全模块

标准值： 9 - 16 V

是否已达到标准值？

1 是

2 否

(a)

ABL-DIT-AT6577_ACSM30 - 碰撞安全模块 (ACSM) 电源 - V.22

步骤

检测导线和插头连接（信号名）：

- PT_CAN_H
- PT_CAN_L

导线和插头连接是否正常？

1 是

2 否

(b)

ABL-DIT-AT6577_ACSM30 - 碰撞安全模块 (ACSM) 电源 - V.22

步骤

供电和总线通信正常。

1 DIAGCODE: D6577_ACSM0000_90_901

(c)

图 6-27　安全气囊控制单元检测计划

6.2 总线系统

6.2.1 经典维修故障案例

6.2.1.1 F02 发动机无法启动

（1）车辆信息

车型	发动机型号	里程 /km
F02，730Li	N55	108000

（2）故障现象描述

客户反映：发动机无法启动。

故障现象确认：拖车到店后对车辆进行检查，发现发动机确实无法启动，启动电机不转，但踩住刹车多按压几次 S/T 按钮，发动机又能启动，但 GWS 不能挂挡（挡位信息不显示）。同时 KOMBI 和 CID 提示电子变速箱故障，手刹警示灯长亮（黄灯），如图 6-28 所示。但手刹能用，车窗、座椅、空调、音响功能正常。

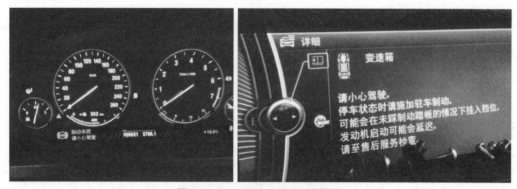

图 6-28　KOMBI 和 CID 的提示

（3）故障分析思路及排除方法

由于启动电机无反应延迟，同时无法挂挡，怀疑很有可能是动力总线或相关控制单元出现故障。

首先用专用检测仪 ISID 对车辆进行快测检查，发现控制单元总线树状图中提示 EGS 和 EKPS（燃油泵控制模块）两个控制单元无通信，如图 6-29 所示。EGS 所属网络包括 PT-CAN、PT-CAN2 和 Flexray 总线，EKPS 所属网络为 PT-CAN2 总线。

读取相关故障代码并查看故障代码详细信息，如图 6-30 所示。发现存在故障代码"231F04　EGS、PT-CAN、PT-CAN2：通信故障"，故障当前存在，出现频率 2 次。同时还存在很多故障类型为信息的故障代码，应该与总线通信故障相关。

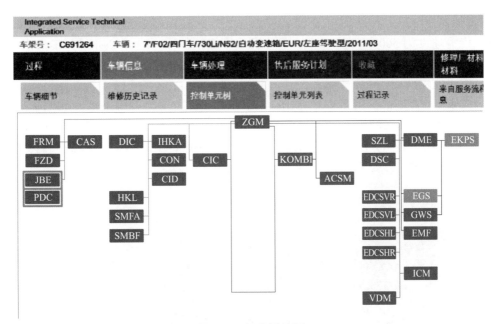

图 6-29　总线树状图

(a) 故障代码

(b) 故障代码详细信息

图 6-30　故障代码及详细信息

根据控制单元联网树状图可知 PT-CAN2 总线连接的控制单元有 DME、EGS、GWS 和 EKPS，传输速度为 500kbit/s。PT-CAN2 总线采用双线传输，PT-CAN-H 与 PT-CAN-L 任意一线出现故障时，都无法传输。并且在 F02 整个 PT-CAN2 网络中只有两个终端电阻，分别位于 DME 和 EKPS 中。

为了判断是否正常，用示波器 IMIB 双通道测量 PT-CAN2 总线波形，如图 6-31 所示。找到一辆无故障试驾车测量 PT-CAN2 总线正常波形，如图 6-32 所示。很显然故障车的 PT-CAN2 总线波形与标准波形不同，存在异常。并且故障车的 PT-CAN2 总线波形 H 线 L 线波形重叠，判断为 PT-CAN2 总线的 H 线和 L 线发生互短故障。

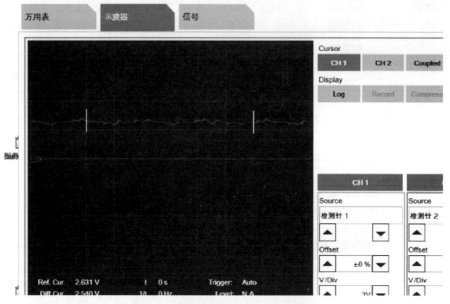

图 6-31　故障车 PT-CAN2 总线波形

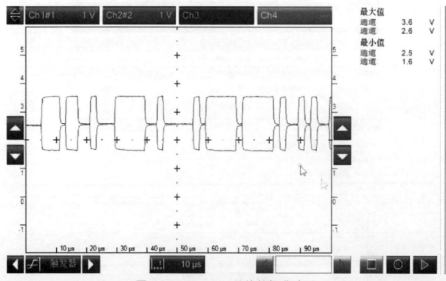

图 6-32　PT-CAN2 总线的标准波形

接下来进一步查找总线发生短路的部位，利用 PT-CAN2 终端电阻原理，按照图 6-33 所示的电路图依次进行排查测量，最终确认 X8092 和 X8093 插头上端子 11、端子 12、端子 13、端子 14 线路出现短路和断路故障，线束被老鼠咬断后发生短路和断路故障，如图 6-34 所示。

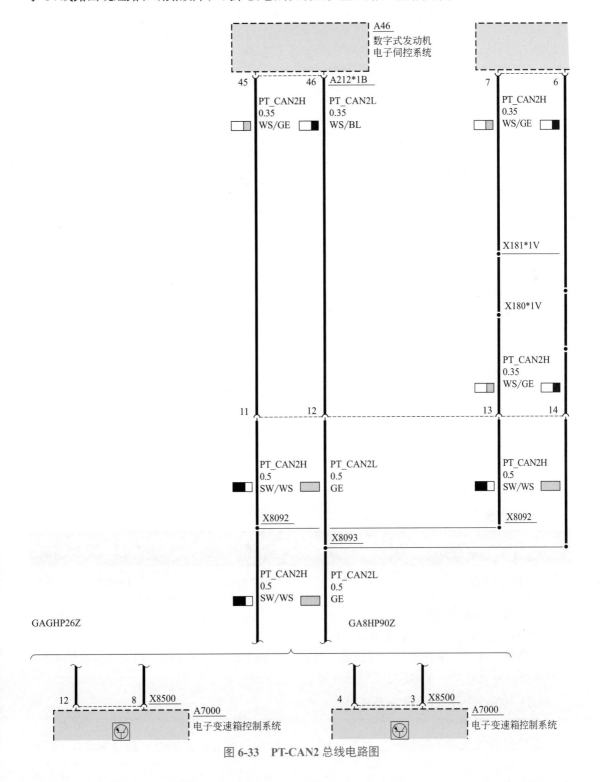

图 6-33　PT-CAN2 总线电路图

图 6-34　被老鼠咬坏的线束

对受损线路进行修复后删除车辆所有故障代码，经试车确认故障现象消失，车辆能顺利启动，一切功能正常，故障彻底排除。

（4）故障总结

该故障是典型的由总线的线路故障导致的整个总线系统都无法正常工作，从而引发车辆无法启动故障。对于 PT-CAN 总线系统，由于特性原因，双绞线任意一根出现故障（即对地短路或对正极短路或互短）都会导致多个系统故障，多个仪表警告灯亮起，多个信息故障码产生。

对于总线故障诊断，对总线信号波形进行测量是最为直接和有效的判断方法。并且在进行车辆快测后，尽量不要通过删除故障代码来筛选故障点。如果为偶发性故障，一旦故障代码删除，将导致诊断困难，甚至故障代码不再出现。同时还需要熟悉各个总线的信号电压、波形及特性，才能快速便捷地排除故障。

6.2.1.2　F26 蓄电池报警

（1）车辆信息

车型	发动机型号	里程 /km
F26，X4 xDrive20i	N20	23000

（2）故障现象描述

客户反映：仪表提示蓄电池电量不足。

故障现象确认：根据客户反应故障，查看仪表和中央信息显示屏，没有任何故障提示，发动机可以顺利启动，车辆其它功能也正常。

（3）故障分析思路及排除方法

询问客户得知，此车之前由于相同的问题进厂维修过。询问当时的维修技师得知车上次维修时检测无相关故障码，执行 ABL 电源诊断只有 2 次休眠电流超过 80mA，频率较低，用 IMIB 测量休眠电流都低于 80mA，车内无加装件，怀疑是客户行为引起，比如，没有启动发动机，长时间开启收音机、打开车灯等。于是，只是简单给蓄电池充电后，交车。

查阅钥匙数据的控制诊断报告，没有相关故障提示。

查阅钥匙数据中有一个措施编号 57245975，是关于蓄电池充电检查的控制信息，在车外温度低于 -10℃特别寒冷的天气下，可以用更高版本的 ISTA 对车辆进行编程处理，但当前条件明显此措施不适用。

由于客户还反应出现了几次黑屏，于是按措施编号 57856642 首先对车辆进行编程处理。

编程后用 IMIB 测量休眠电流，4 门 2 盖（四个车门、发动机舱盖、行李厢盖）上锁半小时后，一直在 20mA 左右，在正常范围内，如图 6-35 所示。

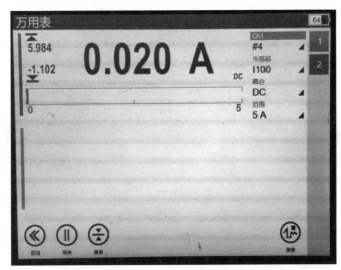

图 6-35　车辆休眠电流

连接诊断电脑，进入车辆处理—服务功能—车辆信息—检查控制信息，如图 6-36 所示。检查控制信息有 1 个，ID：0415，记录了蓄电池放电过高的故障，当时客户反应的故障得到了证实。

此时通过诊断电脑发现存在休眠电流故障和"SINE：匹配设码数据时出错"等一系列相关故障代码，如图 6-37 所示。

于是根据故障代码生成检测计划，执行电源诊断，提示 FZD 车顶功能中心休眠受阻，唤醒原因是防盗报警系统异常，如图 6-38 所示。据客户反映说此车偶尔会出现防盗喇叭乱报警现象，乱报警将会导致蓄电池亏电，且故障存储器中有"SINE：匹配设码数据时出错"故障记录，因此怀疑防盗报警系统出现异常引起蓄电池放电量过大。

于是，根据电路图，拔下防盗报警喇叭的 3 芯插头，测量端子 1 和端子 3 的电压，为 12.37V，接近蓄电池电压，结果正常。

测量端子 2 的 LIN 总线信号波形，一直显示 12V 左右的常电压，如图 6-39 所示。怀疑线路故障，LIN 总线对正极短路了。

沿着插头顺藤摸瓜，终于在左前叶子板内发现故障部位，如图 6-40 所示。

图 6-36 读取检查控制信息

图 6-37 故障代码

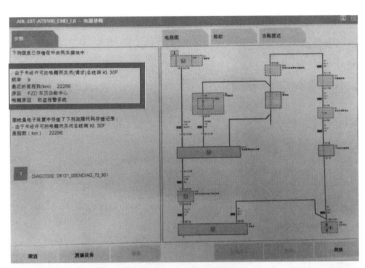

图 6-38　执行检测计划

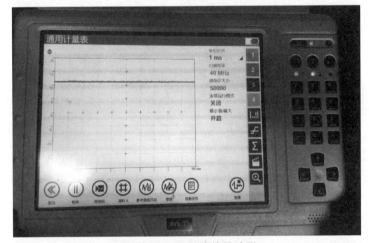

图 6-39　LIN 总线信号波形

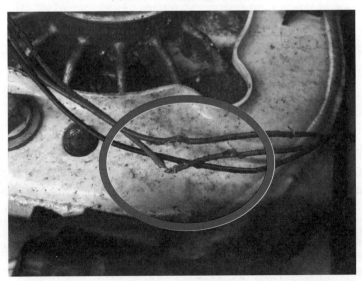

图 6-40　损坏的 LIN 线

用对接器修复线路后，再次测量 LIN 总线波形，无论打开还是关闭点火开关，都显示 12V 左右的常电压，始终没有发现波形，拆下 FZD 车顶功能中心检测也没有发现异常，多次研究并和其它正常车型对比，发现防盗报警喇叭 LIN 总线只有在上锁进入防盗监控通信后才出现正常波形，有别于其它 LIN 总线。于是，上锁后再次测量本车修复的 LIN 总线波形，明显可见矩形波了，峰值在 12V 左右，如图 6-41 所示，也就是说线路已经正常了。

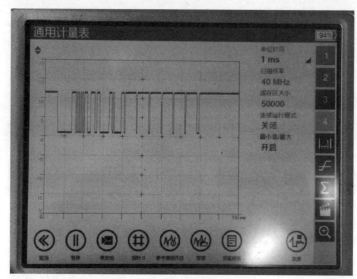

图 6-41　正常的 LIN 总线波形

再次用 IMIB 测量休眠电流，4 门 2 盖上锁半小时后，一直在 20mA 左右，在正常范围内，停放两天，防盗喇叭也没有出现乱报警现象，这次所有故障代码都可以清除，仪表和中央信息显示屏没有任何故障提示，至此，故障排除。

（4）故障总结

该故障是典型的 LIN 总线故障导致的偶发的车辆休眠不正常故障，对于偶发性故障，有时很难查找，这时要善于结合运用电路图、诊断信息、功能原理等排查故障，同时要确认故障发生的条件及车辆其它系统相关故障。一般 LIN 总线波形关闭点火开关是常电，打开点火开关是正常波形，但防盗报警 SINE 的 LIN 线不同，有别于其它总线，无论打开还是关闭点火开关，都是显示 12V 左右的常电压，当车辆上锁进入防盗监控通信后才出现正常 LIN 总线波形。

6.2.1.3　E70 雨天多个故障灯亮蓄电池报警

（1）车辆信息

车型	发动机型号	里程 /km
E70，X5 xDrive35i	N55	53000

（2）故障现象描述

客户反映：下雨天，车子有好多故障灯报警，天气好的时候不报警。

故障现象确认：根据客户反映进厂检查，发现车辆无任何报警现象。

（3）故障分析思路及排除方法

由于车辆当前无故障症状，为了重现故障，我们尝试将车辆开入自动洗车机，在经过几次洗车机清洗之后，组合仪表上 DSC 故障灯、安全气囊灯、胎压报警和电子装置失效灯等多个故障灯亮起，如图 6-42 所示，与客户之前的反映一致。

图 6-42　多个故障灯报警

用 ISID 对车辆进行诊断，发现有 K-CAN 总线相关故障，如图 6-43 所示。从存储的故障代码来看，记录了很多 K-CAN 总线的线路故障，怀疑故障可能来自 K-CAN 总线，总线故障可以导致多个故障灯报警。

故障代码存储器列表

故障代码	说明
ω9D12	SINE 内部蓄电池
00E5C4	CID，K-CAN：线路故障
00D104	RDC：K-CAN 线路故障
00E219	信息（后视摄像机限定词状态，0x37A）缺失，PDC 接收器，TRSVC 发射器
00E1C4	RAD / CIC / CHAMP：K-CAN 线路故障
00D904	CAS：K-CAN 线路故障
00E147	CBX-ECALL，K-CAN 线路故障

图 6-43　故障代码

查看故障代码详细信息发现"RDC：K-CAN 线路故障"频率最高，达到了 200 次。而且 RDC 模块（轮胎压力监控模块）是直接暴露于外部环境的，受雨水影响的可能性较大。于是将检查的重点放在了 RDC 上。

由于该车是美规车配置 RDC 系统，每个车轮上均有一个传感器，RDC 模块固定在 EMF 附近的底盘上。于是将 RDC 模块拆下检查，发现 RDC 模块的线束和插头连接均正常。拔下插头检查，内部端子也无腐蚀现象。将线束和插头的水都吹干净，重新将模块插回，此时报警消失。难道是线路故障？是不是线路有破皮现象水一浇就会报警？再次检查线束，RDC 模块一共 4 根线：1 根供电、1 根搭铁和 2 根 K-CAN 信号线。将这 4 根线从模块到右后大线束这一段仔细检查了一遍，仍没发现异常。

再次进行浇水测试，这次将水直接对准 RDC 的线束浇，果然水一浇就报警了。故障点锁定，问题就出在 RDC。将 RDC 模块拔下依然报警，说明不是模块导致的。用万用表测量供电搭铁均正常，测量 K-CAN-H 信号电压值为 1.5V，K-CAN-L 信号电压为 4V 左右，明显信号电压异常。正常 K-CAN-H 信号电压值为 0.2V，K-CAN-L 信号电压为 4.8V。

再次用 IMIB 示波器采用双通道同时测量 K-CAN 总线波形，发现 K-CAN 总线的波形确实存在异常。显示的波形很杂乱，感觉是受到了干扰，看不出变化规律，如图 6-44 所示。再次将线束吹干，测量不报警时 K-CAN 波形，如图 6-45 所示。K-CAN-H 波形正常电压在 0 ~ 4V，K-CAN-L 正常电压在 1 ~ 5V。

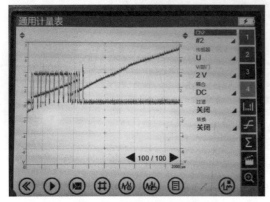
图 6-44　K-CAN 故障波形

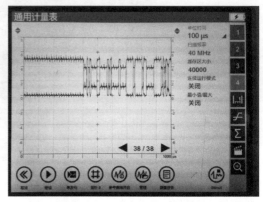
图 6-45　K-CAN 正常波形

为了判断具体故障部位，分别从 RDC 和 Combox 插头测量 K-CAN-H 和 K-CAN-L 的波形，发现从 Combox 处测量的波形是正常的。由此说明在连接到 RDC 的 K-CAN 线路上存在线路故障，于是调出电路图，查找 RDC 在线路上最近的节点，节点在右后行李厢储物盒下方。拆检发现节点处有腐蚀现象，节点上的端子已经松动了，如图 6-46 所示。故障点找到，维修线束后删除故障代码，进行浇水测试不再出现报警，故障排除。

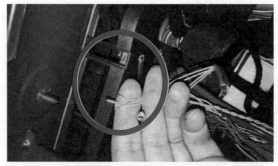
图 6-46　松动损坏的线束

（4）故障总结

该故障也是典型的由总线线路故障导致的车辆在特定条件下出现的间歇性故障。在该故障的排除过程中，模拟车辆的使用环境和故障出现的条件，使故障再现，同时，掌握各总线的正常波形特征并熟练掌握波形测量的方法，抓住细节多次测试锁定故障点是该故障快速准确成功排除的关键。由于传输速率为 100kbit/s 的 K-CAN 总线可以实现单线运行，所以如果其中一根线损坏，整个 K-CAN 系统仍然可以正常运行，虽然有故障代码，但是不一定会导致故障灯亮。本案例中 K-CAN-L 线路故障导致单线传输信号，除此之外还受到了水的影响，由于单线运行失去了双绞线信号传输的稳定性，当线束上有水时，来自其他线束的信号干扰可能得到放大，影响了整个 K-CAN 系统。

6.2.1.4 F15 早上启动困难，传动系统报警

（1）车辆信息

车型	发动机型号	里程 /km
F15，X5 xDrive28i	N20	16000

（2）故障现象描述

故障现象：车主反映，早上启动发动机时，发现发动机难启动，需要多次按压启动按钮，发动机才能启动着车，此时组合仪表黑屏，中央信息显示屏（CID）显示"安全气囊系统故障""传动系统故障"等多个检查控制信息。

故障现象确认：接车后首先试车，车辆故障现象的确如车主所述，故障确实存在。

（3）故障诊断思路与排除方法

首先用专用检测仪 ISID 对车辆进行检测，发现 PT-CAN 总线上的有些模块无法正常通信（黄色的模块代表不能正常通信，绿色的模块代表能正常通信）。读取故障代码，发现存储的故障代码有"CD840A DME，PT-CAN：通信故障""E1040A KOMBI：PT-CAN：通信故障""D9040A BDC，PT-CAN：通信故障"等 120 多个通信信息缺失的故障代码。根据故障代码的提示，结合该车的故障现象分析，初步判断 PT-CAN 总线存在故障。

本着由简入繁的诊断原则，决定首先测量 PT-CAN 总线的信号波形。将示波器 IMIB 连接至电子选挡杆控制模块（GWS）处测量 PT-CAN 总线信号波形，测得的 PT-CAN 总线信号波形如图 6-47 所示，与图 6-48 所示的正常车辆的 PT-CAN 总线信号波形有些不同。

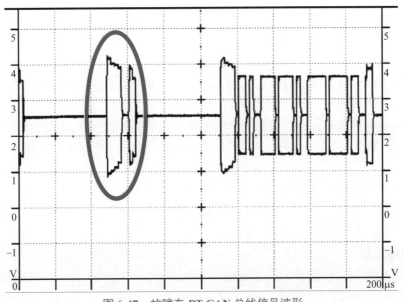

图 6-47　故障车 PT-CAN 总线信号波形

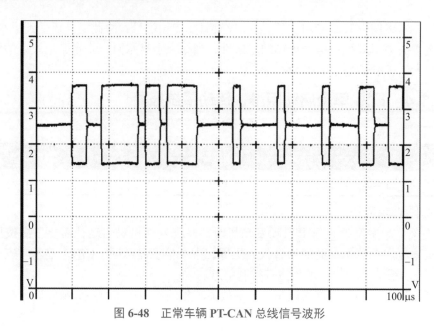

图 6-48　正常车辆 PT-CAN 总线信号波形

对故障车的 PT-CAN 总线信号波形进行分析，可排除 PT-CAN-H 线和 PT-CAN-L 线互相短路或对搭铁、电源短路的可能，推测 PT-CAN 总线存在干扰，如加装造成的信号干扰。对车辆进行全面仔细检查，未发现车上有任何加装或改装部件。因此，将故障的排查范围放在了 PT-CAN 总线上的各控制模块上。查阅相关电路并结合实车检测结果得知，该车 PT-CAN 总线上共有 10 个控制模块，分别为 BDC（主域控制器）、REMALI（左前安全带控制模块）、REMARE（右前安全带控制模块）、KOMBI（组合仪表）、ACSM（安全气囊控制模块）、DME（发动机控制模块）、EMF（电子驻车制动控制模块）、EKPS（燃油泵控制模块）、EGS（变速器控制模块）和 GWS，PT-CAN 总线的终端电阻位于组合仪表和电子驻车制动控制模块内。

接下来决定逐个断开 PT-CAN 总线上的控制模块，考虑到断开带终端电阻的控制模块，测得的 PT-CAN 总线信号波形将会严重失真，因此决定先不断开组合仪表和电子驻车制动控制模块。另外，主域控制器（含网关）也不能先断开。依次断开 PT-CAN 总线上的其余控制模块，测得的 PT-CAN 总线信号波形依旧不正常。由于组合仪表、电子驻车制动控制模块、主域控制器功能比较特殊，不宜采取断开模块测量波形的方法进行故障隔离，决定拔下这 3 个控制模块的供电保险丝，这样保障了 PT-CAN 总线的完整性，从而方便维修人员观察 PT-CAN 总线信号波形。当拔下如图 6-49 所示的组合仪表的常供电保险丝 F50 时，测得的 PT-CAN 总线信号波形恢复正常，说明 PT-CAN 总线干扰是由组合仪表内部故障引起的，严重时甚至导致整个 PT-CAN 总线瘫痪。

更换组合仪表后反复试车，上述故障现象不再出现，后期进行电话回访，车主反映车辆一切正常，至此，故障排除。

（4）故障总结

该故障是典型的由控制单元内部故障引起的总线信号受到干扰，从而导致的车辆功能异常故障。在故障排除过程中有效采用了总线波形测量分析的方法快速找到故障原因。在确定具体故障点的过程中，很好地应用了总线结构特点，采用由简单到复杂的控制单元隔离方法，对有终端电阻的控制单元采用特殊的隔离方法，快速准确地找到故障点。从故障的排除过程中更加充分体会了掌握总线系统的结构特点和总线波形测量及分析是排除总线故障的有效手段。

图 6-49　仪表供电保险丝

6.2.2　故障解析

6.2.2.1　结构特点

（1）总线系统组成及类型

总线系统组成如图 6-50 所示，车辆中的电子控制单元通过由多条总线组成的车载网络相互连接。中央网关模块（ZGM）在这个系统网络中起着桥梁和翻译作用，负责将信息从一个总线系统传递至另一个总线系统。

根据车载网络中总线的不同作用，总线系统可分为主总线系统和子总线系统。主总线系统用于不同控制系统控制单元之间信息传递，包括以太网、FlexRay、K-CAN、K-CAN2/3/4/5/6/7/8、MOST、PT-CAN 和 PT-CAN2 等。子总线系统主要用于同一控制系统内的传感器、执行器与控制单元之间的信息传递，包括 BSD、LIN、D-CAN 等，目前应用较多的是 LIN 子总线。

（2）CAN 总线系统

CAN 总线系统是目前宝马车辆中采用的最为广泛的总线系统，包括用于发动机控制单元的动力 CAN 总线（PT-CAN、PT-CAN2）、用于车身电气系统控制单元的车身 CAN 总线（K-CAN、K-CAN2/3/4/5/6/7/8）。CAN 总线系统采用线性总线拓扑结构，如图 6-51 所示。采用这种总线拓扑结构可以使总线线路较短，并且易于拓展总线的其它功能，总线上的每个控制单元不分主从，处于同等地位。

CAN 总线系统是一个事件控制式总线系统，存在一个事件时就会传输数据。多个事件汇集在一起时，可能在后续信息发送前出现延迟现象。如果无法成功准确地传输一条信息，该信息将一直发送，直至相应通信设备确认已接收到。

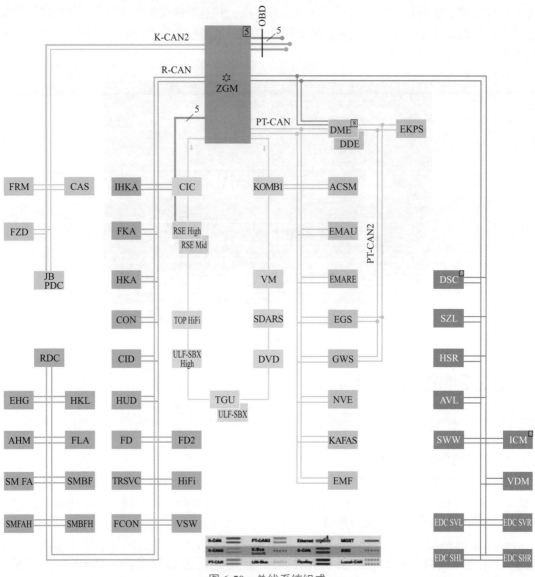

图 6-50　总线系统组成

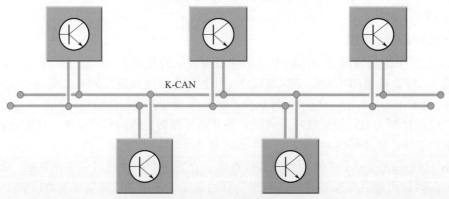

图 6-51　CAN 总线线性拓扑结构

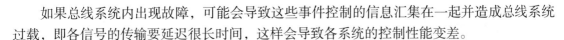

如果总线系统内出现故障，可能会导致这些事件控制的信息汇集在一起并造成总线系统过载，即各信号的传输要延迟很长时间，这样会导致各系统的控制性能变差。

① K-CAN。K-CAN 用于部件的低数据传输率通信。K-CAN 的数据传输率为 100kbit/s，采用双绞线结构，K-CAN 可在故障情况下作为单线总线运行。

② K-CAN2。K-CAN2 用于控制单元的高数据传输率通信。K-CAN2 的数据传输率为 500kbit/s，采用双绞线结构，K-CAN2 在故障情况下不能作为单线总线运行。

③ PT-CAN、PT-CAN2。PT-CAN 将发动机控制与变速箱控制以及安全和驾驶者辅助系统范围内的系统相连接。PT-CAN 的数据传输率为 500kbit/s，采用双绞线结构。PT-CAN2 是发动机控制范围内的 PT-CAN 的一个冗余，与 PT-CAN 一样，传输率为 500kbit/s，结构是双导线配以辅助唤醒导线。PT-CAN 和 PT-CAN2 在故障情况下也不能作为单线总线运行。

(3) FlexRay 总线系统

FlexRay 总线系统是一种新型通信系统，目的是在电气与机械电子组件之间实现可靠、实时、高效的数据传输，每个通道最大数据传输率高达 10Mbit/s，FlexRay 总线系统传输效率明显快于 CAN 总线系统（CAN 仅为 0.5Mbit/s）。除较高带宽外，FlexRay 还支持确定性数据传输且能以容错方式进行配置，即个别组件失灵后余下的通信系统仍能可靠地运行。

FlexRay 总线系统采用混合拓扑结构，如图 6-52 所示。在中央网关中有一个或两个各带有 4 个总线驱动器的星形耦合器，总线驱动器将控制单元的数据通过通信控制器传输至中央网关模块。中央网关模块建立不同的总线系统和 FlexRay 之间的连接。

FlexRay 总线系统是一种时间控制式总线系统，它也可以通过事件控制方式进行部分数据传输。在时间控制区域内，一个规定的时间段对应特定的信息。这样，在 FlexRay 总线系统内重要的周期性信息以固定的时间间隔传输，因此不会造成 FlexRay 总线过载。对时间要求不高的其它信息则在事件控制区域内传输。

(4) 以太网

为了实现车辆快速编程和导航等娱乐信息的快速传输，宝马车辆在 F01 上已开始使用带有 5 根导线（4 根数据导线和 1 根用于启用接口的导线）的以太网来进行车辆编程和导航系统数据更新，如图 6-53 所示。使用另一个带有 4 根数据导线（用于向 RSE 传输导航数据）的以太网实现从主机至后座区娱乐系统的以太网连接。以太网是一种通过电缆连接网络的通用技术，数据传输率更高，为 100Mbit/s。使用 TCP/IP（transmission control protocol/internet protocol，传输控制协议/互联网络协议）协议和 UDP（user datagram protocol，用户数据报协议）协议作为传输协议。

新款 G 系列车型采用了新型的 OABR 以太网进行车内通信。新型的 OABR 以太网系统采用两根单线、相互缠绕且无保护层的数据传输导线，数据传输率最高可达 200 Mbit/s。

这种 OABR 以太网能够适应高级辅助驾驶系统对数据的高速传输要求，主要使用方式是传输车辆摄像机数据，车辆摄像机并非仅与一个控制单元相连，而是多个控制单元均可访问车辆摄像机的数据流，因此网络非常稳定。

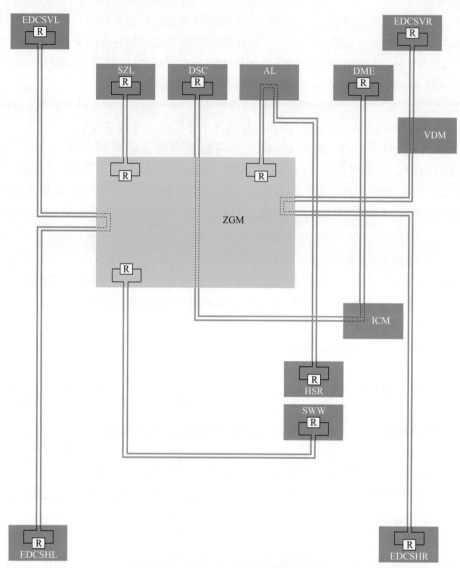

图 6-52　**FlexRay** 总线混合拓扑结构

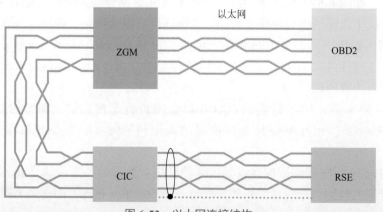

图 6-53　以太网连接结构

采用 OABR 以太网时，任何一个电缆都会同时进行发送和接收。进行传输时，两根导线分别以100Mbit/s同时进行双向信息传输。因此综合起来，最大数据传输速度为200Mbit/s。在此两根导线以差分方式传输一个总信号。由于采用差分传输方式，一根导线断路时，信号无法再通过第二根导线返回。因此无法再进行传输，数据总线通信会停止。

(5) MOST 总线系统

MOST 总线（media oriented system transport，多媒体传输系统）是一种用于多媒体应用的数据总线技术，应用于信息和通信系统范围内的大部分控制单元之间的数据传输。MOST 总线使用光脉冲进行数据传输，数据传输率为 22.5Mbit/s，其结构为环形结构，如图 6-54 所示。通过一个环形结构在控制单元之间实现数据交换。信号传输是通过光缆实现的，其环形结构内的信息传输只能向一个方向进行。当环形结构闭合且功能良好时，才能在 MOST 环形结构中传送信息。在环形结构断开时，通过诊断只能与环形结的主控制单元（一般为主机）通信。只有中央网关模块才能实现 MOST 总线和其它总线系统之间的数据交换。

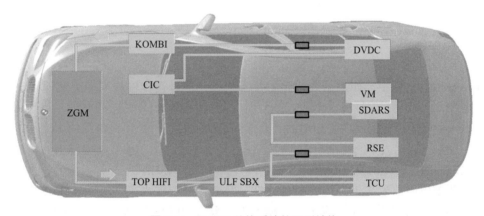

图 6-54　MOST 总线系统的环形结构

MOST 总线系统的环形结构中一个组件的故障常常会影响到整个系统。因此，一个组件的某个故障会在多个控制单元中生成故障代码存储记录。MOST 总线系统出现某个控制单元温度过高时，此控制单元将执行关闭功能，自动断开最长 10min，整个 MOST 总线系统也将自动断开 10min。控制单元在冷却后将重新恢复正常。正常情况下，控制单元不允许过热。如果某个控制单元过热，则此控制单元的通风散热可能有问题。

在 MOST 环形结构中所安装的控制单元按其在 MOST 环形结构中的顺序排列保存在主控单元中。如果加装一个控制单元或更新主控单元，则必须重新存储标准配置，标准配置通过编程进行。在环形结构断裂时，可以通过标准配置发现哪些控制单元之间有断路。

(6) LIN 总线系统

LIN 总线系统（local interconnect network）是一种低成本的串行通信网络，用于实现汽车中的分布式电子系统控制。LIN 的目标是为现有汽车网络提供辅助功能，因此 LIN 总线是一种辅助的总线网络。在不需要 CAN 总线的带宽和多功能的场合，比如智能传感器和执行器之间的通信使用 LIN 总线可大大节省成本。

LIN 总线是一个单线系统形式的子总线，传输速率最高可达 20kbit/s，采用单主控器 / 多从设备模式且无需仲裁机制，不需要改变 LIN 从节点的硬件和软件就可以在网络上增加节点。在一个 LIN 网络内通常只有一个主控单元，最多可连接 16 个总线设备（所谓的副控单元），其供电电压和信号传输电压与蓄电池电压相同。没有规定的总线拓扑结构，其常见的拓扑结构如图 6-55 所示。LIN 总线规定最大电缆长度为 40m。

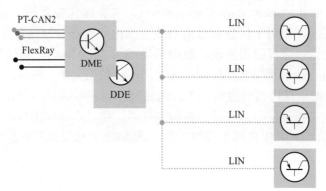

图 6-55　LIN 总线拓扑结构

（7）终端电阻

在信号传输过程中，如果总线线路阻抗不连续，信号在传输线末端突然遇到电缆阻抗很小甚至没有的情况，信号在这个地方就会引起反射。这种信号反射的原理，与光从一种媒质进入另一种媒质引起的反射是相似的。要消除这种反射，就必须在电缆的末端跨接一个与电缆的特性阻抗同样大小的终端电阻，使电缆的阻抗连续。由于信号在电缆上的传输是双向的，因此，在通信电缆的另一端可跨接一个同样大小的终端电阻。

终端匹配电阻值取决于电缆的阻抗特性，与电缆的长度无关。不同总线类型采用的终端电阻不同，一般采用双绞线连接，终端电阻一般为 100 ～ 140Ω，典型值为 120Ω。在实际配置时，在电缆的两个终端节点上，即最近端和最远端，各接入一个终端电阻，而处于中间部分的节点则不能接入终端电阻，否则将导致通信出错。K-CAN 总线系统的终端电阻位于每个控制单元内部，无法单独测量。而 K-CAN2、PT-CAN、FlexRay 总线系统的终端电阻都可直接测量，测量时需要借助系统电路图查询终端电阻的具体安装位置。

6.2.2.2　故障分析

总线的故障类型较多，主要包括总线导线对地短路、总线导线对供电短路、总线导线之间短路、总线线路断路、总线插头接触不良及控制单元损坏。不同总线系统出现故障时的表现也不尽相同，多数伴随着多个故障报警灯亮起及车辆多个功能不能正常工作。同时对车辆进行检测时，总线故障还会伴随着同一总线系统中的控制单元无法通信，控制单元以黄色显示。

对于总线故障的诊断，最好先用专用检测断仪 ISID 对车辆进行快测，根据不通信的控制单元连接在哪些总线系统上，判断是哪个总线系统出现了故障。然后根据故障提示，执行总线系统分析检测计划，确定最有可能出现故障的控制单元。最后通过总线波形和线路测量进一步判断故障部位。

总而言之，只要能够熟悉掌握总线系统结构特征及波形特点，结合相关电路及诊断设备提供的检测计划，是可以快速有效地排除总线系统相关故障的。

6.2.2.3　故障诊断方法

（1）总线系统分析

通过"总线系统分析：信息缺失"检测计划可以帮助分析总线系统哪些控制单元最有可能导致控制单元信息缺失故障，以便有针对性地进行检查。检测结果以控制单元前面加＊表示其导致故障的可能性，加＊号越多，表示其出现故障的可能性越大。具体过程如图 6-56 所示。

（2）总线信号波形检测

通过用示波器检查总线电压波形信号，可以快速判断总线信号是否正常，还可以帮助判断总线故障的类型。当然判断的前提还是需要掌握各种总线信号的标准波形。

(a)

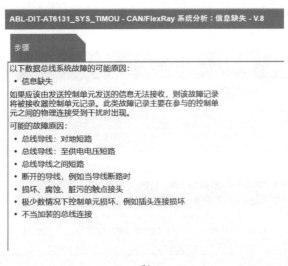

(b)

图 6-56

ABL-DIT-AT6131_SYS_TIMOU - CAN/FlexRay 系统分析：信息缺失 - V.8

步骤

选择：

 计算信息缺失最有可能的故障原因

故障清除和反馈

故障数据显示

退出测试模块

(c)

ABL-DIT-AT6131_SYS_TIMOU - CAN/FlexRay 系统分析：信息缺失 - V.8

步骤

发送控制单元带有故障概率显示：

• 1.EGS-------***-- (1 共 2)

从故障概率最大的控制单元区域开始查找故障。如有需要，在下一个低可能性的控制单元区域内继续故障查询。出现故障的可能性与显示的星号 * 的数量相对应。星号多表示故障可能性高，星号少表示故障可能性低。

另外在括号中显示当前在车辆中存储的数量以及最大可能的故障记录数量。此时，5 / 46 表示，例如在相关控制单元的总共 46 个可能信息错误中存储有 5 个错误。然而，一台车辆绝对不会达到最大可能故障记录的全部数量，因为信息错误是与相关车辆功能关联的，例如选装配置。

当相关控制单元的信息错误非常少时，括号表达式中的数值特别有用，例如 2 / 2。如果，假设概述中显示另外一台控制单元的错误比例为 23 / 65，那么故障查询时应将重点放在该控制单元范围内。

☞ 提示！

可以想像得到，在特殊情况下，一个接收控制单元可能会记录不同发送控制单元的信息故障，尽管该接收控制单元本身不会在（故障）概况中出现，因为其他控制单元根本不需要该接收控制单元的信息。如果在概述中有多个故障可能性低的控制单元，应另外检查故障数据。如果此处一直被称为相同的接收器控制单元，则继续在该控制单元范围内的进行故障查询。

☞ 提示！

故障信息的总线系统分析指的是偶尔发生的故障。假如存在持久系统故障，则其在快速测试时已被识别。在此情况下应进行供电测试！

(d)

图 6-56　总线系统信息缺失分析

用示波器测量总线波形时，需要连接相应的适配器，根据需要打开点火开关或者触发总线进行信号传输。在用示波器测量总线导线和接地之间的电压波形时，可获得一个处于某一电压极限范围内的矩形波信号，根据总线上的负载可能有几个100mV的偏差。

① K-CAN总线电压波形信号。对于数据传输率为100kbit/s的K-CAN总线系统，测量时将示波器时间设置成50μs/格，电压设置成2V/格，采用直流耦合自动测量，其标准电压波形信号如图6-57所示。

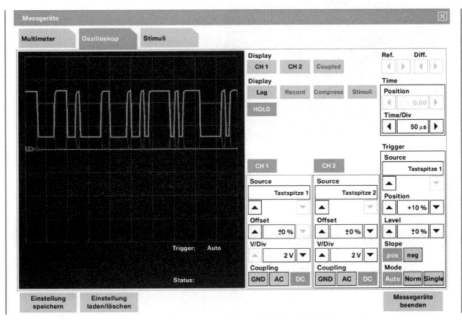

图6-57　K-CAN总线电压标准波形信号

CAN-Low对地：$U_{最小}$=1V，$U_{最大}$=5V；CAN-High对地：$U_{最小}$=0V，$U_{最大}$=4V。

② K-CAN2总线电压波形信号。对于数据传输率为500kbit/s的K-CAN2、PT-CAN/2总线系统，测量时将示波器时间设置成20μs/格，电压设置成2V/格，采用直流耦合自动测量，其标准电压波形信号如图6-58所示。CAN-Low对地：$U_{最小}$=1.5V，$U_{最大}$=2.55V；CAN-High对地：$U_{最小}$=2.5V，$U_{最大}$=3.5V。

③ FlexRay总线电压波形信号。对于数据传输率为10Mbit/s的FlexRay总线系统，由于其传输速度很快，用示波器不容易测量出清晰的波形。FlexRay的标准波形如图6-59所示，两条总线信号电压最大值和最小值相同：$U_{最小}$=1.9V，$U_{最大}$=3.1V。如果需要对其进行测量，需要将示波器时间设置成500ns/格，电压设置成500mV/格，采用直流耦合自动测量。

④ LIN总线电压波形信号。对于数据传输率较低的LIN总线系统，测量时将示波器时间设置成200μs/格或更大一些，电压设置成5V/格，采用直流耦合自动测量，其标准电压波形信号如图6-60所示。LIN总线信号电压：$U_{最小}$=0.1V，$U_{最大}$=12V。

⑤ 常见总线故障电压波形信号。总线故障形式可以根据故障波形的特征进行判断，掌握常见的总线短路及断路故障波形，有助于快速对总线故障进行判断。故障波形主要分为对地短路、对电源短路及断路几种，每种故障波形具有不同的特征。

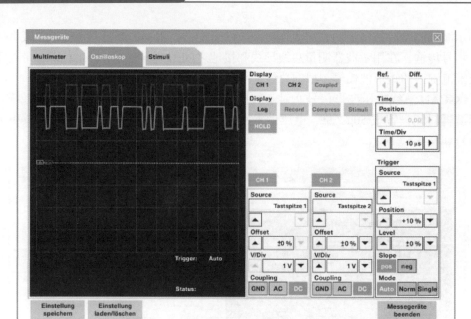

图 6-58　K-CAN2、PT-CAN/2 总线电压标准波形信号

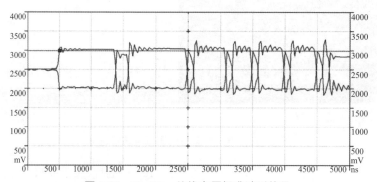

图 6-59　FlexRay 总线电压标准波形信号

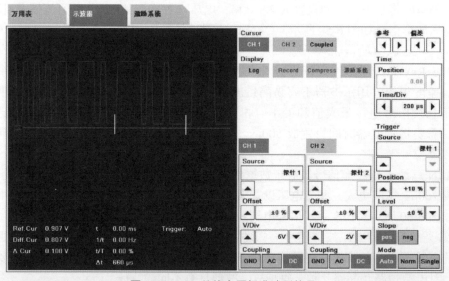

图 6-60　LIN 总线电压标准波形信号

a. 总线对地短路波形。总线中的任何一条线路对地短路后，短路线路所显示的波形为接近 0V 的一条直线，另一条信号波形的波谷也相应地被拉低，对地短路常见总线故障波形如图 6-61 所示。

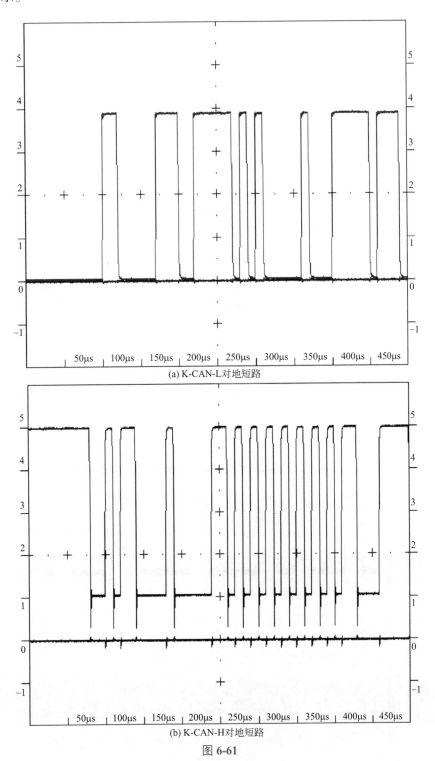

(a) K-CAN-L对地短路

(b) K-CAN-H对地短路

图 6-61

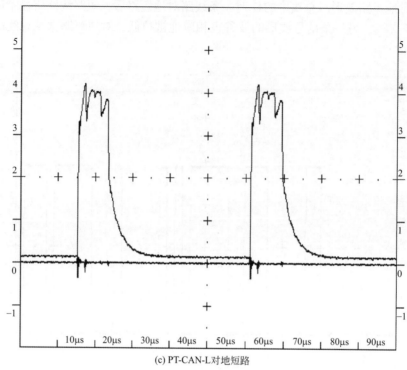

(c) PT-CAN-L对地短路

图6-61　总线对地短路波形

b. 总线对电源短路波形。总线中的任何一条线路对电源短路后，短路线路所显示的波形为接近12V的一条直线，另一条信号波形的波峰也相应地被拉高，对电源短路波形常见总线故障波形如图6-62所示。

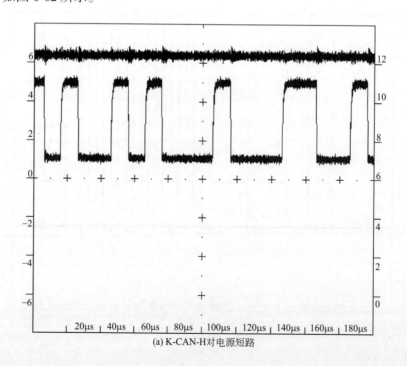

(a) K-CAN-H对电源短路

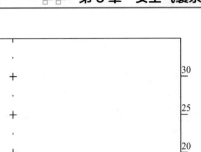

(b) PT-CAN–H/L对电源短路

图 6-62　总线对电源短路波形

c. 总线相互短路波形。当总线中的两条线短路后，两条总线上的波形信号保持一致，总线相互短路常见故障波形如图 6-63 所示。

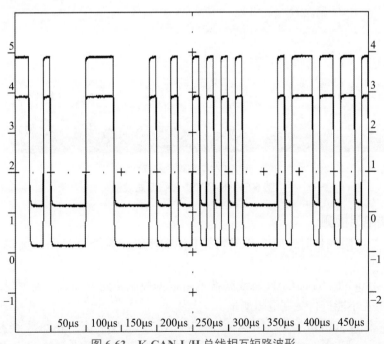

图 6-63　K-CAN-L/H 总线相互短路波形

d. 总线断路波形。当总线中的某条线路出现断路后，断路总线的波形会不正常，没有断的总线波形基本正常，如图 6-64 所示。

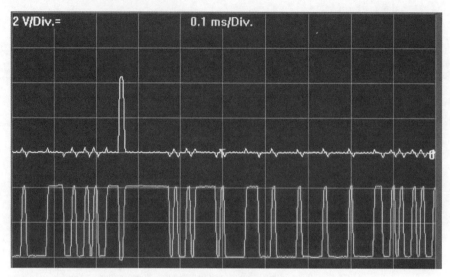

(a) K-CAN2-H总线断路波形

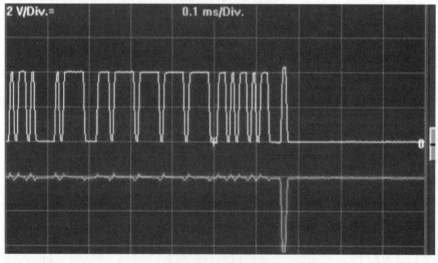

(b) K-CAN2-L总线断路波形

图 6-64　K-CAN2 总线断路波形

（3）终端电阻检测

在进行终端电阻测量时，应断开车辆蓄电池的接线，等待约 3min，直到系统中的所有电容器放完电。

传输率为 100kbit/s 的 K-CAN 总线终端电阻根据控制单元内部的开关逻辑而变化，所以在 K-CAN 总线上不能进行终端电阻测量。

对于传输率为 500kbit/s 的 K-CAN2、PT-CAN/2 总线系统，在总线线路完整的情况下测量 CAN-Low 导线和 CAN-High 导线之间的电阻，标准值为 60Ω，如果拆卸一个带有终端电阻的控制单元再进行测量，标准值为 120Ω。实际值允许与标准值有几欧姆的偏差。

对于传输率为 10Mbit/s 的 FlexRay 总线系统，在总线线路完整的情况下测量 FlexRay 导线和 FlexRay 导线之间的电阻，标准值为 55Ω，如果拆卸一个带有终端电阻的控制单元再进行测量，标准值为 110Ω。

如果不能确定终端电阻标准值，可找无故障同款车型进行对比测量。

（4）控制单元诊断

测量中如果发现数据总线失效，有可能是总线导线存在短路或断路，也有可能是总线线路上的某个控制单元已损坏。为了进一步判断到底是哪个控制单元故障，需要先将最有可能的控制单元从总线上依次拔下，当拔下某个控制单元后总线故障恢复了，则说明是拔下的控制单元损坏导致的总线故障。同时还需进一步对控制单元的供电和总线进行详细检查，避免更换控制单元后再次损坏。

（5）MOST 总线系统诊断

MOST 总线系统故障可通过检测计划"MOST 系统分析"进行判断。在此过程中将分析与 MOST 控制单元之间的所有通信故障，同时，还会分析 MOST 环形结构中各个控制单元的稳定性（MOST 环形结构接合或断开）和顺序，读取 MOST 控制单元在环形结构中的顺序并显示环形结构断裂的位置。如果在 MOST 环形结构中加装了控制单元或者更新了主机，则必须重新保存标准配置。在环形结构断裂时，可以通过标准配置发现哪些控制单元之间有断路。具体过程如图 6-65 所示。

MOST 总线是一个环线结构。针对 MOST 总线上多个控制单元无法通信的故障，还可以借助 MOST 短接头、强光手电等工具，来大致判断 MOST 环形线路是否有故障。同时，还可以通过仅断开 MOST 控制单元的光纤接头，观察控制单元内部是否发光，来初步判断该控制单元供电、接地和总线是否有故障。此方法比较简单、方便，可以节省维修时间，从而提高维修效率。

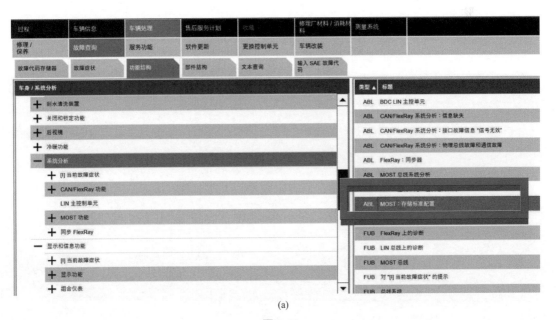

(a)

图 6-65

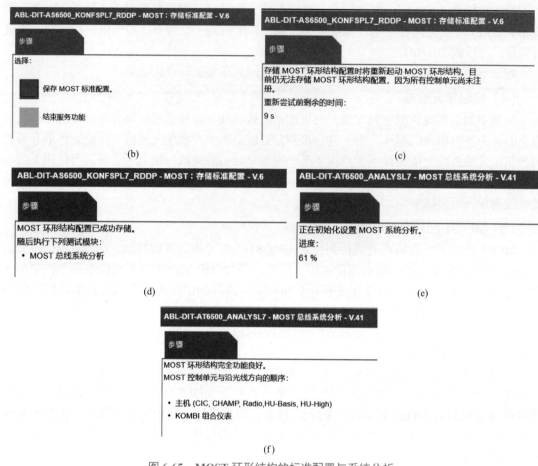

图 6-65　**MOST** 环形结构的标准配置与系统分析

案例索引

第 6 章　安全气囊系统和总线系统